HUAWEI ICT Academy

教育部高等学校计算机类专业教学指导委员会–华为ICT产学合作项目

物联网实践系列教材

华为信息与网络
技术学院指定教材

U0748242

工业物联网
核心技术
边缘计算网关

Industrial IoT Core Technology
Edge Computing Gateway

陈良银 陈彦如 ◉主编
张磊 黄星 孙斌 ◉副主编

人民邮电出版社
北京

图书在版编目（CIP）数据

工业物联网核心技术：边缘计算网关 / 陈良银，陈
彦如主编. -- 北京：人民邮电出版社，2021.9
物联网实践系列教材
ISBN 978-7-115-55611-0

Ⅰ.①工… Ⅱ.①陈… ②陈… Ⅲ.①互联网络－应
用－工业企业管理－高等学校－教材②智能技术－应用－
工业企业管理－高等学校－教材 Ⅳ.①F406-39

中国版本图书馆CIP数据核字（2020）第252032号

内 容 提 要

本书全面系统地介绍了工业物联网的核心技术——边缘计算网关的基础知识与应用实例，内容包括边缘计算概述、边缘计算基本架构与关键技术、边缘计算网关设计、边缘计算网关关键技术——开放性、边缘计算网关关键技术——可维护性与可靠性、边缘计算网关关键技术——安全性、边缘计算网关设计实例、华为自主研发案例。本书图文并茂，内容翔实，理论与实践相结合，与华为认证紧密结合。

本书可作为高等院校物联网相关专业的教材，也可供相关人员自学参考。

◆ 主　编　陈良银　陈彦如
　　副主编　张　磊　黄　星　孙　斌
　　责任编辑　桑　册
　　责任印制　彭志环
◆ 人民邮电出版社出版发行　　北京市丰台区成寿寺路 11 号
　　邮编　100164　　电子邮件　315@ptpress.com.cn
　　网址　https://www.ptpress.com.cn
　　三河市祥达印刷包装有限公司印刷
◆ 开本：787×1092　1/16
　　印张：10.25　　　　　　　　　　2021 年 9 月第 1 版
　　字数：282 千字　　　　　　　　2021 年 9 月河北第 1 次印刷

定价：39.80 元

读者服务热线：**(010)81055256**　印装质量热线：**(010)81055316**
反盗版热线：**(010)81055315**
广告经营许可证：京东市监广登字 20170147 号

随着大数据应用的不断发展，边缘计算技术受到越来越多的关注。随之，边缘计算网关变得越来越重要。根据 Grand View Research 的预测报告，到 2027 年，全球边缘计算市场规模预计将达到 154 亿美元，预测期内复合年增长率将达到 38.6%。因此，社会对边缘计算人才的需求将急剧增加。

本书内容的选取和组织以有利于教学实施为准。全书共 8 章，分为综述篇、技术篇和应用篇，从 3 个方面对边缘计算领域的基本概念、基础理论和技术应用进行了讲解。

综述篇包括第 1、2 章，重点阐述边缘计算的基本概念，需求产生的背景，解决的问题，边缘计算基本架构、关键技术，及其与端、云的关系。技术篇包括第 3、4、5、6 章，详细介绍了边缘计算网关设计及边缘计算网关的关键技术。应用篇包括第 7、8 章，主要介绍边缘计算网关典型应用案例设计。应用篇的编写尽量注重系统性和完整性，涵盖边缘计算网关软硬件设计实例和应用实例等内容。同时，将理论讲解与实际操作相结合，配合以华为 AR502 网关为主线的开发样例，介绍边缘计算的软硬件架构、接口及开发等。通过学习本篇内容，学生将对边缘计算网关的设计和应用有比较全面的了解，具备一定从设计到应用的开发能力。

本书结构清晰、知识全面、图文并茂，旨在满足相关专业的教学需求，为培养具备良好工程实践能力和应用创新能力的高素质人才服务。建议全书授课学时数为 32 学时。

本书由陈良银、陈彦如任主编，张磊、黄星、孙斌任副主编。感谢杨彦兵、王伟、魏亮雄、郭敏、王子林、陈正宇、牛毅、曹兴瑞、郑奕隆、张运海、文攀、黄秋瑜、王知远、何皓宇、何秀靖、梁冰、岳凯峰、张媛媛、盘昊、贺亿洋、赵万槟、张澧枫、王浩、刘诗佳、胡顺仿、刘畅、廖俊华、王帆、胡翔、张泰豪、张飞扬等在本书编写过程中的辛苦付出。全书主要由陈彦如、黄星、王知远统稿。

在本书编写过程中，得到了华为技术团队、易书桥技术团队、恩易通技术团队的大力支持，尤其是华为技术有限公司的刘耀林、易涛、魏彪、罗静、唐妍、冷佳发等的大力协助，在此表示衷心的感谢！

边缘计算正处在快速发展阶段，其网关产品标准尚未统一，并且限于编者的水平，书中难免存在疏漏与不足，恳请专家和广大读者不吝赐教。

编　者

2021 年 7 月

目录 CONTENTS

应用篇

综述篇

01　第1章　边缘计算概述

本章主要讲解边缘计算的概念、相关知识、发展历程。

本章学习目标:

- 了解边缘计算的概念和特点。
- 了解边缘计算的发展历史,了解分布式系统、云计算、大数据与边缘计算的区别和联系。

1.1　边缘计算的基本概念

近些年来，虽然中心化的云计算（将数据集中在服务中心进行存储、处理）已经成为了一种标准的 IT 服务，但是随着物联网的快速发展以及广泛应用，尤其是无人驾驶、增强现实、虚拟现实、工业互联网等各种新兴应用的出现，使得云端数据量大大增加，现有的云计算模型已经暴露出了它的局限性。思科全球云指数白皮书中显示，到 2019 年，人和物产生的总数据量已达到 500ZB，而全球云数据中心的网络流量仅能达到 10.4ZB。如此庞大的数据量如果全部传输到云服务器处理和存储，势必给整个网络带来极大的压力，导致网络时延大大增加。对于很多时延敏感的应用来说，这是不可接受的。因此，仅依靠云计算模型并不能实时高效地满足新兴应用的需求。

1. 什么是边缘计算

为了满足新兴应用对于低时延、高带宽、隐私保护以及可靠性等的需求，业界提出了边缘计算的概念。目前，关于边缘计算最成熟的观点是：边缘计算是在网络边缘给用户提供 IT 服务环境以及云计算能力的分布式开放平台。边缘计算中的"边缘"和计算机网络的"边缘"有所不同，计算机网络中的边缘是指互联网中的所有主机的集合，而边缘计算中的边缘则是相对的概念，是指从数据源到云服务器之间的数据路径上的任意计算、网络以及存储资源。例如，智能手机就是人和云之间的边缘，智能家居网关是家居设备和云之间的边缘，微型数据中心或微云是移动设备和云之间的边缘。边缘设备是给终端设备提供边缘服务的设备，也可称为边缘服务器、边缘节点。一组独立的边缘设备的集合又被称为边缘云（Edge Cloud），而云计算平台则被称为远端云（Remote Cloud）。边缘服务器的部署位置视情况而定。以移动网络为例，对于对时延要求苛刻的场景，需要将边缘服务器部署在终端设备现场；对于对时延要求相对宽松，并需要大数据分析的场景，可以将边缘服务器部署在基站的位置。

业界提出边缘计算的目的并不是让边缘计算取代云计算，而是结合边缘计算和云计算的优势来更智能、高效地处理物联网设备所产生的大数据。边缘计算是云计算的补充和延伸，能实现智能化的实时数据处理以及隐私保护等功能。边缘计算模型需要云计算中心的强大计算能力以及海量存储能力，云计算中心也需要边缘计算模型对海量物联网数据的预处理，从而满足低时延、隐私保护、低功耗等需求。

2. 边缘计算的架构

边缘计算是指能够在网络边缘执行计算，以使得计算发生在靠近数据源一侧的新型计算模式。边缘计算的架构如图 1-1 所示。它既可用于云服务的下行数据，也可用于物联网（Internet of Things，IoT）服务的上行数据。一个边缘设备即指位于数据源和云数据中心之间的任意计算或网络资源。例如，边缘设备可能是传感网和云之间的一个智能手机，或者是位于移动设备和云之间的一个边缘数据中心或微云。

在边缘计算中，云中心既可以从现有的数据库中直接获取数据，也可以从终端设备（如传感器和手机）中收集数据。此时，设备既可以视为数据消费者，也可以视为数据的生产者。因此，相较于传统方式中总是终端设备向云端发送请求，在边缘计算中，终端设备和云端之间的需求是双向的。网络边缘的节点可执行许多计算任务以减少设备到云端的流量，包括数据处理、数据缓存、设备管理和隐私保护等。

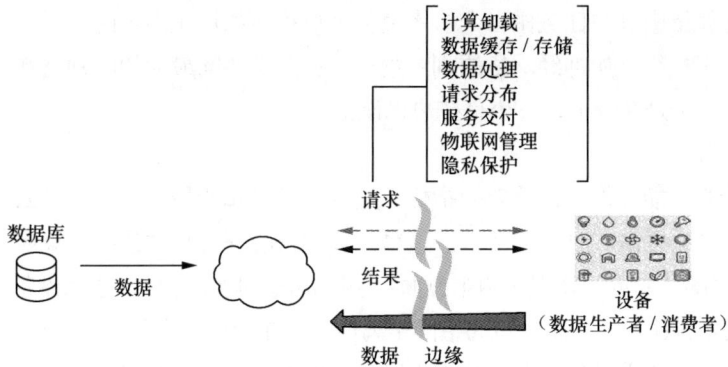

图 1-1　边缘计算的架构

当前业界普遍承认的边缘计算架构有 3 种：多接入边缘计算（Multi-Access Edge Computing，MEC），也叫移动边缘计算（Mobile Edge Computing，MEC）；雾计算（Fog Computing）；微云（Cloudlet）。

● 多接入边缘计算最初由欧洲电信标准化协会（ETSI）于 2014 年提出，定义为"在移动网络边缘提供 IT 服务环境与云计算能力"。其组成结构包括用户终端、MEC 节点、云计算中心。

● 雾计算是由思科公司在 2011 年提出的，它是针对物联网的一种新型计算架构，其组成结构包括终端、雾、云。

● 微云最早由卡耐基·梅隆大学提出，主要面向移动设备，其组成架构包括移动终端、微云、云。

MEC、雾计算和微云是边缘计算的 3 种具体模式，它们在部署位置、应用场景和实时交互等方面有相似性，也有不同点。MEC 和微云主要为移动网络边缘提供 IT 服务环境和计算能力，前者更强调边缘概念，后者更强调移动概念。而雾计算则更强调物联网应用概念。

3. 边缘计算的特点

边缘计算作为分布式开放平台，具有可扩展性、协同执行、实时响应、位置感知等特点。

（1）可扩展性

可扩展性是指系统处理变化的应用请求的能力。针对日益增长的用户请求，边缘计算可以在不影响现有服务运行的前提下，通过快速增加硬件资源和软件资源来达到满足新增需求的性能。评价一个系统是否具有可扩展性的主要评价指标有两个：时延和吞吐量。如果边缘计算系统采用通用接口以及开放 API，那么边缘计算系统就具有可扩展性，它就可以在用户请求激增时，很方便地快速增加硬件资源以满足需要，并且当用户请求发生改变时，可以很方便地快速上线新的应用功能以服务用户。总体来说，具有边缘计算的系统更容易满足用户对时延和吞吐量的更高要求。

（2）协同执行

协同包括两方面：边缘与云的协同和边缘设备与边缘设备的协同。边缘计算可以视为云计算的补充和延伸。边缘设备的计算能力和存储资源都比较有限，承担不了数据挖掘以及神经网络训练等计算密集型（Computing Intensive）任务，所以边缘计算依然需要云计算的强大计算能力以及海量存储能力作为支撑。而边缘设备与边缘设备的协同则是一种在时延与性能上的折中，它通过将边缘设备上多余的计算任务迁移至其他边缘设备执行，从而进一步降低时延、提高性能。为了方便大家理解这两类协同的区别与联系，我们先将计算任务按照计算量大小分为 3 类：大、中、小。很明显，计算密集型任务属于计算量大的那一类。计算量小的任务一般由单个边缘设备执行，例如对原始数据的预处理；而计算量中等的任务由多个边缘设备来执行，如视频内容的分发；计算量大的任务则需要由云计算中心来执行，如神经网络的训练过程。这两类协同最大的区别就在于任务计算量的大小和计算的位置（一个是在云上，一个是在边缘设备上）。

（3）实时响应

时延是边缘计算性能评价中最重要的指标。边缘计算兴起的最大的原因是云计算模型无法满足万物互联时代的某些物联网实时应用要求。边缘计算的核心理念是"边缘计算应当更靠近数据源，更靠近用户"。这里的"靠近"体现在两个方面：空间距离和网络距离。边缘设备与终端设备的空间距离和网络距离通常都比较短。比较短的空间距离通常意味着边缘设备与终端设备处于同一个区域，边缘设备能够快速响应终端设备的服务请求；比较短的网络距离则减少了带宽、延迟、抖动等网络不稳定因素所带来的性能影响。因此，边缘计算有望缩短处理时延。

（4）位置感知

很多时候，边缘设备与终端设备处在同一个局域网中，甚至局域网路由器或网关就是边缘设备。网络距离的缩短让 LBS（基于位置的服务）变得可能，而且边缘设备还可以感知当前的网络状况，动态地为用户提供服务。

1.2　边缘计算的相关知识

前面介绍了边缘计算的基本概念，接下来介绍与边缘计算有关的一些知识。

1.2.1　分布式计算基础

边缘计算不是一个新概念，它是分布式计算的一种形式，因此，本节首先介绍分布式计算模式。

分布式计算研究的是如何把一个需要很大计算能力才能完成的大问题分割成许多小部分，分配给分布式系统中的节点并行执行，最后把结果合并起来得到最终的结果，这就是分布式计算的过程。因此，要理解分布式计算，就要先了解什么是分布式系统。

1. 分布式系统

分布式系统可以定义为一组独立的，能够彼此通信的计算设备的集合，这个集合对于用户来说就像是单个相关系统，如我们常用的万维网（World Wide Web，WWW）和域名服务系统（Domain Name System，DNS）都属于分布式系统。分布式系统中的处理器或实体（通常称为节点）随时处于活动状态，节点有一定的自由度。各节点都有自己独立的硬件和软件。节点间需要通过相互传递消息进行通信和协调操作。

近几十年来，分布式系统和网络经历了前所未有的发展，应用在各种各样的领域中，如互联网、无线通信、云计算或并行计算、多核系统、移动网络等。

2. 分布式系统的体系结构

分布式系统的体系结构有的采用中心化的"客户端-服务器"架构，有的则是采用去中心化的点对点（Peer to Peer，P2P）架构。

在客户端-服务器架构中，服务器向许多远程客户端提供服务，是一对多的形式。客户进程与各服务器进程交互以访问它们所管理的共享资源。客户端和服务器通常遵循"请求-回复"的信息交互形式。例如，为了向用户显示网页，浏览器向 Web 服务器发送请求并期望获得包含请求信息的响应。

在去中心化的 P2P 架构中，客户端和服务器的结构呈水平分布，是多对多的形式。这个架构中的所有节点扮演相同的角色，作为对等者协同交互，在没有任何客户与服务器差别的情况下执行分布式存储或计算操作。由于系统中节点进程间的交互是对称的，即每个进程既是客户同时也是服务器，因此该系统又称为点对点系统。在点对点系统中，若节点构成的网络是结构化网络，则主机进程间的消息路由可利用分布式哈希表技术（如 Chord 协议等）来进行资源定位；若节点组织为非结构化网络，则可借助链路状态路由协议（如 OSPF 协议等）来更新本地的路由表。

3. 分布式计算

分布式计算，顾名思义，就是在分布式系统上执行的计算。分布式计算本质上就是基于网络"分而治之"概念的计算方式。分布式计算包含同构计算和异构计算两种。完成同构计算的节点类型相同；异构计算则由不同类型的节点（可能具有不同的功能、目标等）完成。

节点可以通过各种消息传递协议进行直接通信，也可以通过共享存储手段来实现数据的同步。比如在"以数据库为中心"的体系结构中，节点可以通过共享数据库，在没有直接通信的情况下完成消息的传递。大规模分布式系统的不确定性导致其可能发生大量不可预测的问题，如消息延迟、组件故障等。在极端情况下，节点可能崩溃宕机，甚至发生与系统目标对立的错误或恶意行为。

4. 分布式计算系统设计

分布式计算不仅限于两个节点之间的交互，它往往需要多个节点合作来实现共同目标，这使分布式计算更加复杂化。分布式计算的难点主要在于如何在部分节点出现故障的情况下实现数据的一致性和整个系统的可用性，所以设计分布式系统时要着重考虑以下 3 点。

（1）容错性

如果系统能够容忍故障的发生并能从故障中恢复过来，则称该系统具有容错性。故障一般分为崩溃性故障、遗漏性故障、定时性故障、响应性故障、拜占庭故障等类型。当节点的一个子集发生故障或断开连接时，系统需要确保其余节点正常运行。大多数系统通常无法准确地检测到节点进程故障，特别是无法将节点进程故障与网络故障区分开来。比如节点 A 的进程 A1 向节点 B 的进程 B1 发送请求，其实进程 B1 已经发生错误，无法响应进程 A1 的请求，但进程 A1 很有可能将收不到响应的问题归因于网络超时。更糟糕的是，一个受恶意攻击者控制的进程可能以恶意行为扰乱其余进程，无论是本机进程还是其他节点的进程，都有可能被恶意行为影响。使系统获得容错性的关键技术为备份。在具有容错特性的系统中，一个或多个节点的失效不会影响到整个系统的可用性。比如在进行 Web 浏览时，如果被请求的 Web 服务器出现故障，则系统应该提供自动切换到另一个 Web 服务器的功能，继续为客户端节点提供服务。

（2）一致性

在分布式系统中，基于对系统可靠性和性能两方面的考虑，需要对数据进行备份。当系统受到攻击时，多副本可以保障数据的安全性。当系统需要在服务器数量或地理区域上进行扩展时，数据多副本可以减少单点工作负荷，提高系统性能。

然而，数据备份的一个重要难题是如何保持各个副本的一致性。一致性模型实质上是进程和数据存储之间的一个约定。即如果进程同意遵守某些规则，那么数据存储将正常运行。一致性模型分为强一致性、弱一致性和最终一致性 3 种。

- **强一致性**：新的数据一旦写入，任何副本在任意时刻都能读到最新的数据。
- **弱一致性**：不同的副本上的值有新数据和旧数据，需要应用方做更多的工作以获取最新数据。
- **最终一致性**：一旦更新成功，各副本的数据最后将达到一致。

通常，在大规模分布式系统中，实现共享数据的一致性比较困难。如何既能保证数据一致性，又能保证系统的性能，一直是设计分布式系统时需要重点考虑的问题。若仅强调一致性，则可能面临响应时延过大等性能上的问题；若仅强调可用性，则读取的数据可能不是最新的。目前多数系统采用的办法是降低一致性要求，即采用或设计强度较弱的一致性模型，允许系统中存在少量陈旧数据。这在保证可用性的同时，又降低了时延的代价。

（3）安全性

安全性在分布式计算系统设计中非常关键。通常我们需要考虑 4 种安全威胁：窃听、中断、篡改、伪造。一个安全的分布式计算系统需要侦测提供的服务和数据中出现的异常，并快速处理，使系统恢复。

分布式计算系统的安全性涉及 3 个方面的问题：通道安全、访问控制和管理安全。

- 通道安全指用户与服务器或服务器进程间的通信安全，包括免受窃听、篡改和伪造攻击，可以分别通过加密、身份认证和消息完整性协议来实现。
- 访问控制指访问权限控制。客户在向服务器发出调用请求时，需要具有足够的访问权限才能调用成功。
- 管理安全指密钥安全管理与分发、节点服务器组的安全管理和访问权限管理等。管理安全可借助可信第三方发布的证书实现。

分布式计算还需要解决 3 个重要问题：选举、互斥锁和共识机制。

- 选举是在若干节点中指定单个节点作为某个任务的组织者的过程。在任务开始之前，所有网络节点都不知道哪个节点将充当任务的协调者，无法与当前协调者通信。在运行选举算法之后，网络中的每个节点都会确认唯一特定节点作为任务的协调者。
- 互斥锁是一种并发控制的机制，是为了防止节点竞争而制定的，即避免两个节点同时对同一公共资源进行读写操作。
- 共识机制则解决多个节点就单个事务或事务集执行顺序达成一致的问题。在系统运行过程中，某些节点可能出错，因此共识协议必须具有容错能力或弹性。

分布式计算主要应用在多个节点之间共享或传播信息。

典型的分布式计算系统包括信息传播引擎、过程控制系统、多用户协同工作系统、分布式数据库系统、分布式存储系统等。

- 信息传播（Information Dissemination）引擎。信息传播引擎可以采用发布-订阅模式来满足信息传播需求。发布者以通知的形式提供信息，订阅者通过注册它们感兴趣的通知以接收相关信息。通常情况下，发布方和订阅方必须相互协商传递哪些消息。例如，通过音频流发布消息时，节点间需要协商好所能够容忍的消息丢失限度，以获得一定的吞吐量。
- 过程控制（Process Control）系统。过程控制是指通过软件程序控制等一系列的物理活动，使程序得以准确执行的控制过程。过程控制通常通过应用软件来实现，如控制飞机动态位置、控制核装置温度或汽车生产自动化的程序。通常，每个程序都连接到传感器，交换传感器输出的值并输出一些共同的值。在一些传感器（或相关的控制过程）崩溃或不准确的情况下，程序需要对控制算法的同一组输入达成一致。

● 多用户协同工作（Cooperative Work）系统。在线聊天或虚拟会议应用中，位于网络不同节点上的用户可以合作开发软件或文档，建立分布式对话。协作的分布式应用通过共享工作空间来实现有效的合作。用户通过读写操作访问分布式共享存储器以存储和交换信息。为了保持共享空间视图的一致性，进程需要就空间上的写入和读取操作的顺序达成一致。

● 分布式数据库（Distributed Databases）系统。分布式数据库中的协议需要确保所有事务管理器获得正在运行的事务的一致视图，并可以就这些事务的序列化方式做出一致的决策。执行给定事务的数据库服务器需要协调事务管理器活动并决定提交还是中止事务。如果数据库服务器检测到违反数据库完整性和并发控制一致性的行为，可能会决定中止事务。

● 分布式存储（Distributed Storage）系统。大容量存储系统把数据分配到许多存储节点，每个存储节点贡献整个存储空间的一小部分。用户访问数据通常涉及联系多个节点，节点通过错误检测代码或错误校正代码保护存储系统免受节点数据丢失或损坏的影响。本身不具备分布式特性的应用程序也使用分布式计算以满足其某些特定要求，如容错、负载平衡、快速共享等。状态机复制（State-Machine Replication）是分布式系统中实现容错的一种强大方法。简而言之，状态机复制通过在单机可能失败的不同机器上执行多个副本，来使集中式服务高度可用。复制也可以在信息系统中使用，通过将数据放置在可能被查询的进程附近来提高对数据的访问性能。要使复制生效，必须使不同的副本状态保持一致。如果副本是确定性的，保证完全一致性的最简单方法之一是确保所有副本以相同的顺序接收相同的请求集。通常，这种一致性是通过 Total-Order Broadcast（全序广播）强制执行的：节点需要就它们传递的消息序列达成一致。实现一致性的挑战在于容忍可能影响副本的错误，包括进程崩溃和恶意攻击等。

边缘计算将数据的处理、应用程序的运行，甚至一些功能服务的实现等，由中心服务器下放到网络边缘的节点上完成，所以边缘计算实际上属于一种分布式计算。它利用靠近数据源的边缘端来完成运算，不需要将大量数据上传到云端。边缘计算的核心是将计算任务朝数据端迁移，而分布式计算的核心是将计算任务分解给更多的计算节点协作完成。

1.2.2　云计算概述

边缘计算是在云计算技术和大数据技术的基础上发展起来的。想要理解边缘计算技术，首先需要了解云计算技术。

1. 云计算的定义

"云计算"这一名词自 1996 年首次出现以来便受到广泛关注。随着该技术发展愈发成熟，其定义也逐渐明确。

从运营角度来看，云计算是"一种将可伸缩、共享的物理和虚拟资源池以按需自助服务的方式供应和管理，并提供网络访问的模式"。

根据美国国家标准技术研究所的定义，云计算是"一种模型，用于实现对可配置计算资源（例如 CPU 资源、内存资源、硬盘资源、网络资源等）的共享，实现无处不在的、方便的按需供应和访问，这些资源可以通过最少的管理工作快速配置和发布"。

云计算具有以下 5 个特征。

（1）按需自助服务

无须通过与云服务商进行详细的业务沟通，用户可以自行选择所需要使用的资源。

（2）广泛的网络访问

用户可以通过各种互联网的入口访问云资源，如手机、平板电脑、笔记本电脑、工作站等。

（3）资源池化

云服务商将其所有资源汇集起来，再根据用户的不同需求，动态地为用户分配不同的计算资源。

（4）快速弹性

用户可以根据其对计算能力需求的变化向云服务商快速地申请和释放大量计算资源。

（5）可测量的服务

云服务商可以实时地监测用户对其资源的使用情况，据此进行计费，并优化资源利用效率。

2. 云计算支撑技术

云服务商为了向用户提供各类服务，需要多种技术提供支撑，主要有资源虚拟化技术、分布式数据存储技术以及并行计算技术等。

（1）资源虚拟化技术

为了能够让用户方便且个性化地使用各种云资源，首先需要对云服务商的所有设备进行虚拟化。一般而言，其主要任务有 CPU 虚拟化、内存虚拟化和 I/O 虚拟化。

虚拟化技术通过设置一个虚拟化层来实现，该层又被称作虚拟机监视器（Virtual Machine Monitor，VMM）。根据底层操作系统的角色不同，其实现结构主要分为 Hypervisor 模型和宿主模型。在 Hypervisor 模型中，VMM 是扩充了虚拟化功能的操作系统；在宿主模型中，VMM 是宿主操作系统中独立的内核模块。

同时，云服务商还需要对虚拟化资源进行管理，主要包括对虚拟化资源的监控、分配和调度等。

（2）分布式数据存储技术

与传统上将数据存储于本地不同，云服务商将数据分散存放在部署于世界各个位置的服务器中，这就对数据存储方案提出了较高的要求。

分布式数据存储技术主要分为分布式文件系统、分布式对象存储系统和分布式数据库管理系统 3 种类型。

- 分布式文件系统是一种基于网络、在多台设备上共享文件的系统。它具有高容错性，即使部分节点失效，它也可以确保数据不丢失。它是分布式数据存储的基础。常用分布式文件系统方案包括：GFS 系统，以及 Hadoop 基于 GFS 开发的开源 HDFS 系统。它们构建的集群都具有高度可扩展性，能够提供对数据的高性能访问服务。

- 分布式对象存储系统主要存储非结构化数据。它可以在存储数量增长时更有效地将元数据平衡地分布到多个节点上。从理论上讲，它能够提供无限的可扩展性。如 Amazon S3 业务，该业务可以让不同行业和规模的客户存储不同数据量的数据，并提供存档、备份、还原等功能。

- 分布式数据库管理系统通过网络将物理上分散的多个数据库单元连接起来，在逻辑上形成一个整体，主要用于存储和处理海量结构化数据。由于其分布式特点，它在做平行任务处理时可以达到很高的效率。然而，分布式数据库需要在规定时间内完成所有单元的同步，也导致了数据处理和管理的复杂度较高等问题。

（3）并行计算技术

云计算的一大优势就是可以将巨大的计算任务分解，并使用低算力节点以极低成本完成计算任务。这就需要使用优秀的并行计算方案来驱动。在云计算环境中，常用的方案有 MapReduce 模型和 Dryad 模型。

云计算的关键任务有以下几个方面。

- 任务划分。即如何更加优化地分解巨大的运算任务。
- 任务调度。在云计算环境下，如何尽量通过本地化降低通信开销是一个重要问题。MapReduce 和 Dryad 都将分解后的存储和计算任务部署在同一个节点上，使得大部分数据能够本地读取，降低了对带宽的需求。
- 容错机制。容错主要指在部分节点失效的情况下计算仍能够正确执行。在云计算环境下，低成本主机产生运行异常应被当成常态进行处理。如果产生错误，系统需要检测并隔离出错节点，再调度分配新节点接管出错节点的计算任务。

3. 云计算服务模式

如图 1-2 所示，云计算的产业模式主要分为软件即服务（Software as a Service，SaaS）、平台即服务（Platform as a Service，PaaS）和基础设施即服务（Infrastructure as a Service，IaaS）3 种类型。这也相当于云计算的 3 个分层，软件即服务在最下端，平台即服务在中间，基础设施即服务在最顶层。云服务的 3 种模式是对资源不同程度的抽象，通过这 3 种类型的服务，云服务商可分别为用户提供不同层次的服务。

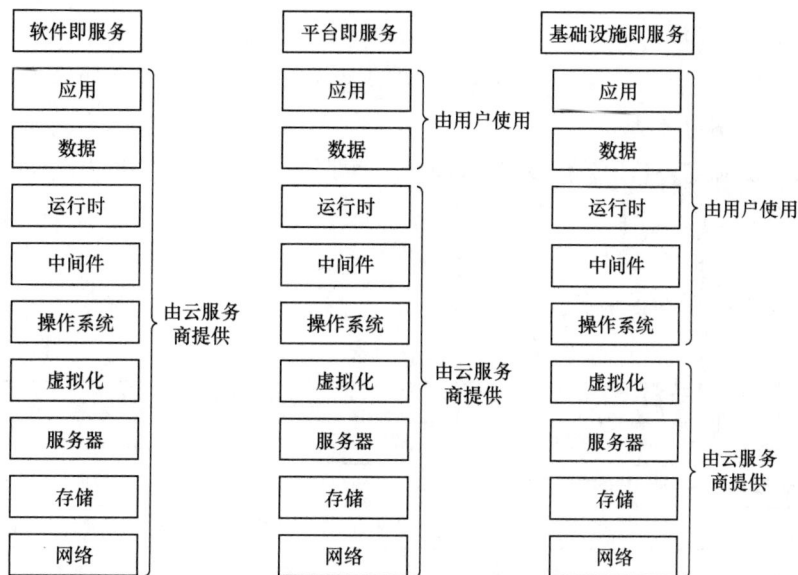

图 1-2 云计算服务模式分层

国际云服务商主要有微软公司、亚马逊公司等，国内云服务商主要有阿里巴巴公司、腾讯公司、百度公司等。

（1）SaaS

SaaS 是可以提供软件服务的一种应用模式。在该模式中，用户通过网络请求云端的软件提供服务，而无须在本地安装全部执行代码。用户通常可通过精简的客户端或经网页浏览器来访问云端服务。

与传统软件模式相比，随着联网成本的降低以及网络接口标准化的发展，SaaS 模式极大地降低了软件的更新成本，云服务商只需更新云端服务软件即可。然而，将大部分数据放在云端的模式不但降低了系统的安全性，而且提高了延迟。SaaS 层关键的技术有 Web 服务技术和互联网的应用开发技术等。

表 1-1 展示了主流的 SaaS 业务。

表 1–1 主流 SaaS 业务

业务名称	面向人群	业务描述
Microsoft Dynamics CRM	企业	是一个侧重于销售、营销和服务的客户关系管理软件包
Salesforce	企业	是一个按需定制的软件服务。用户每个月需要支付类似租金的费用来使用网站上的各种服务，这些服务涉及客户关系管理的各个方面
Office 365	企业	是一个基于 Microsoft Office 套件的云端办公室方案，包括线上会议、管理邮件、建立小组沟通等
G Suite	企业/个人	是一套具有协作能力的办公工具和软件，包括邮件、实时通信、云端存储、文档协同编辑等
iCloud	个人	是一个云端存储和云端计算服务。用户能在 iCloud 中存储音乐、照片、App 数据、文件、联系人和日历等，并将其推送到用户所有支持 iCloud 同步的设备上
Adobe Creative Cloud	企业/个人	是一套包含平面设计、视频编辑、网页开发、摄影应用的云端套装软件

（2）PaaS

云安全的标准化组织云安全联盟（CSA）给出的 PaaS 定义如下：以服务的方式交付的计算平台和解决方案包。PaaS 服务消除了购买、管理底层硬件和软件以及部署这些主机所带来的成本和复杂度，使应用的部署变得更容易。

在该模式中，云服务商将软件研发的平台做成一种服务对外提供，如提供虚拟服务器和操作系统。消费者能控制部署的应用程序，也可能控制运行应用程序的托管环境配置，但不掌握操作系统。PaaS 层中关键技术有海量数据处理技术和资源管理与调度技术等。

表 1-2 展示了主流的 PaaS 业务。

表 1–2 主流 PaaS 业务

业务名称	业务描述
Google App Engine	是一个开发、托管网络应用程序的平台，用户可在全托管式的平台上构建和部署应用
AWS Lambda	是一项计算服务，可使用户无须预配置或管理服务器即可运行代码
Heroku	是一个支持多种编程语言的云平台，它允许开发者完全基于云来创建、运行应用程序
Azure App Service	可供用户使用如.NET 等常用框架在任意操作系统上快速地创建、部署和运行网络应用
OpenShift	可供用户创建网络应用。开发者可以使用 Git 在平台上发布自己的 Web 应用程序

（3）IaaS

IaaS 提供的是基础设施层面的服务。云安全联盟给出的 IaaS 定义如下：消费者能够获得处理能力、存储、网络和其他基础计算资源，从而可以在其上部署和运行包括操作系统和应用在内的任意软件。消费者不用管理云基础设施，但可以控制所购买的存储资源、所安装的操作系统及所部署的应用，也可以控制或管理部分网络组件（如防火墙）。在该模式中，消费者可以通过调用接口或者登录网页使用云服务商提供的基础计算资源，如处理能力、存储空间、网络组件（防火墙、负载平衡器）等。常见的 IaaS 业务就是虚拟机的租用服务。国际 IaaS 服务商主要有亚马逊公司和微软公司。国内 IaaS 服务商则主要有阿里巴巴公司、腾讯公司和百度公司等，它们主要提供虚拟机租用服务。

IaaS 层的关键技术有数据中心管理技术和虚拟化技术。IaaS 层是云计算核心服务的基础层，数据中心对 IaaS 层又至关重要，因此数据中心的资源规模和可靠性对云服务有着重要的影响。数据中心网络设计技术和数据中心节能技术是构建高效、节能、可靠的数据中心的主要技术。此外，数据中心为云计算提供了海量的资源，为了实现对基础设施服务的按需分配，需要虚拟化技术来支持。

4. 云计算部署模型

随着云计算的发展，在实际应用中出现了 3 种不同的云模式：公共云、私有云和混合云。

（1）公有云

公有云由第三方提供，用户可以通过 Internet 对公有云进行使用。多个用户可以通过云服务商共享系统资源。在公有云中，用户不用自己搭建或部署环境就可以享有丰富的资源和服务。使用公有云服务的成本比较低，甚至有些是免费的。对于一些小企业来说选择这种服务模式有很多好处。

● 其一，它们不用花费资金去购买基础设备，降低了开发成本的同时还可以享受很专业的服务和丰富的资源。

● 其二，它们可以按需申请相应的服务，当规模扩大需要更多的服务时，直接向云服务商申请即可。

● 其三，当有技术更新时，企业可以随时向云服务商提出升级要求，不用考虑硬件资源的问题。

但是公有云的缺点是不能确保数据是安全的，可能存在用户隐私泄露。私密性要求高的企业一般不会选择公有云。

（2）私有云

私有云是为某个用户或者企业单独使用而构建的。私有云的运作方式和公有云类似，但企业必须自己设计数据中心、网络和存储设备等。企业可以在私有云上部署它们自己的防火墙，这样保障了一些关键性数据和用户隐私的安全，缺点是这样做的成本费用就会很高。

（3）混合云

混合云结合了公有云和私有云两种服务模式，利用两种服务的优点，提供灵活的服务。对于安全问题，用户可以将关键的数据放在私有云上。当数据剧增或者私有云负载过重时，就可以申请公有云服务。这样做的缺点是在公有云和私有云共同使用的时候，必须有统一的标准接口，但这样会增加维护的难度。

5. 云计算存在的问题

随着云计算的快速发展，一些亟待优化的问题也逐渐暴露了出来。这些问题主要体现在以下几个方面。

（1）可用性有待提高

近年来，每当云服务商的服务器集群发生失效问题时，其所造成的经济损失都是巨大的。为了保证有效地为大量用户提供高质量的服务，云服务商必须首先保证其物理设施的高可用性。

（2）数据的一致性较弱

由于同时使用部署在全球多个位置的服务器，所以如何保持不同位置的多集群之间的同步，使各个位置的用户及时获得相同的内容变得非常具有挑战性。

（3）接口标准性较差

接口标准性较差主要表现在两个方面：首先是云服务商的运营标准不同，难以对相似业务做出比较，导致竞争混乱；其次是不同厂商提供的 API 不同，提高了用户更换云服务商的成本。

（4）信息保密及法律法规问题

传统法律管辖权理论主要以地域和国籍为基础，基本上都对个人数据的跨境流动做出了严格的限制。然而云计算与这种传统的法律模式存在矛盾。如果隐私保护法律对云计算进行地域限制，会束缚它的服务功能和效果，有违云计算的内在特性；如果对其毫无限制，又会使频繁进行跨境传输的个人数据处于失控状态，不能有效保护数据主体的权益。因此，云计算对传统的隐私管辖权理论提出了严重的挑战。如何在遵守当地法律的情况下保证其用户数据的私密性，不仅需要云服务商对其服务做出定制性的修改，也需要国家层面加速相关法律的制定和落实。

6. 云计算的发展趋势

自云计算诞生以来，其相关产业一直以超高的速度发展。云计算重新定义了服务模式，软件即服务（SaaS）、平台即服务（PaaS）和基础设施即服务（IaaS）的采用率将以不同的增长率持续增长。据 Gartner 预计，至 2020 年底，全球云计算规模有望达到 3 546 亿美元。

目前来看，全球的云计算服务已经被几家巨型互联网公司垄断，规模效应凸显。尤其在 IaaS 领域，市场基本已经被瓜分完毕。不过随着各大云服务商对开源形成了共识，其各种业务的创新性依然高涨，各种新技术层出不穷。

此外，也可以让云计算与 5G、机器学习、物联网相结合，在各个领域发挥其低成本、高定制化的优势。

（1）5G 移动云计算

在面向 5G 的移动通信时代，移动云计算将成为其创新性服务技术的典型代表。结合 5G 移动通信技术，移动行业内部的基础设施、应用资源、数据存储等方面均会产生巨大的变革。5G 提供的远端智能计算服务，结合无线接入网技术，可以构建分布式移动计算网络，为移动用户提供更加丰富的应用以及更好的用户体验。

（2）机器学习

近年来，随着信息产业的高速发展，人们可以收集到的数据量以指数级增长。传统的机器学习算法由于受到机器内存的限制，不能有效地处理大规模的数据。因此，将机器学习和云计算平台相结合，利用云计算提供的低成本大规模计算机集群来为机器学习提供所需的存储空间和计算能力，就可以实现高效训练大规模数据的目的。

（3）物联网

物联网技术的发展必须依赖高效率低成本的存储和计算技术，云计算技术的优势即在于此。因此，云计算是物联网发展的重要基础。除了传统的通过无线传感器、射频识别等智能设备搜集及整理数据和信息然后传递到云计算平台的物联网方案，近年来也兴起了将计算能力前移的边缘计算技术。随着边缘计算和云计算的结合日益紧密，物联网产业也将迎来新的变革。在未来，云计算能力将不会再被当成物联网设备的一个突出特点，而会变成一种基本属性，融入生活的各个方面，从而发挥其巨大的潜力。

1.2.3　大数据概述

边缘计算技术发展的主要驱动力是大数据技术，本节就来介绍一下大数据技术。

1. 大数据的由来

由于互联网应用的高速扩张，人们越来越多地使用更多的应用来解决自己的问题。随之而来的就是人们在网络中留下的痕迹越来越多，从而产生了各种类型的海量数据，如邮件数据、图片、视频、物联网收集的数据等。当前，企业常用的数据量级已经从 TB 级变成了 PB、EB 甚至 ZB 级。此外，在 Instagram 上，用户每天共分享 9 500 万张照片和视频；Twitter 用户每天共发送 5 亿条信息。由此，大数据（Big Data）一词诞生了，它被用来描述和定义信息爆炸时代产生的海量数据。研究大数据对于企业有重要意义，如商品提供商可以通过分析各类商品及购买人群从而达成精准营销；在交通领域，可以分析车辆流动规律，重新规划路线，从而缓解交通压力。

大数据最重要的是对全体数据的统计，而不是对抽样数据的统计。大数据的主要特征如下。

- 数据量特别大，传统数据处理手段无法处理。
- 类型繁多，包含各种数据类型。
- 价值密度低，因为数据量过大，冗杂信息和无用信息就多，需要利用大数据分析技术过滤和提纯。
- 数据产生速度快，有效时间短。

人们将数据分为结构化数据、半结构化数据和非结构化数据。我们最熟悉的数据，比如以 MySQL 这种关系型数据库管理的数据，就是结构化数据。非结构化数据是没有固定模式的数据，比如大多数多媒体数据就是非结构化的。而半结构化数据是非关系型的，它有基本固定的模式，如一些有格式规定的文档（XML、JSON、HTML）等。在大数据中，非结构化的数据占据的比重越来越多。IDC 的调查报告显示：企业有 80% 的数据是非结构化数据，而且这些数据每年都在按指数级增长。大数据的以上结构和特征也决定了大数据的研究方向和发展趋势。

2. 大数据技术

数据即资源，掌握了数据就能发展出相关的生态系统，把握市场先机。大数据与分布式计算、云计算密不可分。大数据意味着难以将数据全部存储于一处，需要分散管理。数据安全问题也是一大难题。由于数据量巨大，一旦泄露，其后果是无法想象的。

所以如何分析大数据，如何处理大数据，如何利用大数据，就是当今业界的一个重要研究课题——大数据技术。大数据技术主要分为：数据采集、数据存储、数据清洗、数据挖掘和数据建模分析技术。

（1）数据采集

采集的数据主要来自于两个部分，一是各种智能设备的传感器采集的数据，如摄像头采集的视频、图像数据，温湿度传感器采集的温湿度数据等；二是通过网络，如网络爬虫获取的数据。

（2）数据存储

数据存储需要根据上述不同的数据结构选择不同的存储方案，也需要考虑数据安全和访问带宽等因素对存储方式的影响。

（3）数据清洗

数据清洗是对采集的数据进行筛选和处理。对于残缺的数据，需要补全；对于错误数据，需要修正；对于重复数据，需要先确认再进行整理。数据清洗的主要内容是对数据进行一致性检查以及无效值和缺失值的处理等。

（4）数据挖掘

数据挖掘主要使用机器学习、模式识别等算法从大量数据中发现其中隐藏的知识。比如沃尔玛超市通过对男性购物数据进行分析发现：当男性在为自己小孩买婴儿纸尿裤时，会选择购买几瓶啤酒。在挖掘出了纸尿裤和啤酒之间的潜在关系后，沃尔玛将纸尿裤和啤酒摆放在相邻位置进行联合促销，从而提高了啤酒的销量。

（5）数据建模分析

数据建模分析指的是将获取的数据进行数学建模来做预测。一般需要根据不同的业务问题，比如时序数值预测问题或分类问题选择适合的模型。选定模型之后就可以用恰当的数据集来训练模型。训练模型的目的就是找到最合适的模型参数。模型训练好之后还需评估模型的质量。业务问题不同，评价指标可能不一样。对于时序数值预测问题，可以用均方根误差等指标；而对于分类问题，可以用正确率、缺失率等指标。如果模型的质量满足需求，就可以将其应用于真实的业务场景之中。在应用模型的时候也可能发现一些潜在的问题，这就需要对模型进行优化。不过，模型优化的过程比较复杂，极可能需要重新建模，重新确定合适的模型参数。

目前比较流行的大数据处理传统架构是 Hadoop 和 Spark 分布式框架。它们都具有如下特点。

- 可读性好。支持容错，任何节点宕机不会丢失所处理的计算结果。
- 可伸缩性好。支持庞大的服务器集群。
- 分布式处理。数据获取、存储和处理都是分布式的。
- 并行化。可以在节点上并行执行。

Hadoop 计算平台的设计目标是使用简单的编程模型在跨计算机集群的分布式环境中存储和处理大数据。它最主要的两个组成部分是 HDFS 和 MapReduce。HDFS 在设计之初就确立了明确的目标，即要能存储非常大（高达 TB 级别）的文件。它采用流式（一次写、多次读）数据访问方式，并能运行于普通商业硬件之上。它可以通过部署在几千台服务器集群上的分布式文件管理系统提供高聚合输入/输出的文件访问。MapReduce 实现了自动的并行化处理及大规模的分布式计算。它通过采用非常简单的输入键值对方法来产生一个键值对作为结果输出。

基于 Hadoop，用户可以进行更加深入的数据挖掘和建模工作。如今，Hadoop 已经被广泛用于商业项目之中。比如：Visa 公司是一个信用卡公司，它拥有几亿个用户，每天有上亿笔交易。在使用 Hadoop 集群之前，Visa 公司仅仅分析 5 亿个用户账号之间的关系就需要花费 1 个月时间才能得到结果；在使用了 Hadoop 集群之后，Visa 公司仅仅只需要 13 分钟就能完成全部分析工作，并找出其中的可疑交易，以及时防止诈骗、盗取钱财等问题出现。

Spark 也是人们经常提到的一个大数据处理的框架。Spark 主要关注对分布式存储的大数据的低延迟处理计算。Spark 与 Hadoop 的主要不同在于：Hadoop 使用 MapReduce 将每次计算的中间结果存入 HDFS 文件系统（磁盘）中；而 Spark 则将每次计算的中间结果全部保存于内存中，并行操作，失败就恢复，只在最后才将最终结果存入文件系统中。因为内存访问比磁盘快很多，所以 Spark 进行复杂计算时（比如有多次迭代的神经网络）比 MapReduce 高效得多。Spark 具有一个最基本的数据抽象——弹性分布式数据集（RDD），它将流式数据分成若干个小时间片段进行批处理（Spark Streaming）。在内存足够时，该方式能够实现近实时处理。Spark 提供了多种语言的 API，支持很多机器学习和图计算的基本算法，还完全兼容 Hadoop，所以 Spark 可以将最终结果存入 HDFS 中。比如：在使用 Hadoop 进行广告推荐时，优酷发现在机器学习和图计算时需要耗费大量资源，效率也低，所以选择了 Spark 来处理广告推荐，从而极大地提高了效率，减小了延迟。

3. 大数据和云计算

关于大数据和云计算的关系，人们通常会有误解，而且会把它们混起来说，这也是因为它们之间有非常紧密的联系。云计算对于大数据的发展具有非常重要的意义。大数据必然无法用单台计算机进行处理，必须采用分布式计算架构。大数据技术的特色在于对海量数据的挖掘，但它必须依托云计算的分布式处理、分布式数据库、云存储和虚拟化技术。所以，云计算平台为大数据提供了各种服务支撑，比如存储、算力、安全等。云计算还能够在很大程度上为大数据拓展采集数据的渠道，因为云计算未来向行业领域的垂直发展将整合大量的行业数据，这对于大数据来说具有非常重要的意义。从这个角度来看，云计算是产生大数据概念的重要因素之一，没有云计算的发展则很难有大数据技术的突破。

从当前整个产业互联网的技术体系结构来看，无论是物联网技术体系还是人工智能技术体系，都离不开云计算和大数据的支撑。以物联网技术体系为例，云计算处在物联网体系结构的第 3 层，而大数据则处在第 4 层。云计算相当于人的大脑，是物联网的神经中枢。云计算基于互联网的相关服务的增加、使用和交付模式，通常涉及通过互联网来提供动态、易扩展且通常是虚拟化的资源。大数据相当于人的大脑从小到大记忆和存储的海量知识，这些知识只有通过消化、吸收、再造才能创造出更大的价值。二者最终为智能决策层提供服务。所以大数据和云计算这两个技术本身就很难分割。

（1）大数据和云计算的相同点

大数据和云计算的相同点在于它们都涉及数据存储和处理服务，都需要占用大量的存储和计算资源，因而都要用到海量数据存储技术、海量数据管理技术等。随着数据量的递增、数据处理复杂程度的增加，相应的性能和扩展瓶颈将会越来越大。在这种情况下，云计算所具备的弹性伸缩和动态调配、资源虚拟化、按需使用及绿色节能等基本功能正好契合新型大数据处理技术的需求。在数据量爆发式增长和对数据处理要求越来越高的当下，实现大数据和云计算的结合，才能最大程度上发挥二者的优势，满足用户的需求，带来更高的商业价值。

（2）大数据和云计算的区别

● 目的不同：大数据是为了发掘信息价值，而云计算主要是通过互联网管理资源，提供相应的服务。

● 对象不同：大数据的对象是数据，云计算的对象是互联网资源和应用等。

● 背景不同：大数据的出现主要是由于用户和社会各行各业所产生的数据呈现几何级数的增长；云计算的出现主要是由于用户服务需求的增长，以及企业处理业务的能力的提高。

● 价值不同：大数据的价值在于发掘数据的有效信息，云计算则可以大量节约使用成本。

一言以蔽之，云计算因大数据问题而生，大数据驱动了云计算的发展，而 Hadoop 在大数据和云计算之间建起了一座坚实可靠的桥梁。

1.2.4 边缘计算概述

1. 边缘计算的产生背景

随着物联网和 4G、5G 等通信技术的快速发展，万物互联的时代已经到来。万物互联要实现物与物、物与人、人与人之间的数据连接，实现智能化的数据采集、传输、存储和处理。在万物互联时代，数据产生的速度越来越快，数据量也越来越大，各种新兴应用对时延和隐私保护也提出了更高的要求。例如，预计装载在无人驾驶车上的传感器每秒会产生约 1GB 的数据，波音 787 飞机每秒会产生约 5GB 的数据，而且这些数据都必须得到实时处理。

云计算模型也在发展，它可以借助虚拟化技术将数十万台服务器虚拟成一个统一的系统，忽略各服务器硬件和操作系统方面的差异，实现资源的统一调度和部署，为用户提供强大的计算能力和海量存储能力。因为云计算中心具有可扩展性，可以在资源请求数量激增时动态地增加计算和存储资源，所以云计算中心拥有近乎无限的计算和存储能力。应用请求的响应总时延共有 3 部分：发送时延、处理时延及排队时延。当网络距离较远时，总时延可能会比较大。时延大就不能满足某些对实时性要求较高的应用场景的需求。也就是说，单一的云计算模型并不能满足万物互联时代的全部应用场景需求。

正是因为云计算模型并不能满足万物互联时代的全部应用需求（包括响应时延、存储能力、隐私保护等需求），业界才提出了边缘计算的概念。边缘计算可以在边缘设备处对庞大的原始数据进行预处理。根据思科公司 2015—2020 年的全球云指数报告，2020 年全球的设备会产生 600ZB 的数据，但其中只有少量是关键数据，大多数是临时数据。因此可以过滤掉临时数据，只保留关键数据用于分析。考虑到这些关键数据中包含很多个人隐私，因此在将它们上传到云计算中心进行数据挖掘等操作之前，可以先对数据进行一定程度的模糊化处理，在不影响后续操作的基础上最大限度地保护隐私。

2. 边缘计算和云计算

边缘计算和云计算的关系密不可分。边缘计算是为解决云计算时延、功耗、数据隐私和数据安全等问题而产生的技术。边缘计算和云计算的本质是相同的，都是处理海量数据的一种计算方式，只是计算发生的位置不一样：边缘计算执行计算的位置在边缘，云计算则在云端。边缘计算是云计算的延伸和扩展，边缘计算需要云计算的强大计算能力及海量存储能力的支撑；云计算中心也需要边缘计算模型对海量物联网数据的预处理，从而满足低时延、隐私保护、低功耗等需求。但鉴于边缘端的计算、存储和网络能力有限，边缘计算并不能在本地处理所有的数据。当然，边缘计算不能直接把源数据传给云端，而是要在处理之前先过滤临时数据。云计算侧重在云端处理和分析数据，而边缘计算则侧重在边缘设备处理和分析数据，更适合实时的数据分析和智能化处理，更加高效而且安全。如果说云计算是集中式大数据处理，那么边缘计算可以理解为边缘分布式大数据处理。

边缘计算和云计算之间的协同主要体现在以下几个方面。

- 连接协同。主要是在网络连接上的协同。随着边缘设备的增加，对网络的可维护性、可靠性和拓扑结构的要求就越来越高，如何设计连接方式和确保连接的实时可靠是要解决的现实问题。

- 数据协同。面对各种各样的技术和标准，把它们统一起来按照某种规则进行数据交互也是要考虑的问题。

● 管理协同。云端面对海量的边缘设备，如何高效地管理这些边缘设备，以及协调边缘设备和边缘设备的交互、边缘设备和云端的交互也是要考虑的现实问题。

● 安全协同。在边缘设备连接云端时的安全和隐私如何保障，当边缘设备恶意攻击云端时，云端如何抵御等问题也要考虑。

边缘计算具有以下优势。

● 实时性。如边缘计算在车联网中的应用。对于相当于一台高性能计算机的自动驾驶汽车来说，需要通过大量传感器实时对周围环境中的数据进行收集，所以对数据时延的要求比较高。云计算是在云端处理数据的技术，来回传输数据需要花费一定的时间，在汽车自动驾驶这种场景下，数据传输的时间过长，云计算的数据处理便会滞后，这是不可接受的。所以边缘计算脱颖而出，它可以让自动驾驶汽车的数据在车辆端就可以得到处理，而不需要上传到云端进行处理。

● 在边缘节点可以完成智能性网络中的大量功能。传统架构中很多功能都需要中央服务器进行处理，而如今很多服务都可以直接在边缘进行，如身份验证、日志过滤、数据整合、图像处理和 TLS（HTTPS）会话设置等。

● 数据聚合性。一台自动驾驶汽车运行时会产生海量的数据，这些数据可以在边缘节点进行初步处理，之后在中心服务器进行再处理。比如，公司的各个部门负责人遇到一些困难时，会汇总各自部门面临的问题和一些困难，最终汇报给老板，这样老板看到的是他们整理过的很直观的数据。

1.3　边缘计算的发展历程

边缘计算的发展和面向数据计算模型的发展是分不开的。随着物联网的发展及各种新兴应用的出现，需要处理的数据量大大增加，人们对于时延及能耗方面的要求也越来越高，原来的计算模型越来越不能满足应用要求。为了解决这个问题，业界做了很多如何实时处理大数据的研究，提出了一些计算或存储模型。这些模型在网络边缘增加了部分存储或计算功能。其中典型的模型有分布式数据库、内容分发网络、对等网络等。后来逐渐发展出边缘计算概念。从 2009 年微云概念的提出到现在，边缘计算的概念一直在发展，形成了微云、雾计算、多接入边缘计算这三大边缘计算架构。下面逐一对其进行介绍。

1.3.1　分布式数据库

分布式存储面临的需求比较复杂，大致可以分为以下 3 类。

● 非结构化数据：包括文档、文本、图像、图片、音频和视频信息等。

● 结构化数据：一般存储在关系数据库中，可以用二维表结构来表示。

● 半结构化数据：介于结构化数据和非结构化数据之间，如 HTML 文档、JSON 文档、XML 文档都属于半结构化数据。

分布式数据库属于分布式存储的一部分，分为两类：关系型数据库和非关系型数据库。

关系型数据库存储结构化数据，提供 SQL 关系查询语言，支持多表关联、嵌套子查询等复杂操作，并要求数据库事务满足 ACID 规则。典型的关系型数据库包括 Oracle、MySQL、PostgreSQL 等。

关系型数据库容易理解，易于维护，但是其可扩展性比较差，并不能或没有办法像 Web Server 和 App Server 那样简单地通过添加更多的服务节点来扩展性能和负载能力。当需要对数据库系统进行升级和扩展时，往往需要停机维护和数据迁移。

非关系型数据库多存储半结构化数据，它与关系型数据库正好相反，强调的是高可扩展性。非关系型数据库又称 NoSQL（Not Only SQL），它在设计时抛弃了关系型数据库中复杂的 SQL 查询及 ACID 事务，转而选择简单的键值进行存储，这样大大增加了整个存储系统的伸缩性和灵活性。在 NoSQL 里比较有名的有 Redis、HBase 等。

分布式数据库和边缘计算最大的区别就是分布式数据库只为大数据处理提供了存储能力，但是没有提供计算能力。

1.3.2　内容分发网络

内容分发网络（Content Delivery Network，CDN）是构建在计算机网络之上的用于内容分发的网络。CDN 依靠部署在各地的边缘服务器，通过中心平台的负载均衡、内容分发、调度等功能模块，使用户就近获取所需内容。CDN 的基本原理是广泛采用各种缓存服务器，将这些缓存服务器部署到用户访问相对集中的地区或网络中，在用户访问网站时，利用全局负载技术将用户的访问指向距离最近的工作正常的缓存服务器，由缓存服务器直接响应用户请求。

CDN 被认为是早期的边缘计算。但是和现在的边缘计算不同的是，其边缘节点仅限于 CDN 服务器。现在的边缘节点的类型众多，有网关、个人计算机（PC）、路由器、手机等。CDN 功能单调，节点只负责静态内容分发。边缘计算节点则是在边缘提供云计算能力和 IT 服务环境的设备。

1.3.3　对等网络

对等（P2P）网络是一种在对等者（Peer）之间分配任务和工作负载的分布式应用架构，是对等计算模型在应用层形成的一种组网或网络形式。在 P2P 网络环境中，彼此连接的多台计算机相互都处于平等地位，无主从之分，每台计算机既可以充当服务器，又能充当客户端，共享它们拥有的一部分计算机资源。

P2P 模型和边缘计算模型很像，但是 P2P 模型没有考虑云计算中心，总计算能力偏小，很难支持智能化大数据场景。

1.3.4　微云

微云是由卡耐基·梅隆大学在 2009 年提出的针对移动设备的边缘计算架构。相比于后来的 MEC，微云更强调移动性。微云不仅可以和接入点、基站、网关等组件共址，还可以直接运行在车辆、飞机等终端上。微云的架构为"终端-微云-云"，是一种位于互联网边缘的用于增强移动性的小型云数据中心。其主要目的是通过为移动设备提供额外的计算能力来支持更多计算密集型和交互式的移动应用。

1.3.5　雾计算

雾计算是思科公司于 2011 年提出的针对物联网场景的边缘计算架构，其架构为"终端-雾-云"。雾计算使用边缘设备，以分布式架构进行数据存储，或进行分布式网络数据包传输通信，进行相关分布式控制或管理。通常雾计算节点性能并不强，只是一些性能较弱的通用计算设备。

1.3.6　多接入边缘计算

多接入边缘计算（MEC）由欧洲电信标准化协会（ETSI）于 2014 年提出。它是移动边缘计算的扩展。原本移动边缘计算仅限于在移动网络边缘提供云计算能力与 IT 服务环境，多接入边缘计算则将边缘计算能力从移动网络延伸至 Wi-Fi、PSTM 等接入网络。MEC 也是 5G 的一项关键支撑技术。

本章小结

本章主要介绍了边缘计算的基本概念、相关知识及发展历程。了解这些边缘计算的基础知识会为后续边缘计算技术的学习打下扎实的基础。

思考题

1. 边缘计算是什么？有什么特点？
2. 边缘计算的主要应用场景有哪些？应用边缘计算有何优势？
3. 边缘计算和 CDN 相比有什么不同？
4. 简述边缘计算和云计算之间的异同。

02 第2章 边缘计算基本架构与关键技术

本章主要介绍边缘计算的基本架构以及关键技术。

本章学习目标:

- 了解常用的边缘计算的网络框架。
- 了解计算卸载等边缘计算关键技术。
- 了解 5G 技术及其对边缘计算的意义。
- 了解计算卸载与服务迁移技术。
- 了解边缘计算资源管理的具体内容。
- 了解边缘计算中的安全与隐私保护。

2.1 边缘计算基本架构

第 1 章中提到了边缘计算领域有 3 种业界认可的网络架构：多接入边缘计算或移动边缘计算、雾计算、微云。这 3 种网络架构基本一致，都分为端-边-云 3 层。

2.1.1 移动边缘计算

移动边缘计算（MEC）是位于云和移动设备之间的计算层。作为一种新兴的生态系统，MEC 旨在融合通信和 IT 服务，在无线接入网的边缘提供云计算平台。MEC 在边缘提供存储和计算资源，从而减少了移动终端和用户的延迟，更有效地利用了移动回程及核心网络。MEC 支持模块化、开放的解决方案，提供可编程的生态系统，改变用户体验，同时允许应用提供者和第三方获得客户更多的信息。

图 2-1 从底层网络层、移动边缘主机层和移动边缘系统层 3 个方面描述了 MEC 架构。可以看出该架构是一个完整的生态系统结构，包括所涉及的实体和功能。

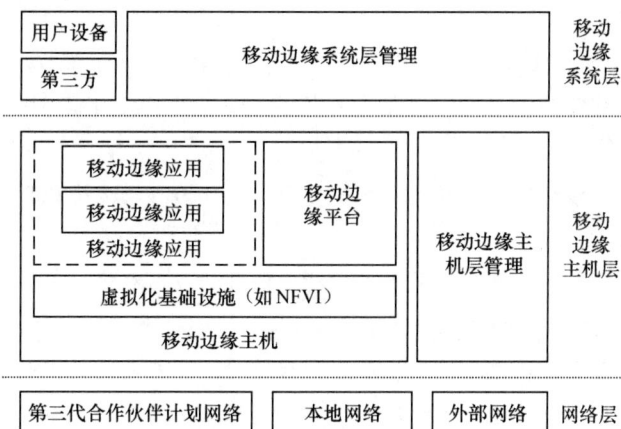

图 2-1 MEC 架构

底层网络层提供对多种访问的连接，包括 3GPP（3rd Generation Partnership Project）网络、本地网络和外部网络。

移动边缘主机层是 MEC 架构的基础部分，它由两大块组成，即移动边缘主机和移动边缘主机层管理。为了移动边缘应用的顺利实施，移动边缘主机部分提供了移动边缘平台和虚拟化的基础设施，如 NFVI 等。

最重要的是移动边缘系统层，该层提供对底层 MEC 系统的抽象，即对整个移动边缘系统具有全面的可见性，以方便用户终端和第三方的访问。

图 2-2 详细地展示了 MEC 框架，主要从移动边缘主机层和移动边缘系统层两个方面进行描述。

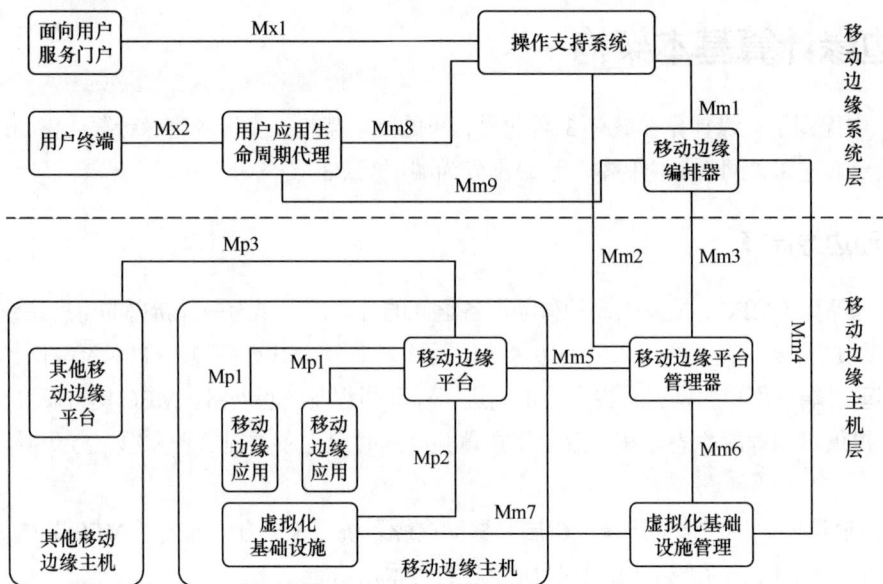

图 2-2　MEC 框架详细展示

1. 移动边缘主机层

MEC 框架的移动边缘主机层由移动边缘主机和移动边缘平台管理器组成。移动边缘平台管理器对移动边缘主机和其上的移动应用进行管理。其中，移动边缘主机由虚拟化基础设施、移动边缘应用和移动边缘平台 3 部分组成。

● 虚拟化基础设施为移动应用平台提供基础资源，比如为移动边缘应用提供计算、网络和存储空间。

● 移动边缘应用是运行在主机层的用于完成特定任务的应用程序，相当于运行在虚拟化基础设施上的虚拟机实例，通过两部分的交互进行服务。

● 移动边缘平台相当于移动边缘平台管理器和移动边缘主机之间的中转器和沟通桥梁。它按照一定的规则转发指令，从移动边缘平台管理器、移动边缘应用处接收流量转发规则，再进行转发。除此之外，移动边缘平台还支持本地域名系统代理服务器的配置，可以将数据流量重定向到对应的应用和服务。

移动边缘平台管理器的主要功能是移动边缘平台元素管理、移动边缘应用生命周期管理及移动边缘应用规则和需求管理等。

2. 移动边缘系统层

移动边缘提供的核心功能是移动边缘编排器。移动边缘编排器宏观掌控移动边缘网络的资源和容量，包括已经部署好的移动边缘主机和服务、每个主机中的可用资源、已经被实例化的应用及网络的拓扑等。

从移动边缘系统角度来看，操作支持系统是支持系统运行的最高水平的管理实体。操作支持系统从面向用户服务门户和用户终端接收实例化的应用或终止移动边缘应用的请求，检查应用数据分组和请求的完整性和授权信息。通常开发商使用 CFS 接口将自己开发的各种应用接入运营商的移动边缘系统中，企业或个人用户也可以通过该接口选择自己感兴趣的应用，同时指定其使用的时间和地点。

用户应用生命周期代理是提供移动边缘用户请求应用相关的实例化和终止等服务的实体。该实体可以实现外部云和移动边缘系统之间的应用重定位，负责对所有来自外部云的请求进行认证。

2.1.2　边缘计算参考架构

边缘计算参考架构可以采用基于模型驱动的工程方法（Model-Driven Engineering，MDE）设计。基于模型的方法可以将物理和数字世界的知识模型化，从而可实现：①物理世界和数字世界的协作；②跨产业的生态协作；③减少系统异构性，简化跨平台移植；④有效支撑系统的全生命周期活动。基于此，边缘计算产业联盟（ECC）提出了图 2-3 所示的边缘计算参考架构。

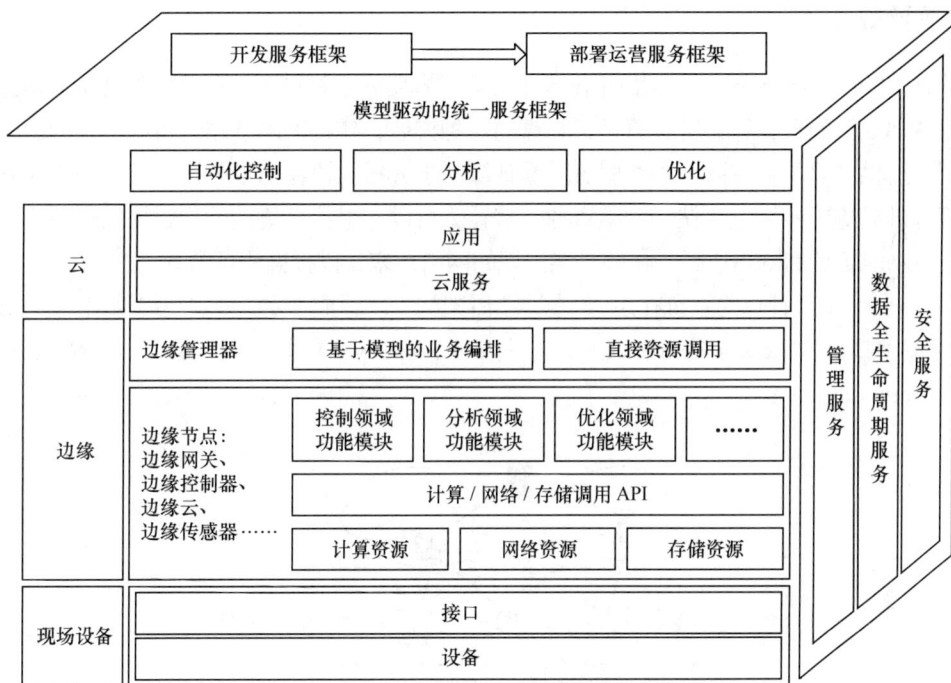

图 2-3　边缘计算参考架构

如图 2-3 所示，在边缘计算参考架构中，系统可分为云、边缘和现场设备 3 层。其中边缘层位于现场设备和云之间，且靠近设备端。边缘层向下支持各种现场设备的接入，向上可提供与云端交互的接口。边缘层由边缘节点和边缘管理器两部分组成，其中边缘管理器主要以软件的形式完成对边缘节点的统一管理；而边缘节点作为承载边缘计算业务的核心，主要是硬件实体。根据业务侧重点和硬件特点不同，边缘节点可分为边缘网关、边缘控制器、边缘云和边缘传感器等几类。

边缘计算的基础资源包括网络、计算和存储 3 个基础模块，以及虚拟化服务。

● 网络：边缘计算的业务执行离不开通信网络的支持，其网络既要满足与控制相关的业务传输时间的确定性和数据完整性，又要能够支持业务的灵活部署和实施。其中以时间敏感网络 （Time Sensitive Networking，TSN）和软件定义网络（Software-Defined Networking）为主要代表。

● 计算：异构计算是边缘侧最主要的计算硬件架构。物联网应用和 AI 技术应用的普及对计算能力的要求较高。边缘设备既要处理结构化数据，同时也要处理非结构化数据。此外，随着边缘计算节点接入数量的增加，其种类也在大幅增加。因此，异构计算的提出就是为了充分利用各计算单元的优势，达到计算性能的均衡。

● 存储：数字世界需要实时跟踪物理世界的动态变化，并按时间序列存储完整的历史数据。时序数据库（Time Series Data Base，TSDB）用于存储时序数据并以时间（点或区间）建立索引。TSDB 具有专门用于优化处理时间序列数据、数据更新频率较低、注重数据整体、支持数据顺序读取等特点。

● 虚拟化服务：虚拟化服务可以快速自动地重新配置网络设备、变更数据流线路及应用身份认证和访问规则。该技术可降低系统的开发和部署成本，并已开始从服务器应用场景向嵌入式系统应用场景渗透。

2.1.3 雾计算

雾计算（Fog Computing）一词最早出现于计算机网络安全领域。思科公司将其生动地定义为一种更接近"地面"的云计算：雾计算是云计算的一种扩展，在物联网终端设备与传统的云计算中心之间为用户提供计算、存储以及网络服务。雾计算基于分布式协作的框架。通过利用智能网关和路由设备等基础设施的计算、存储和网络资源，雾计算可以在最接近终端的位置提供服务。雾计算把云端的计算功能延伸到网络边际，化解可能出现的网络堵塞，以提高服务效率。

如图 2-4 所示，云计算的系统在引入"雾层"后架构可以分成 5 层，分别是终端用户层（End User Layer）、接入网络层（Access Network Layer）、雾层（Fog Layer）、核心网络层（Core Network Layer）和云层（Cloud Layer）。

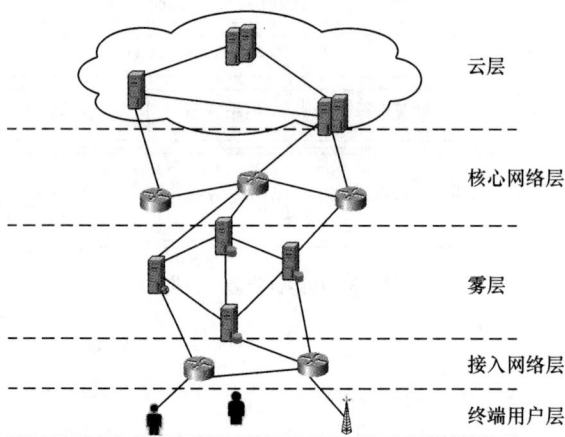

图2-4 雾计算参考架构

1. 终端用户层

终端用户层主要由移动性网络终端设备组成。在这一层中，这些设备将起到内容的生产者（Content Producer）和内容的消费者（Content Consumer）的作用。任务在该层产生之后往上层传递，最后把处理的结果返回到该层。此外，终端设备还需要发现并指定对应任务转发的雾节点。

2. 接入网络层

该网络层包括有线局域网和无线接入网络。下层终端用户产生内容发送任务之后，会将信息发送到接入网络层的设备，再由这些设备将信息发送到对应的雾节点上。在发送的过程中必须遵循一定的规则和标准。

3. 雾层

该层是雾计算的核心。该层最重要的组成部分就是雾节点。雾节点部署在雾层，贴近用户端，具备相当强大的计算能力和存储能力。雾节点内部由底层系统和上层服务组成，底层系统又由硬件、虚拟层和资源管理层组成。底层系统主要的工作是提供虚拟化资源并对资源进行管理和监控。上层服务由服务层和应用层组成，主要工作是通过对底层硬件的交互为相应的应用程序提供服务。

可以根据在雾层的部署位置的不同把雾节点分为 3 类：雾边缘节点、微云和雾服务器。雾边缘节点是相对来说最接近用户端的节点，一般由网关设备和边界路由器组成，它可以处理一些简单的计算；雾服务器是具有比边缘节点更强计算和存储能力的设备；微云是介于雾边缘节点和雾服务器之间的中间设备。它们之间的工作流程大致如下：当终端用户层发送任务过来的时候，雾边缘节点先获取任务，如果是一些比较简单的任务，雾边缘节点就可以直接处理并返回结果给用户；但如果是比较复杂的任务或者数据量比较大，超过了雾边缘节点的处理能力，那么雾边缘节点就会对这些任务进行一些简单的预处理之后再转发给雾服务器。雾服务器有着比较强的计算能力和存储空间，所以可以应对一些边缘节点不能处理的任务。但是当任务非常复杂、雾服务器也不能处理时，雾服务器会与远端的云服务器进行连接，把该任务交给计算能力超强的云端来处理。而微云既不直接与底层的终端设备相连，也不直接通过网络与远端云数据中心相连，主要功能是路由转发和避免堵塞。

4. 核心网络层与云层

雾层也有一定的计算、存储和网络运输能力，但是如果任务巨大超过了雾层的处理能力，这时雾层中的服务器可通过核心网络层把任务发送到云层，利用云层的强大的计算能力和存储能力来处理这些任务。

2.1.4　微云

借助现代智能手机等强大的移动设备，移动应用程序展现出了许多优势，但也增加了对在线可用性和可访问性的需求。云计算被广泛用于移动应用中。然而，云计算用于移动应用也有许多缺点，其中最主要的缺点在于云服务器距离移动端设备较远导致访问时延和通信流量的增加。为了克服这个缺点，"微云"（Cloudlet）便应运而生。边缘计算作为一种新的计算范式，将大量计算和存储资源置于互联网的边缘，即靠近移动设备、传感器、终端用户和物联网（IoT）设备的一端。"微云"通常用于表示这些小型的、置于边缘的计算节点。微云使云服务器更靠近移动设备，这有助于克服云计算存在的缺点。

微云是源自于移动计算和云计算的一种新的架构。微云代表三层架构（即"移动设备层-微云层-云层"）的中间层。微云可被视为"盒子里的数据中心"，其目标是将云带到更靠近设备的地方。物理靠近是边缘计算的本质，微云的这个关键属性会对端到端延迟、经济可行的带宽、信任的建立及生存的能力产生积极影响。具体来说，由于微云靠近相关物理设备，因此它具有以下4点优势。

● **高响应的云服务**：微云与移动设备在物理上距离近，这使得它能很容易地实现较低的端到端时延、时延抖动及高带宽。这对于增强现实和虚拟现实等将计算卸载至微云的应用而言很有价值。

● 通过边缘分析实现可伸缩：如果在微云上分析原始数据，那么从大量高带宽物联网传感器（如摄像机）到云入口的带宽需求将会低得多。因为在这种模式下，只有非常少的信息和数据需要传输到云端进行处理。

● 隐私性的增强：通过充当物联网传感器数据基础架构中的第一个联系点，微云可以在将数据发布到云端之前强制执行其所有者的隐私策略，即将用户隐私性较高的数据在本地处理，而不涉及隐私的数据则可传送至云端进行处理。

● 屏蔽云中断：如果云服务因为网络故障、云端故障或遭受拒绝服务攻击而变得不可用，则移动设备附近微云上的备用服务可暂时屏蔽故障。

图2-5所示为曼彻斯特大学提出的基于移动云的混合架构（Mobile Cloud Hybrid Architecture，MOCHA），该架构可用于对响应时间要求较高的计算密集型移动应用。在MOCHA中，数据可以先发送到微云，而不是直接从移动设备传送到云服务器。微云能够存储并更新网络延迟和其变量的概要文件，以到达不同的云服务器。通过这种方法可以智能分割任务以选择最佳的服务器，从而可以使得整体的通信延迟最小化。

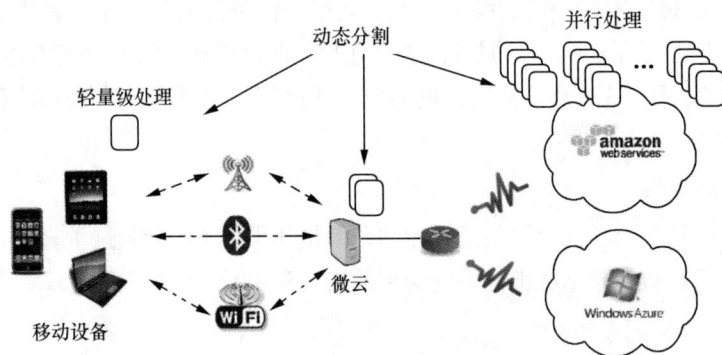

图2-5　基于移动云的混合架构

MOCHA可支持大量并行移动云应用，它通过引入一个微云服务器制定移动云计算应用的解决方案。利用MOCHA，诸如智能手机、触摸板和笔记本电脑等移动设备可通过微云连接至云端（如Amazon Web Services和Windows Azure）。微云是由支持多网络连接（如Wi-Fi、3G/4G、蓝牙及互联网）的商业硬件设计的专用服务器。微云根据不同链路/路由器上的服务质量（如延迟、成本等）的估计，确定如何在云和多个服务器之间划分计算任务以优化整体的服务质量。

2.1.5　小结

边缘计算就是介于云和端之间的技术，所以其3种基本架构的基本模型一致，都是"端-边-云"的结构。

移动边缘计算（MEC）、雾计算和微云的部署位置基本相同，但在应用场景和实时交互方面会有不同。下面主要从这3方面进行分析。

● 部署位置。MEC、微云和雾计算都位于终端和云端（数据中心）之间，可以和接入点、基站、流量汇聚点、网关等共址。此外，微云侧重于移动和计算，所以还可以直接部署到移动设备上，比如车辆和飞机等终端。

- 应用场景。MEC 主要致力于为应用降低时延,适合物联网、车联网、AR/VR 等多种应用场景。微云侧重于计算服务,它基于移动计算,主要针对移动性设备,适用于移动增强型应用以及物联网等诸多场景。雾计算依赖于智能网关和路由器等,可应用于移动和非移动设备。雾计算的应用场景为需要分布式计算和存储的物联网场景。

- 实时交互。就三者的移动性和不同边缘节点上相同应用的实时交互支持而言,MEC 只提供终端从一个边缘节点移动到另一个边缘节点情况下的移动性管理,而微云提供虚拟机镜像从一个边缘节点到另一个边缘节点切换的支持,至于雾计算,则完全支持雾节点分布式应用之间的通信。

MEC、微云和雾计算虽均为"端-边-云"架构,但各自有其自身特性和适合的应用场景。

现在随着边缘计算的兴起,越来越多的数据都在边缘侧进行处理。车联网、智能家居、物联网等领域与边缘计算相结合将是未来的重要发展趋势。

2.2　边缘计算关键技术

2.2.1　5G 通信技术

1. 5G 技术的定义

5G 是最新一代蜂窝通信技术,它延续了 2G(GSM)、3G(UMTS、LTE)和 4G(LTE-A、WiMax)技术。5G 技术的性能目标是高数据速率、低延时、低能耗、低成本、高网络容量和大规模的数据连接。5G 的第 1 个版本在 2019 年 4 月发布;第 2 阶段 Release 16 已于 2020 年 7 月完成,作为 IMT-2020 技术的一个候选方案提交到国际电信联盟(ITU)。其中 ITU IMT-2020 规范要求传输速率高达 20Gbit/s,可以实现宽信道带宽和大容量 MIMO。

2. 5G 技术的意义

随着 4G 与光纤通信的商用化普及,人类已开始习惯于宽带服务与丰富应用带来的信息便利,且 4G 的最终用户体验几乎等同于有线连接。尽管 4G 无线网络技术非常先进,但其仍很难支持高速的、可快速响应的、拥有高可靠性和高能效的移动服务。因此,这些功能便成为 5G 服务须达到的基本要求。目前的 4G / LTE 网络不能在保证移动用户体验质量的基础上提供实时云服务、车联网(eV2X)、物联网(IoT)及与无人机和机器人通信等服务。此外,LTE 网络只能同时对有限个移动用户提供高质量的视频体验。

通过引入新内容(如 360 度视频和全息图)以及新的服务理念(如智能交通和机器类通信),5G 服务将会朝数个方向发展,如无限数据传输、大量的动态连接和新型移动设备(尤其是可持续能源驱动的传感器)。5G 服务的范畴不仅限于个人通信,还延伸到社会领域,包括手机、可穿戴设备、传感器、执行器、车辆、机器人等。因此,5G 网络可以被视为创新社会以及 ICT 行业的关键基础设施。

国际电信联盟无线通信部门 5D 工作组(ITU-R WP5D)规定 5G 的法定名称为 IMT-2020。ITU 还定义了 5G 的三大应用场景为:增强型移动宽带(eMBB)、海量机器类通信(mMTC)及超可靠低时延通信(uRLLC)。峰值数据速率、区域流量容量、网络能效、连接密度、端到端延迟、移动性、频谱效率和用户体验数据速率等被选作 5G 的关键性能指标(KPI),这可以被视为 5G 的技术要求。

首先，5G eMBB 实现 10Gbit/s 的传输速率，可为用户提供超高清视频、VR/AR 等身临其境的业务体验。其次，mMTC 以每平方千米百万设备连接技术，支撑以智慧城市、智能楼宇为代表的海量设备接入与互联。最后，uRLLC 凭借超低时延、超高可靠性等技术优势，可深入到车联网、工业互联网等垂直行业，大大提升行业运营效率。与此同时，固定网络业务发展也呈现相同趋势，以 8K 视频、3D 视频、工业控制、政企私有云等业务方向为突破，朝着大带宽、低时延和海量连接演进。

3. 5G 技术与智能技术的结合

5G 与智能技术结合如图 2-6 所示。

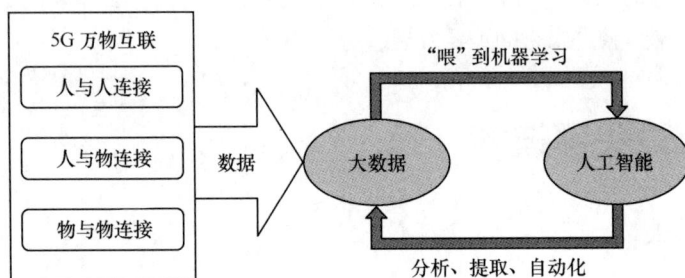

图 2-6 5G 与智能技术结合

5G 要从"人的连接"扩展到"万物互联"，从网络技术到应用场景都将发生变化。但最大的变化是 5G 将大幅提高网络上行流量。首先，5G 让网络上行速率得到空前提升。传统网络偏重于下行速率，传统终端也主要用于下载数据。5G 上行速率的空前提升将再次改变人类的通信方式，也必将引发一场终端变革。其次，5G 物联网时代与互联网时代的本质区别在于数据传送的方向不同。互联网是一个内容交付网络，本质上是从中心向大众传送内容（比如视频）；而物联网恰恰相反，它由外而内地从边缘引入海量数据。在 5G 时代，无论是"人的连接"，还是"万物互联"，都将自下而上地产生海量数据。人工智能通过收集海量数据，从数据中自动识别、学习相关模式和规则，并代替人工来预测趋势、执行策略等。它本质上是自下而上的数据驱动，靠海量数据不断"喂食"来产出最大价值。这不仅与我们的日常生活息息相关，还会给制造业带来巨大变革。

5G 的高可靠、低时延、高带宽三大特性，有利于优化制造业的工业控制、信息采集、运维管理等生产过程，有利于实现智能制造的多业务场景、多服务质量、多用户及多行业的隔离和保护等生产需求。在制造业中，设备之间的通信能力通常要求较高。5G 帮助实现工厂内设备与传感器的数据实时采集与低时延无线传输、生产线全生命周期管控、车间与车间的全连接及工厂内的零部件和产品的质量自动化检测。5G 边缘计算可以实现人工智能服务能力的就近部署和就近服务，而人工智能能力将可以直接部署在制造业中的海量设备上或者生产车间中，减少传输时间，提高工作效率，真正实现人工智能、5G 和海量设备的相互融合。5G 和人工智能协同助力制造业从应用少量离散的智能设备发展成为一体化的智能制造系统，并拥有大量应用场景。

由此可见，5G 与人工智能的深度融合，将在全球制造业数字化转型中扮演关键角色，解决制造业中大量设备连接效率较低和自主控制能力不足的问题，加速制造业数字化转型升级。通过在生产中起到巨大作用，5G 技术将在深度与广度上更进一步地对人们的日常生活和社会生活产生正向影响，从而提升个人生活质量，加快社会进步；并将更好地利用终端设备产生的海量数据，从中提炼出有价值的信息并加以利用，从而更好地发挥万物互联的优势，并在"万物互联"这一潮流之中扮演举足轻重的角色。

4. 5G 之于物联网

物联网（IoT）是一个新兴的，前景广阔的技术，它将会通过"万物互联"为全球带来变革。物联网的概念刚提出就引起了研究界的关注，其最终目标是确保可穿戴设备、传感器、智能家电、洗衣机、平板电脑、智能手机、智能交通系统等实体连接到具有相互通信能力的通用接口上。IoT 互联"事物"，实现机器对机器（M2M）通信，这是异构设备之间的数据通信手段，无须人为干预。物联网有望创造一个有利环境，此环境会影响日常生活和商业应用的多个方面——由于可以实现"万物互联"的物联网会触及我们所置身的世界的方方面面，所以部署于被连接起来的设备上的应用程序的性质也是千差万别的。这种基于物联网的模式势必会影响各行各业运作方式的改变与进步，从而促进世界经济一定程度的增长。大规模物联网应用需要连接大量智能设备，这些设备可以部署在运输环境、智能家居（建筑物）和智能城市中，以及智能电源系统和农业监控环境等领域。为保障并维持这些设备之间的互联状态，需要云端频繁更新及较低的端到端成本。物联网关键设计要求如图 2-7 所示。为了实现物联网大规模化，并在拥有此规模的同时保证其高效性，在大规模部署物联网服务时必须考虑到以下 3 点。

● 低设备成本。设备成本的降低是海量设备涌入市场并被消费者使用的必要条件。预计包括所有权在内的设备的总生产成本将会极低，从而促进物联网的大规模部署。

● 低部署成本。为实现大规模物联网应用，整个物联网连接网络应保持最低成本。这可以通过在现有蜂窝网络上使用软件升级来部署物联网连接这一解决方案来实现。该解决方案将降低新硬件和站点规划的成本，以便实现物联网大量部署。

● 长电池寿命。能源效率是重要的，因此大多数物联网设备都将使用电池供电，并且预计在没有人为干预的情况下可以长时间运行。

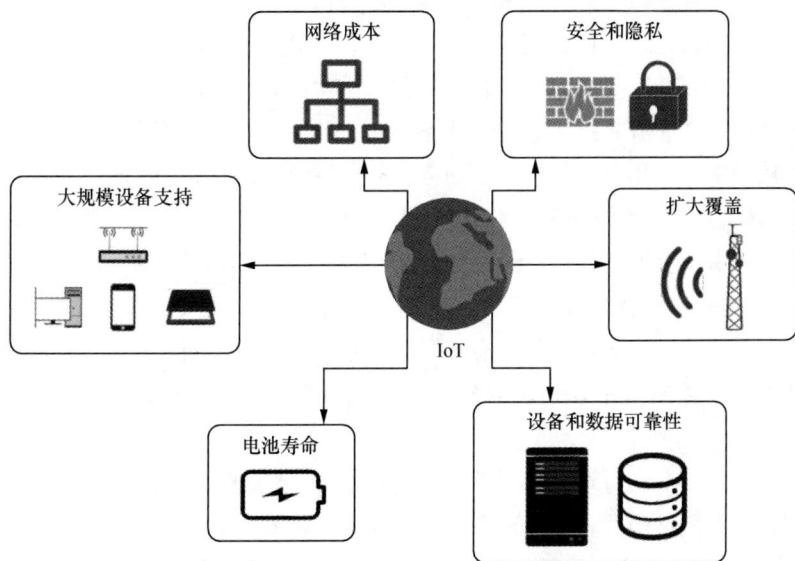

图 2-7　物联网关键设计要求

结合上述 3 点物联网大规模部署的必要条件，再来看一下爱立信公司的预测——到 2021 年，估计全球将有大约 280 亿个智能设备互联，其中超过 150 亿个设备通过 M2M 和消费电子设备互联。研究还表明，这些设备中约有 70 亿将通过蜂窝技术互联，如 2G、3G 和 4G——我们可以得出这样的结论：相较于 2G、3G 和 4G 这些尚未针对物联网应用和低功耗广域网（LPWAN）技术进行全面优化的技术，我们亟需一种可以进行更高速率数据传输、拥有更低时延和更高网络容量、使用时能耗更低、配置部署成本更低、允许更大甚至无限可连接设备的规模的技术的出现，以支持如今的物联网朝着更大规模发展。

在一定程度上可以说，5G 技术的出现正是为了实现物联网的大规模部署——数十亿互联着的智能对象和传感器将使我们所处的现实世界数字化，能够支持实时响应和动态过程自动化的物联网用例的实现。其领域包括车辆到基础设施（V2I）、高速运动车辆到车辆（V2V）及过程控制系统等。

智能设备互联早已从使用蜂窝网络中获益，而机器通信对于更大规模智能设备的互联的需求日趋扩大，这也推动着 5G 新无线电（5GNR）网络的发展，从而满足大规模和关键物联网的需求。移动通信网络与物联网融合的优势在于，移动通信网络有多大，物联网覆盖范围就有多大，不需要客户单独去建网。这对物联网的应用提供了非常大的便利，而且大幅度地降低了建网的成本。鉴于此，5G 应更进一步地被引入 M2M 和 NB-IoT 系统中。

前文提及的用于蜂窝物联网的 3GPP Release-14 标准，是 5G 标准规范的第一个阶段。此阶段主要开展且已完成 5G 系统框架和关键技术研究（此标准已于 2017 年 6 月冻结）。而作为第一版 5G 标准的 3GPP Release-15，则主要确定 5G 商业化标准技术和满足部分 5G 需求（此标准已于 2018 年 9 月冻结）。目前正在制定的 3GPP Release-16 标准将会是一套完整的 5G 标准。

5G 技术的实现，将会从根本上对当今物联网的发展产生深远影响，无论是从社会生活的深度上，还是广度上，物联网都将会形成一股铺天盖地的浪潮向我们涌来。

5. 5G 之于边缘计算

边缘计算是 5G 的重要支柱。根据国际电信联盟（ITU）对 5G 的标准要求，其三大应用场景，eMBB（增强型移动宽带）、mMTC（海量机器类通信）和 uRLLC（超可靠低时延通信），分别对应高清视频、VR/AR，智慧城市、智能家居，自动驾驶、工业控制等场景。

边缘计算正好契合这些需求：一是通过对 4K/8K、VR/AR 等高带宽业务的本地分流，降低对核心网及骨干传输网络的占用，有效提升了通信服务提供商网络的利用率；二是通过内容与计算能力的下沉，让通信服务提供商的网络能有效支撑未来时延敏感型业务及大计算和高处理能力需求的业务。为了满足未来 5G 与固定带宽业务发展的性能需求，3GPP 4G CUPS 架构与 5G New Core 将控制面和转发面分离，使网络架构"扁平化"。转发面网关可下沉到无线侧，分布式按需部署，由控制平面集中调度。网关锚点（Anchor）与边缘计算技术结合，实现端到端低时延、高带宽、均负载海量业务，从而从根本上解决传统移动网络竖井式单一业务流向造成的传输与核心网负荷过重、延迟瓶颈等问题。

与边缘计算在 5G 网络中扮演的角色相同，网络切片也是实现 5G 网络的关键技术。网络切片通过网络虚拟化技术，将网络中的各类物理资源抽象成虚拟资源，并基于指定的网络功能和特定的接入网技术，按需构建端到端的逻辑网络，提供一种或多种网络服务。

5G 技术的出现加快了物联网的普及与推广，而物联网在不同空间与领域内更大范围的覆盖，也推动着边缘计算这一计算模式的尽快成形甚至成熟。在如今逐渐形成的"终端-边缘-云中心"3 个层次协同的资源管理与共享的应用场景中，边缘计算模型将云中心从对海量的数据进行处理的压力中解放出来，大大缩短了终端从发出请求到获取响应中间的时延，提升了用户的设备使用体验，尤其是为相当一部分需要进行实时响应的领域内的应用（如自动驾驶、精密仪器的实时制造等）提出了解决方案。这预示着图 2-8 所示的场景（超清视频、VR/AR、工业制造、智慧城市和智能楼宇）已经离我们不再遥远。5G 技术作为一个精准契合边缘计算需要、为物联网铺平数据交互通道的新一代蜂窝通信技术，一定会同边缘计算相辅相成，实现人类生产、生活方面的巨大飞跃。

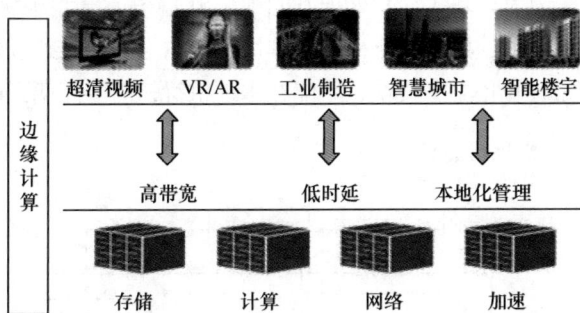

图 2-8　边缘计算支撑 5G 业务发展

2.2.2　计算卸载技术

计算卸载技术可以说是边缘计算模型最关键的技术之一。它最初是在移动云计算（Mobile Cloud Computing，MCC）中提出，是一种将计算任务迁移至资源丰富的云服务器中执行的技术。这里补充一下，任务是一个宽泛的概念，大到一个进程，小到一个线程，都可以叫作任务。一般情况下，任务等同于进程，而进程是应用程序在一个数据集合上的实现过程。前面已经提到，云计算模型无法实时响应万物互联时代应用程序的请求，所以为了解决时延问题，边缘计算引入了计算卸载技术。边缘计算的计算卸载是将用户设备（User Equipment，UE）的一部分或全部计算任务迁移至边缘设备处执行，既减少了时延和主干网上的传输数据量，也缓解了网络带宽压力，提升了用户体验。

按照不同的标准，计算卸载可以分为不同的类型。

1. 静态卸载和动态卸载

按照卸载的时间来分，计算卸载可以分为静态卸载和动态卸载。静态卸载指的是卸载决策在任务执行之前就已经定好，开发者会在开发程序时规定卸载的任务量以及具体卸载的功能模块。动态卸载则可以根据程序运行状况以及网络状态来实时调整卸载策略。

2. 全部卸载和部分卸载

按照卸载程度分，计算卸载可以分为全部卸载和部分卸载。全部卸载指的是将全部计算任务卸载至边缘设备处执行。部分卸载指的是将部分计算任务卸载至边缘设备处执行。计算任务卸载的结果有 3 种：本地执行、部分边缘设备执行、全部边缘设备执行。可以把本地执行看成是全部卸载的变种，它和全部卸载的唯一区别就是卸载目标不同，前者是 UE，后者是边缘设备。

计算卸载的最小单位是模块而非应用，因为大部分应用程序都由多个功能模块组成。功能模块的类型是决定是否卸载的关键因素之一。因此在进行卸载之前，可以先根据功能模块类型来决定是否卸载该功能模块（有些模块是不能卸载的，比如显示模块，因为它需要用到本地的显示屏）。再根据应用程序中功能模块之间的依赖关系来决定是全部卸载还是部分卸载。比如，对内部模块高度耦合或者相当简单的应用采取全部卸载策略，而对内部模块低耦合的应用则可以采取部分卸载策略。最后根据综合任务的计算量、当前终端设备电量、传输时延等因素和前两步结果来确定卸载的任务量。

例如，图 2-9 是一个 AR 应用的主要模块原理图。该 AR 应用包括 5 个关键模块：视频源（从移动摄像机中获取原始视频帧）、追踪器（追踪用户的位置）、成像器（建立环境模型）、目标识别模块（在环境中识别已知物体）、显示模块（显示处理好的视频帧）。在这 5 个模块中，视频源和显示模块需要用到摄像头和显示器，因此这两个模块需要在本地执行，不能卸载到边缘设备。但是，追踪器、成像器和目标识别模块都是计算集中型模块，不能在本地执行，需要卸载到边缘设备处执行。

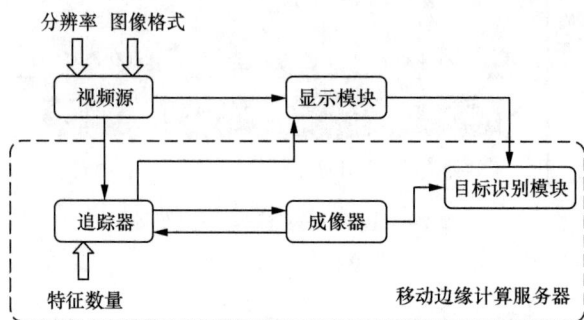

图 2-9　AR 应用的主要模块原理图

假设这 5 个模块是通过远程过程调用（Remote Procedure Call，RPC）通信的，那么这 5 个模块之间的耦合就属于数据耦合（最低程度的耦合）。此时应该对该应用程序采取部分卸载策略。在 UE 电量充足、传输时延较短的情况下，可以把视频源、显示模块放在本地执行，其他 3 个模块卸载到边缘设备。但是在 UE 电量充足、传输时延较长的情况下，就不适合将追踪器、成像器和目标识别模块同时卸载到边缘设备，因为传输时延的增加抵消了边缘设备计算时延短的优势。此时，应将计算量最小的成像器放在 UE 处执行，只将追踪器和目标识别模块卸载到边缘设备，来减少传输时延以满足实时性要求。

3. 单点卸载和多点卸载

计算卸载按照计算任务卸载的目标数分类可以分为单点卸载和多点卸载。这两种卸载策略针对的是单个或多个 UE 和多个边缘设备通信的场景。当一个任务内部模块高度耦合或只能分成两部分时，就需要将全部或部分任务卸载至单个边缘设备。当一个任务内部模块低耦合时，就可以把任务切分成多个部分，传输给由多个边缘设备组成的集群。

考虑到传输时延和边缘设备负载等因素，单点卸载策略会从 UE 连接的所有边缘设备中动态地选择卸载的目标边缘设备。一般情况下，UE 会把任务卸载至最近的边缘设备。当最近的边缘设备过载或任务传输时延过高时，UE 会重新选择卸载的目标边缘设备。举个例子，如图 2-10 所示，MEC Server1 和 MEC Server2 分别和 eNodeB1 和 eNodeB2 共址。UE1 和 UE2 都可以连接到 MEC Server1 和 MEC Server2。相比于 MEC Server2，MEC Server1 和 UE1 的网络距离更短，因此 UE1 将计算任务卸载至 MEC Server1 处执行。同样地，UE2 也将计算任务卸载至 MEC Server2 处执行。但当 MEC Server1 过载或传输时延过高时，UE1 就会选择 MEC Server2 作为卸载的目标。

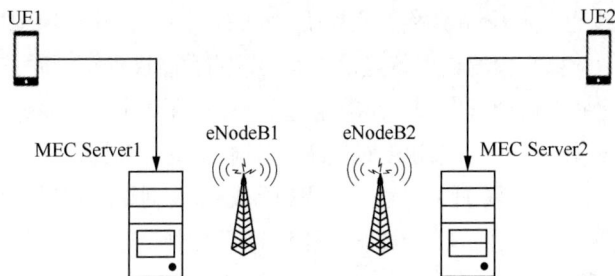

图 2-10　单点卸载举例

多点卸载策略则是根据卸载的应用程序的模块来安排卸载的边缘设备，模块的数量、大小及计算量都会影响目标边缘设备的选择。例如，上一节提到的 AR 应用的 5 个模块中有 3 个模块可以卸载到边缘设备处执行。假设当前有 10 个边缘设备，多点卸载就必须选择 3 个边缘设备来并行地执行这 3 个模块。因为每个边缘设备的负载、计算能力以及模块的计算量都不同，因此多点卸载和单点卸载一样，也要综合考虑传输时延以及边缘设备负载等因素以选择合适的边缘设备。卸载所涉及的总通信时延主要分成 3 个部分：从 UE 到边缘设备的上行链路传输时延、集群内部的时延和从边缘设备到 UE 的下行链路传输时延。集群内部时延又分边缘设备的计算时延和各个边缘设备之间的通信时延。

如何权衡本地计算成本和卸载至边缘设备的通信成本，从而对计算任务进行卸载决策和卸载执行是目前计算卸载技术的关键研究点。卸载决策和卸载执行正是计算卸载技术的两大关键技术。卸载决策指的是 UE 决定是否卸载、卸载多少以及卸载什么的问题。换句话说，卸载决策就是选择是全部卸载还是部分卸载的过程。UE 针对不同服务的性能要求，制定不同的优化目标，比如降低时延、减少能耗及权衡时延和能耗等，从而进行卸载决策。做出正确的卸载决策是完成卸载任务的第一步。

做出卸载决策之后就是卸载执行。卸载执行指的是 UE 决定卸载到哪里的过程，它包括任务切分及卸载目标的选择。计算决策过程已经决定了计算卸载的任务量和任务切分粒度，任务切分过程只是依据之前边缘计算决策的结果将计算任务分为两部分，一部分本地执行，一部分卸载到边缘设备。但究竟卸载到哪个边缘设备呢？如果是单点卸载，当然不存在这个问题，但很多情况下终端设备都是处于多个边缘设备的服务范围之内，这时就需要选择卸载的目标边缘设备。前文已经提到，可以先由终端设备依据当前时延和能耗来决定卸载的边缘设备，再由边缘设备协作执行计算任务来实现卸载均衡。

依据不同的性能优化目标，可以把计算卸载决策分为 3 种：面向时延、面向能耗及权衡时延和能耗。在卸载决策系统中，UE 一般由代码解析器、系统解析器和决策引擎组成。卸载步骤分为 3 步：首先，代码解析器确定什么可以卸载，具体卸载内容取决于应用程序类型和代码数据分区；然后，系统解析器负责监控各种参数，比如可用带宽、UE 剩余能量、卸载的数据量大小及本地执行的功耗成本等；最后再由决策引擎决定是否卸载及卸载多少。

2.2.3　服务迁移技术

1. 服务迁移技术的意义

作为新一代分布式计算的基础设施，边缘计算平台由于其在性能和价格上具有相对于传统云计算平台的优势，已经成为近些年学术界和工业界研究的一个热点，其应用领域在不断扩展。相对于传统的云计算服务，边缘计算平台的典型特点是访问延迟的敏感性和访问时空域的变化性。从物联网终端用户的角度来说，能最大化地获得服务是非常重要的。但随着物联网终端用户数量的增长，访问量的增加，这种获得性对服务提供者来说变得越来越困难，也越来越迫切。因此，如不考虑这些因素的情况提供服务，可能会显著增加访问延迟，更糟的是增大网络通信量，甚至导致服务中断和服务性能的下降。为了缓解这个问题，将计算服务迁移到网络中靠近物联网终端用户的某些有利位置以最小化访问延迟并降低网络成本是一种有效方式。凭借边缘计算虚拟化技术，可将服务封装在一组虚拟机中，并根据需要迁移到一个或多个不同的边缘计算数据中心，从而实现物联网终端用户的就近访问。将计算服务迁移到离物联网终端用户较近的位置，不仅可以降低服务访问延迟，还可以降低服务提供商的网络租赁成本。因此，服务迁移问题对于实时服务来说显得异常重要。通过执行服务迁移，保证用户与服务之间的相对距离始终保持在一个较小的范围内，从而使得延迟也相对较小，这对于延迟敏感类服务是非常有用的。

2. 服务迁移技术的分类

从总分类来说，服务迁移技术可以分成在线迁移和离线迁移两大类。离线迁移又叫静态迁移，其最大的特点是需要先暂停虚拟机，再进行虚拟机的迁移。在线迁移又称为实时迁移，其最大的特点是不中断用户的服务。为了让用户能够持续地接受服务，在线迁移将虚拟机的停机时间降到最低。与离线迁移一样，在线迁移也需要一定的停机时间；不同的是，在线迁移可以在迁移的开始阶段，先让源主机为用户提供服务，同时将需要迁移的内容从源主机迭代地复制到目的主机，而无须停止正在迁移的虚拟机的执行。

目前的研究工作大多集中在迁移机制上面，即如何以对用户影响最小的方式，有效快速地将一个或一组虚拟机从一个地方迁移到另一个地方。用户移动模型分别为一维用户移动模型（马尔可夫模型）和二维用户移动模型。图 2-11 展示了二维用户移动模型下的迁移模型。

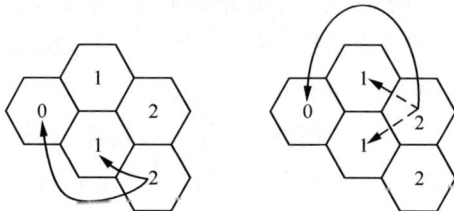

图 2-11　二维用户移动模型下的迁移模型

服务迁移机制的分类：利用网络拓扑图信息将服务迁移问题转化为旅行图问题；利用网络拓扑图信息也可以将问题转化为最短路径选择问题。服务迁移决策定义了成本和用户感知质量之间的权衡。可以使用马尔可夫决策过程（MDP）对服务迁移过程进行建模来解决这种权衡。其目的是制定一个决策策略，当相关的用户设备（UE）与源数据中心（Data Center，DC）保持一定距离时，决定是否迁移服务。

3. 服务迁移模型定量化举例

代价模型：将具有任意的 n 个节点的网络 $G(V,E)$ 作为云服务基础架构，其中服务在 k 个虚拟服务器中运行。假设无线接入成本为 μ，节点 u 和节点 v 之间的传输成本为 $\lambda_{u,v}$，根据目前云计算基础设施服务的收费模式，这两种代价都可以从基础设施服务提供商获得。

节点 a_r 是距离请求 σ_{ij} 最近的点,节点 $\phi(r)$ 是路由函数决定的服务节点,则节点 a_r 和节点 $\phi(r)$ 之间的传输成本为 $\lambda_{a_r\phi(r)}$。

接入代价:批请求为 σ_i ,请求的集合 $\sigma_i = U_i\sigma_{ij}$,批请求的总成本可简写如下。

$$Cost_{acc}(\sigma_i) = |\sigma_i|\mu + \sum_{\sigma_{ij}\in\sigma_i}\lambda_{a_r\phi(r)}$$

其中, $|\sigma_i|\mu$ 是连接周围节点的总代价, $\sum_{\sigma_{ij}\in\sigma_i}\lambda_{a_r\phi(r)}$ 是从接入点到访问服务的路径的总代价。这样, 就可以通过上式看到, 服务请求规模较小, 而且网络带宽是没有限制的这样的假设, 连接延迟成为了主要的问题。

迁移代价:在时刻 i, k 个服务器或者边缘服务器的位置定位状态 S_i。经过批请求之后,服务迁移的目标是最小化确定状态 $S_1,S_2,\cdots,S_t$ 的服务代价(迁移服务代价),这样的迁移代价模型可以定义以下。

$$Cost(S_i) = Cost(S_{i-1}) + Cost_{acc}(S_{i-1},\sigma_i) + Cost_{mig}(S_{i-1},S_i)$$

其中, $Cost(S_0) = 0$, $Cost_{mig}(S_{i-1},S_i)$ 代表从 S_{i-1} 到 S_i 的最小迁移代价。此处的迁移代价模型是没有考虑目标边缘主机的工作负载以及服务的运行成本的。

服务迁移算法,本质上都是根据用户请求状况并基于用户移动模型设计的。因此,为了提升相关算法的效果,仍然需要对用户请求状况以及用户移动模型的建模过程进行深入研究,从而能够更为精准地进行预测。随着机器学习、深度学习的不断发展,越来越多的最优化问题都可以利用相关的技术来帮助研究。后续将会结合移动边缘计算进行研究。有了这些更为强大的技术以后,研究的场景、建模过程等都可以更为复杂而深刻。随着 5G 技术的迅速发展,通信成本和时延都将大幅度降低,构建服务迁移模型的参数也将发生相应的变化,这也是一个重要的研究方向。

2.2.4　边缘计算资源管理

边缘计算注重对广泛密集分布且资源受限的终端、局部汇聚的具有较强资源能力的边缘服务器、通过多种异构无线/有线网络连接的资源超级巨大云计算数据中心服务器,实现安全、可靠、高效率的资源共享与管理,达到资源的优化利用,同时满足用户的高体验质量(Quality of Experience,QoE)及安全可信的需求。要真正充分发挥边缘设施和终端节点的效能,资源的科学管理和调度是核心。这需要实现高效安全的资源管理、公平合理的负载分配,同时依靠之前提到的数据合理快速地移动、服务友好地加载和迁移,实现设备与用户的有机协同。这些是边缘计算能否成为一个高效的、安全可靠的计算系统,能否有效满足用户需求而被广泛实际应用的关键因素和根本条件。

边缘计算资源管理主要对网络边缘的计算、存储、网络资源进行管理和优化。边缘计算资源管理和操作系统(OS)的资源管理类似,都是分配计算、存储、网络等资源给要执行的任务。边缘计算资源管理本质也是计算卸载,只不过和前文提到的计算卸载技术不同的是,前文的计算卸载决策和执行过程主要运行在终端设备,而边缘计算资源管理则是由边缘设备来执行。边缘计算资源管理主要解决的问题是如何分配计算、存储、网络资源给卸载任务并让时延和能耗最小。要达到这个目的,就必须用到计算卸载技术。简单地说,计算卸载问题的核心是卸载决策过程,卸载决策就是决定是否卸载、卸载多少及卸载到哪儿的问题。资源管理则是针对边缘设备，主要用于优化调度资源以达到更好的性能。

由此可知，在资源管理与调度方面，边缘计算中的资源优化调度是核心问题之一。只有实现了资源的科学管理及合理调度与分配，才能面向实际需求，充分发挥出云、边缘服务器、终端的节点优势，实现资源利用率、能耗、时延等全方面的优化，最大限度地节省资源，提高收益，从而更好地满足用户体验。

边缘计算资源管理问题可以分为两类：一类是单个边缘设备的计算、存储和网络资源的分配和调度问题，也就是单机边缘计算资源管理；另一类是多个边缘设备的计算、存储和网络资源的分配和管理问题，又可称为面向协作机制的边缘计算资源管理。

和涉及计算复杂度较低、数据存储量较小、占用网络资源能力较弱的单个边缘设备的管理相比，边缘计算中多个协同工作的边缘设备的资源管理所需考虑的应用场景更加多样，要想针对其设计出一套完善的解决方案也更具挑战性。目前，许多面向协作机制的边缘计算资源管理研究主要集中在能耗、延时等指标的优化上，主要研究成果列举如下。

艾哈迈德（Ahmed）等学者在移动边缘计算系统中提出了一种联合调度算法，协调地分配无线电资源和计算资源，通过在正交频分复用接入（OFDMA）的多个移动设备系统中构建一个边缘计算云层，用于任务卸载的子载波分配和用于在该云层中执行任务的 CPU 时间分配。这比单独频谱和计算的优化能接纳更多的卸载请求，同时实现了显著的节能效果。

萨德克里提（Sardcllitti）等学者通过将 MIMO 多小区系统的多个移动用户（MU）计算卸载到公共云服务器的问题转化为无线电资源（MU 的发射预编码矩阵）和计算资源（由云分配给每个 MU 的 CPU 周期／秒）的联合优化问题，最小化了总体用户的能量消耗，同时满足延迟约束。并提出一种基于新颖的连续凸近似技术的迭代算法，收敛到原始非凸问题的局部最优解，并且跨越多个无线接入点实现分布式和并行计算。

基亚尼（Kiani）等学者提出了一种新的层次模型，通过引入领域、浅层和深层云的概念，在终端设备、边缘云、云层 3 个层次级别中进行设计，以基于拍卖的利润最大化方式提供计算资源，然后分配通信资源以满足用户的 QoS 要求。

德兰（Tran）等学者研究了从移动边缘编排到协同缓存和处理，以及多层干扰消除的使用案例，证明了所提出的方法在促进向 5G 网络演进方面的优势，并讨论了需要解决的关键技术挑战和开放性研究问题，以便将移动边缘计算（MEC）有效整合到 5G 生态系统中。

孙宇轩等学者开发了一种新的以用户为中心的能量感知移动性管理（EMM）方案，以便在用户的长期能耗限制下优化无线接入和计算两者的延迟。基于 Lyapunov 优化和多臂老虎机（Multi-Armed Bandit）理论，EMM 以在线方式工作，有效地处理了不完善的系统状态信息。

毛玉义等学者开发了一个多用户 MEC 系统的在线联合无线电和计算资源管理算法，目的是最小化移动设备和 MEC 服务器的长期平均加权和功耗。

面向具有时间约束的应用以及多运营商提供服务的环境，卡萨利（Katsalis）等人将服务重要性作为关键指标，研究边缘网络部署服务的调度，基于时间约束服务 SLA 对虚拟机（VM）进行调度决策，同时保证服务提供商之间的公平。通过 Lyapunov 优化框架来求解该随机优化问题，从而最大化具有时间约束 SLA 的多网络运营商共享环境中物理基础设施所有者的收益。

针对计算任务调度策略设计的大小时间尺度的随机优化问题，刘娟等学者采用马尔可夫决策过程方法，计算任务调度基于任务缓冲器的排队状态、本地处理单元的执行状态及传输单元的状态，通过分析每个任务的平均延迟和移动设备的平均功耗，设计功率约束延迟最小化问题，提出了一种高效的一维搜索算法来找到最优任务调度策略。

可见，边缘计算资源的管理，无论在时间还是空间上，都在很大程度上依靠边缘计算的卸载技术。而资源管理的优化任务，主要是集中在算法的优化上。如何针对不同的应用场景，寻找到适应此场景的最优算法，是目前边缘计算资源管理面临的主要问题。

2.2.5 边缘计算安全与隐私保护

1. 边缘计算安全与隐私保护存在的问题

边缘计算作为新兴的计算模型，与传统的云计算模型大相径庭。由于边缘计算服务模式的复杂性、实时性，数据的多源异构性、感知性及终端的资源受限特性，传统云计算环境下的数据安全和隐私保护机制不再适用于边缘设备产生的海量数据防护。数据的存储安全、共享安全、计算安全、传播和管控以及隐私保护等问题变得越来越突出。此外，边缘计算的一个优势在于其突破了终端硬件的限制，使移动终端等便携式设备大量参与到服务计算中来，实现了移动数据存取、智能负载均衡和低管理成本。但这也极大地增加了接入设备的复杂度。而由于移动终端的资源受限特性，其所能承载的数据存储计算能力和安全算法执行能力也有一定的局限性。总而言之，边缘计算中的数据安全和隐私保护主要面临以下 4 点新挑战。

● 边缘计算基于多授权方的轻量级数据加密与细粒度数据共享的新需求。由于边缘计算是一种融合了以授权实体为信任中心的多信任域共存的计算模式，使传统的数据加密和共享策略不再适用。因此，设计针对多授权中心的数据加密方法显得尤为重要，同时还应考虑算法的复杂性问题。

● 分布式计算环境下的多源异构数据传播管控和安全管理问题。在边缘式大数据处理时代，网络边缘设备中信息产生量呈现爆炸性增长。用户或数据拥有者希望能够采用有效的信息传播管控和访问控制机制，来实现数据的分发、搜索、获取及控制数据的授权范围。此外，由于数据具有外包特性，其所有权和控制权相互分离，有效的审计验证方案能够保证数据的完整性。

● 边缘计算的大规模互连服务与资源受限终端之间的安全挑战。由于边缘计算的多源数据融合特性、移动和互联网络的叠加性，以及边缘终端的存储、计算和电池容量等方面的资源限制，使传统较为复杂的加密算法、访问控制措施、身份认证协议和隐私保护方法在边缘计算中无法适用。

● 面向万物互联的多样化服务及边缘计算模式对高效隐私保护的新要求。网络边缘设备产生的海量级数据均涉及个人隐私，使隐私安全问题显得尤为突出。除了需要设计有效的数据、位置和身份隐私保护方案之外，如何将传统的隐私保护方案与边缘计算环境中的边缘数据处理特性相结合，使边缘计算在多样化的服务环境中实现用户隐私保护，是未来的研究方向。

2. 边缘计算安全与隐私保护体系

为了解决边缘计算中存在的数据安全与隐私保护问题，可以将其划分为 4 个部分进行处理，分别为数据安全、身份认证、隐私保护和访问控制，如图 2-12 所示。

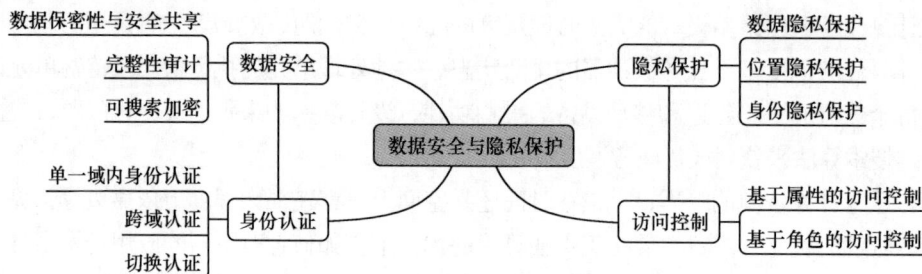

图 2-12　边缘计算安全与隐私保护体系

（1）数据安全

无论是云计算还是边缘计算，终端用户的私密性数据均需要部分或全部外包给第三方（如云计算数据中心和边缘数据中心）处理，这就造成了存储在第三方数据中心的用户数据呈现出所有权和控制权分离化、存储随机化等特点，极易造成数据丢失、数据泄露、非法数据操作（复制、发布、传播）等数据安全性问题，数据的保密性和完整性无法得到保证。因此，外包数据的安全性保证仍然是边缘计算数据安全的一个基础性问题。

数据安全的根本目的在于保障数据的保密性和完整性。主要针对外包数据的所有权和控制权分离化、存储随机化等特性，用于解决数据丢失、数据泄露、非法数据操作等问题，同时在此基础上允许用户进行安全数据操作。数据安全的主要内容包括数据保密性与安全共享、完整性审计和可搜索加密。其中可搜索加密主要解决当数据加密存储在云端时，服务器不完全可信的前提下如何利用服务器来完成安全的关键词搜索的问题。

（2）身份认证

边缘计算中通常包含多个功能实体，如数据参与者（终端用户、服务提供商和基础设施提供商）、服务（虚拟机、数据容器）和基础设施（如终端基础设施、边缘数据中心和核心基础设施）。因此，边缘计算是一种多信任域共存的分布式交互计算系统。在这种复杂的多实体计算范式下，不仅需要为每个实体分配一个身份，还需要允许不同信任域之间的实体进行相互验证。同时，考虑到终端设备的高移动特性，切换认证技术也是身份认证协议中的一个重点。

物联网用户要想使用边缘计算所提供的计算服务，首先要进行身份认证。身份认证的主要内容包括单一域内身份认证、跨域认证和切换认证。

（3）隐私保护

边缘计算中的用户数据通常在半可信（Honest-but-curious）的授权实体（边缘数据中心、基础架构提供商）中存储和处理，包括用户身份信息、位置信息和敏感数据等。这些半可信授权实体可能会获取用户的隐私信息，以达到非法盈利等目的。而在边缘计算这个开放的生态系统中，多个信任域由不同的基础架构提供商所控制，在这种情况下，用户不可能预先知道某个服务提供商是否值得信赖。因此，极有可能发生数据泄露或丢失等危及用户隐私的问题。

如今，人们越来越注重在网络中对自己个人隐私的保护。因此，在以开放式互连为背景的边缘计算中，隐私保护更是一个需要着重实现的部分。其主要内容包括数据隐私保护、位置隐私保护和身份隐私保护。

（4）访问控制

为了节省本地存储和计算成本，终端用户通常会将私有数据外包存储到边缘数据中心或云服务器中，数据的保密性很容易受到外部和内部攻击的威胁。因此，保密性和访问控制是确保系统安全性和保护用户隐私的关键技术和重要方法。传统的访问控制方案大多假设用户和功能实体在同一信任域中，并不适用于边缘计算中基于多信任域的授权基础架构。因此，边缘计算中的访问控制系统在原则上应适用于不同信任域之间的多实体访问权限控制，同时还应考虑地理位置和资源所有权等各种因素。

当前比较热门的访问控制方案包括基于属性和基于角色的访问控制。其中，基于属性的访问控制能够很好地适用于分布式架构，并实现细粒度的数据共享。

本章小结

本章主要介绍了边缘计算的基本架构和关键技术，其中最重要的部分就是关键技术。边缘计算的关键技术包含 5G 通信、计算卸载、服务迁移、边缘计算资源管理、边缘计算安全与隐私保护等在学术界都备受关注的问题。

思考题

1. 简述 5G 技术与 3G、4G 技术的区别。
2. 简述边缘计算卸载中的单点卸载与多点卸载的异同。
3. 简要总结边缘计算安全与隐私保护体系。

技术篇

03 第3章 边缘计算网关设计

上一章对边缘计算的基本架构和关键技术进行了介绍。本章将介绍边缘计算网关的设计，其中包括边缘计算网关硬件架构、软件架构等方面的内容。

本章学习目标：

- 理解边缘计算网关的概念。
- 掌握边缘计算网关硬件架构的设计理念。
- 掌握边缘计算网关软件架构的设计理念。
- 了解边缘计算网关的 CROSS 能力要求。

3.1　边缘计算网关的基本概念

边缘计算网关是一种物联网网关。下面我们从网关的概念开始进行介绍。

3.1.1　网关的概念

网关，顾名思义就是一个网络连接另一个网络的"关口"，也就是连接两个网络的设备。和路由器不同，网关是在不同协议间移动数据，路由器则是在不同网络间移动数据。通俗点说，就是网关可以连接完全不同的网络，包括拓扑结构和网络协议不同的网络，而路由器只能连接类似的网络。例如，语音网关可以连接 PSTN 和以太网（Ethernet），它首先将不同电话中的声音信号转换成数字信号，然后经过各层协议的封装，接着以比特流的形式传送给目的网络，再由目的网络的网关还原成模拟信号，最后客户听到声音。而目前几乎所有的路由器都只能连接 IP 网络。

由于历史的原因，网关在各种网络参考模型中有着不同的概念和作用，如下所示。

在计算机网络的 TCP/IP 五层参考模型中，网关是一种中继系统，用来实现两个及以上计算机网络的互连。类似的中继系统还有集线器、网桥、交换机、路由器等。但这些中继系统中只有路由器和网关能实现网络互连，因为只有它们工作在网络层及以上。从网络层的角度来看，网络层以下的中继系统仅能扩充网络，扩充后的网络在逻辑上还是同一个网络，这并不能算是网络的互连。

OSI 模型下的网关用于连接网络层之上执行不同协议的子网，组成异构的计算机网络，并能实现异构设备之间的通信，对网络层以上的协议进行翻译和转换。网关具有对不兼容的高层协议进行转换的功能。当连接两个完全不同结构的网络时，必须使用网关。从根本上说，网关不能完全归为一种网络硬件，它其实是一种能够连接不同网络的软硬件结合产品。它可以使用不同的格式、通信协议或结构连接两个系统。网关实际上通过重新封装信息以使其能被另一个系统读取。为了完成这项任务，网关必须能运行在 OSI 模型的各个层上。网关必须同应用通信，建立和管理会话，传输已经编码的数据，并解析逻辑和物理地址数据。

部分有关 TCP/IP 的文献曾经把网络层使用的路由器称为网关。现在我们通常采用路由器接入网络。因此在现有的 TCP/IP 网络中，路由器等同于网关，我们可以用 IP 地址来标识网关设备。

网关按功能大致分为以下 3 类。

● 协议网关。顾名思义，此类网关的主要功能是在不同网络之间进行协议转换。现在有好几种通用的网络标准：IEEE 802.3（LAN）、IEEE 802.11（WLAN）、IEEE 802.15.1（BT）等，这些网络协议差异巨大，封装格式及传输速率等都不同。如果要消除这些网络之间的差异，实现网络之间的数据通信，就必须用上协议网关。协议网关具有强大的协议转换能力，可以转换多种协议，甚至可以完成非 IP 和 IP 的转换。

● 应用网关。这类网关本质上是一个计算机程序，主要为专门的应用而设置，目的是实现某一种服务中的数据格式的转换，从而实现数据传输。前文提到的语音网关正是应用网关。

● 安全网关。最常用的安全网关就是包过滤器，实际上是对数据包的原地址、目的地址和端口号、网络协议进行授权。通过对这些信息的过滤处理，让授权的数据包通过网关，拦截无授权的数据包。与软件防火墙相比，安全网关处理的数据量更大，处理速度更快，可以对整个网络进行保护而不会造成网络性能上的瓶颈。

边缘计算网关属于协议网关，相当于物联网网关的增强版。边缘计算网关在物联网网关的基础上增加了智能化实时处理能力，而物联网网关是不具备智能化实时处理能力的。

3.1.2　边缘计算网关的能力

借鉴物联网网关，边缘计算网关的四大能力如下。

● 协议转换能力：实现感知层协议到接入网协议的转换、下层的标准格式的数据的统一封装、统一不同感知网络的协议。对上层下发的协议进行转换，并解析成感知层协议可以识别的数据和控制指令。

● 设备管理能力：因为要接入诸如 USB、RS232 等各种设备，因此网关必须具有设备管理能力。首先就是网关的自身管理，如注册管理、权限管理、应用管理等；其次是网关对连接设备的管理，如节点的 ID、状态、能耗、属性等，以及远程升级、维护、控制、诊断、唤醒等。

● 广泛连接能力：物联网领域现有很多通信标准，比如 Wi-Fi、4G-LTE、RS232、RS485、CAN等。边缘计算网关作为物联网网关的扩展，也要具备广泛连接能力以实现万物互联。

● 智能实时处理能力：智能实时处理能力是边缘计算网关的关键能力，也是它和物联网网关最大的区别。边缘计算网关作为边缘设备，承担的计算任务主要分为两部分，即上行的万物互联任务与下行的云任务。万物互联任务主要包含终端设备的服务及内容请求。为了能实现实时响应终端设备请求，边缘设备就必须具备实时处理能力。

3.2　边缘计算网关硬件架构

边缘计算网关通用硬件架构如图 3-1 所示。

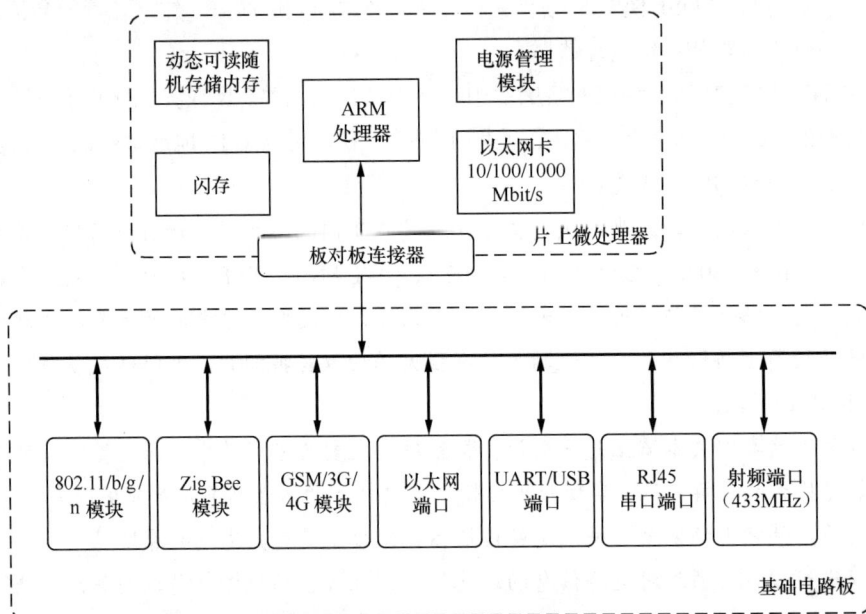

图 3-1　边缘计算网关通用硬件架构

　　边缘计算网关的概念是在万物互联的背景下提出来的，它和物联网网关有很多相似的地方，因此我们不妨借鉴物联网网关的硬件和软件架构来设计边缘计算网关的硬件和软件架构。从定义来看，物联网网关很难以某种相对固定的形态出现。凡是可以起到将感知层采集到的信息通过此终端的协议转换发送到互联网的设备都可以算作物联网网关。网关可以是盒子状，也可以是类似平板的形态；可以是带有显示屏幕的交互式形态，也可以是封闭或半封闭的非交互式形态。

　　物联网网关通信架构如图 3-2 所示。作为连接不同网络的网络设备，物联网网关可以实现 IP 网络与非 IP 网络之间的协议转换。它既可以实现广域互联，也可以实现局域互联。此外，物联网网关还需要具备设备管理功能，运营商通过物联网网关设备可以管理底层的各感知节点，了解各节点的相关信息，并实现远程控制。

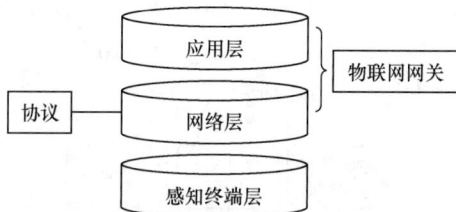

图 3-2　物联网网关通信架构

3.2.1　边缘计算网关应用系统方案设计方法

1. 确定系统功能与性能

　　首先应由需求调查确定边缘计算网关应用系统的设计目标，这一目标包括系统功能与性能。系统功能主要有数据采集、数据处理、输出控制等。比如现在较为流行的泛在电力系统、智能家居和智慧城市系统等都要用户根据自己的需求来进行设计。

2. 确定系统基本结构

　　系统基本结构也就是物理硬件和相关外设。物联网智能网关应用系统结构一般是以微控制器或 SoC（System on Chips）为核心，辅之以存储器和外围接口电路。微控制器性能较弱，适用于工业控制和不需要大量计算的物联网场景。SoC 作为系统级芯片，不包含存储，但在 MCU 基础上增强了处理性能并且增加了部分外围芯片，性能强大，适用于需要大量计算的物联网场景。边缘计算网关在物联网网关的基础上增加了智能化实时处理能力，这是需要硬件支撑的，因此设计的边缘计算网关最好把 SoC 作为主控芯片。确定了系统中的中央控制芯片、存储器分配及输入/输出方式，就可大体确定出边缘计算智能网关应用系统的基本组成了。

　　● 中央控制芯片。在系统详细方案设计时，先要确定中央控制芯片的型号。所选芯片的型号不同，组成的系统结构也就不同。

　　● 存储器分配。不同的片上系统具有不同的存储器组织。现在的微控芯片基本都自己集成了大容量的闪存，要将其有效率地运用在系统中，就应根据应用系统的需求合理分配存储空间。

　　● I/O 方式。采用不同的输入/输出方式，对于嵌入式应用系统的软、硬件结构有直接的影响。在应用系统中，常用的 I/O 方式主要有：查询方式、中断方式和 DMA（Direct Memory Access）。

　　● 网络控制器。性能稳定、结构简单、编程易实现的网络控制器对于优化边缘计算网关应用系统起着关键性的作用。

边缘计算网关应用系统的工作模式可以分为两类：服务器端和客户端。无论工作于何种模式，都需要对以太网控制器进行网络参数配置，以实现最基本的物理层和链路层连接（即能够 ping 通）。

3.2.2 边缘计算网关硬件设计方案

1. 基于 TI 公司智能家居和能源的边缘计算网关参考设计

本案例的参考设计为智能家居和建筑物能源系统的测量、管理和通信提供了完整的系统解决方案。此设计是 Wi-Fi、以太网、ZigBee 或蓝牙等不同通信接口（通常在住宅建筑物和商业建筑物中出现）之间的桥梁。由于房屋和建筑物中的物体越来越多地联系在一起，因此网关设计需要灵活地符合不同的 RF（Radio Frequency）标准（因为还没有单个 RF 标准能主宰市场）。此网关通过支持现有传统 RF 标准（Wi-Fi、蓝牙）和较新的 RF 标准（ZigBee、BLE）来解决此问题。基于 TI 公司智能家居和能源的边缘计算网关硬件设计如图 3-3 所示。

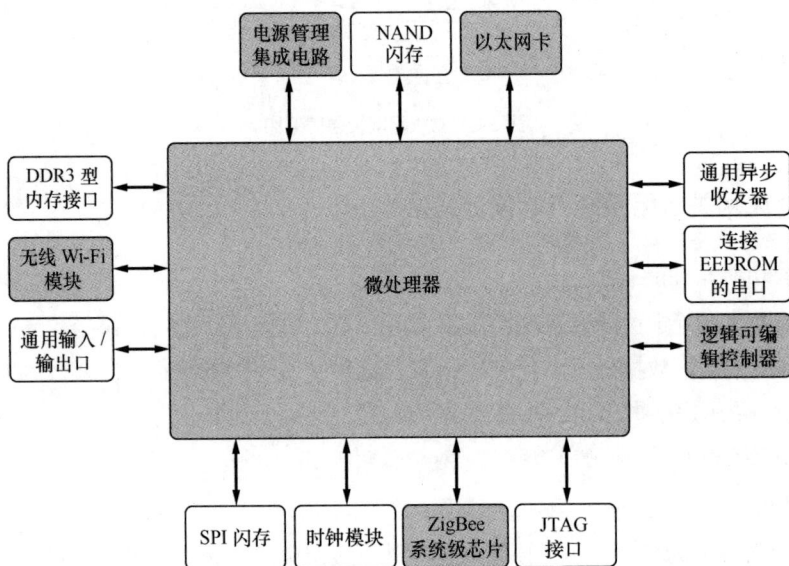

图 3-3　基于 TI 公司智能家居和能源的边缘计算网关硬件设计

2. 基于 NXP 公司物联网网关的参考设计

NXP 物联网网关是连接无线设备的有线网络的一个重要组成部分，它们可以控制和监视终端设备。在该 SoC 上，由于 Linux 系统提供了一个易于使用的系统开发平台，且该系统的软件是模块化的设计，所以允许轻松定制包括应用程序的各种软件。无线接口可以参与 ZigBee 或 JenNet-IP 网络的连接。随着无线 USB 的适配器的加入，网关可以接入混合网络，通过数据加密，例如在有线接口使用标准的互联网技术和 128 位 AES 加密的无线通信技术来实现数据保护。本物联网网关是一个以太网网关，专为低功耗无线网络设计，基于 IEEE 802.15.4 标准，是能兼容 ZigBee 和 JenNet-IP 的智能网关。其硬件设计架构如图 3-4 所示。

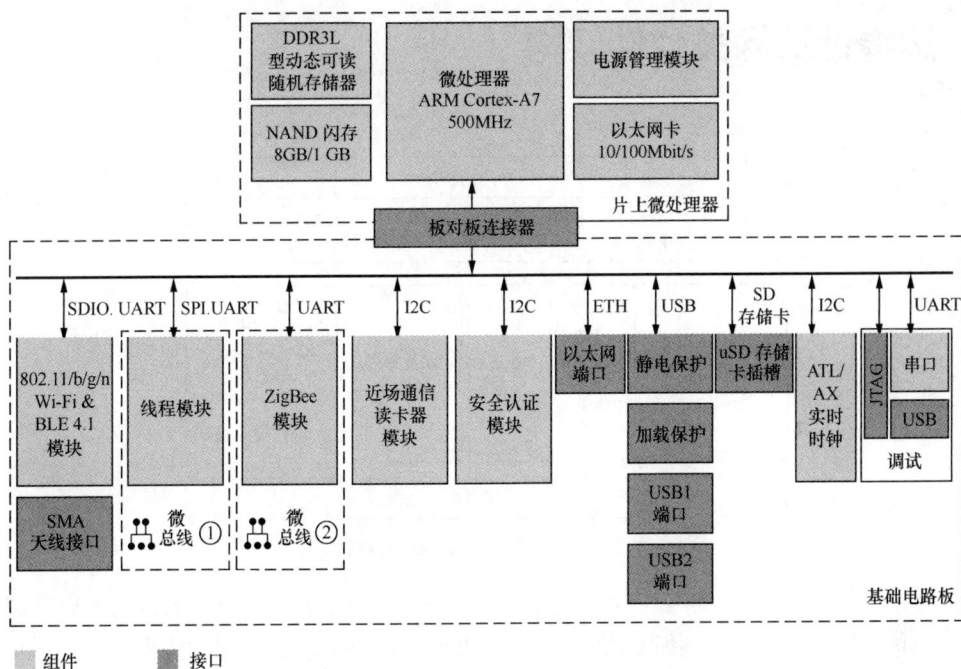

图 3-4　NXP 公司物联网网关硬件设计架构

　　Arm Cortex-A7 的工作频率最高可达 500MHz，有完整的存储器管理单元（MMU）。 由 Arm Cortex-A7 组成的该系统还包含 512MB 片内静态 RAM、一个 NAND 闪存接口、一个以太网 MAC、一个支持 SDR 和 DDR SDRAM 的外部总线接口及其他静态设备。该系统还包含 USB 2.0 全速接口、UART 接口、I2C 总线接口、I2S 总线接口、SPI/SSP 接口、单输出 PWM、电机控制 PWM、带捕获输入和比较输出的通用定时器、SD 接口及带触摸屏检测选项的 10 位模拟-数字转换器（ADC）。

3. 基于 Intel 公司边缘计算网关的参考设计

　　Intel 公司的边缘计算网关为传统工业设备和下一代智能基础设施物联网的连通提供了解决方案。其提供的开发平台集成了网络协议技术、嵌入式控制、企业级的安全性，还具有特定软件环境中易管理、可操作的特性。基于 Intel 公司的边缘计算网关硬件设计架构如图 3-5 所示。

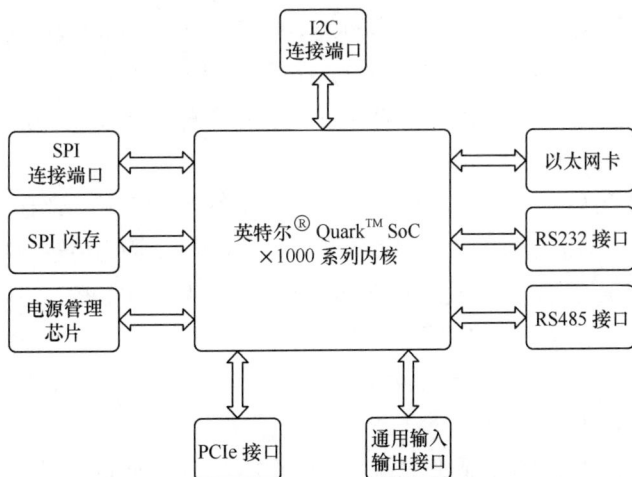

图 3-5　基于 Intel 公司的边缘计算网关硬件设计架构

3.3 边缘计算网关软件架构

边缘计算网关软件架构如图 3-6 所示。

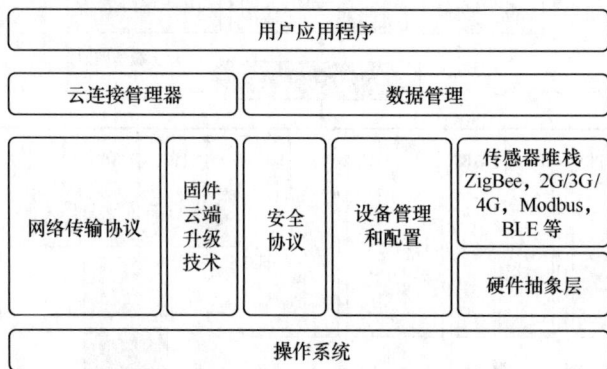

图 3-6 边缘计算网关软件架构

操作系统是覆盖在硬件上的第一层系统软件，是应用软件以及其他系统软件的基础。选择什么样的操作系统很大程度上取决于物联网的应用。如果是简单的中等规模的应用程序，RTOS（实时操作系统）就可以；但如果需要执行比较复杂的操作，如图像识别应用，最好选择 Linux。现在市场上的边缘计算网关所使用的操作系统多是 Linux。

硬件抽象层（Hardware Abstraction Layer，HAL）支持物联网软件的可重用性和可移植性。该层使软件独立于底层硬件平台。因此它有助于减少将开发的软件应用程序移植到不同的硬件平台所需的时间及成本。

物联网传感器堆栈实际上就是各种传感器的协议栈集合。协议栈的作用有两点：①将物理层、介质访问层（MAC）等各个层的协议集合在一起并以函数的形式体现；②提供 API 供用户调用。

边缘计算网关能够连接多种终端设备，包括传感器及一些性能有限的嵌入式设备。设备管理与配置指的是网关可以对网关连接的所有设备以及传感器进行管理和配置，比如设备的加入和删除、设备属性的访问控制等。所有连接设备的管理和配置都存储在闪存当中，确保重启之后配置不变。

为了提升数据安全性，边缘计算网关需要从以下两方面确保数据安全性：存储、网络。网关使用加密芯片或者加密算法对存储的数据进行加密，并且需要实现硬件防篡改功能以增加边缘计算网关的安全性。网关和云以及终端设备之间的所有消息都应加密，以确保数据的完整性和私密性。

固件云端升级技术（Firmware Over The Air，FOTA）是云服务器通过无线网络对设备中的软件进行远程管理的技术。云服务器可以依靠 FOTA 技术对网关的固件进行定期维护以及更新，确保操作系统、安全补丁、防火墙等软件是最新版本。

边缘计算网关通过以太网、Wi-Fi 或者移动网络与云服务器连接，使用的通信协议一般是 HTTPS；但是和终端设备通信的协议就要视使用场景而定了。如果是 AR，因为传输的数据量非常巨大，那么就不可能使用物联网协议通信，必须使用 HTTPS 协议；如果是工业监控，通信的数据量比较少，这时出于低功耗的考虑，最好选择 MQTT 等物联网协议。

为了缓解网络带宽的压力，边缘计算网关需要过滤临时数据，存储关键数据，并且要对隐私数据进行处理以实现隐私保护。

很多边缘计算网关内置了 Linux 操作系统，开发者可以在其布置的容器中开发应用来更高效、更智能地处理数据。

在嵌入式系统中，软件的构建是根据硬件的特性来设计的，所以根据以上的软件架构方案，有以下软件设计方案。

1. 智能家居的边缘计算网关软件架构设计参考方案

适用于智能家居的边缘计算网关软件架构设计如图 3-7 所示。

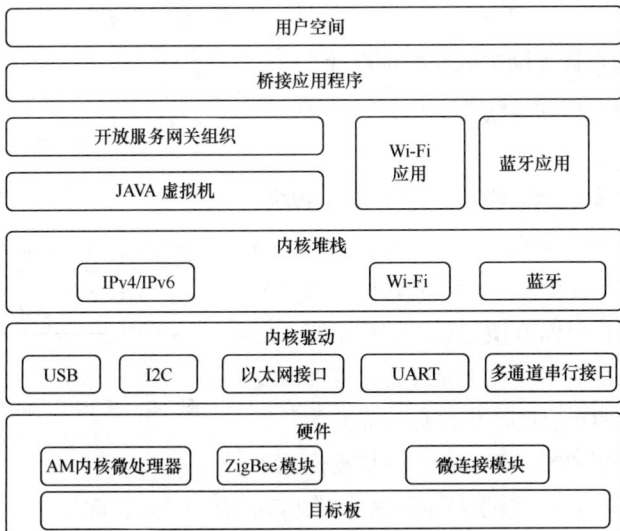

图 3-7　适用于智能家居的边缘计算网关软件架构设计

基于此架构的边缘计算网关软件设计思想为：首先将硬件的各种接口（USB 接口、I2C 接口、以太网接口等）进行软件封装并为上层的协议栈提供调用的 API。在上层协议栈中要将非网络层的数据转换为网络数据，其中包括 IPv4、IPv6 和 Wi-Fi 等协议的数据，并通过相应的网络协议发送给上层。在应用程序层中来决定数据是自行处理还是上传给相应的服务器来处理。如果边缘计算网关所处的环境为类似于智能家电等设备的环境，则该软件架构能得到很好的应用。

2. Intel 公司边缘计算网关软件架构设计参考方案

Intel 公司边缘计算网关软件架构设计如图 3-8 所示。

图 3-8　Intel 公司边缘计算网关软件架构设计

该架构把 Linux 作为网关的操作系统，通过硬件实现对底层的操作。而相应的物理接口又虚拟出了对应的逻辑接口，开发人员可以根据提供的 API 轻松地设计出自己想要的应用程序。工程师不需要了解底层的协议是怎样运作的，只需要根据 API 给对应函数提供相应的参数即可。这是分层和封装硬件的好处。在 Linux 操作系统的管理下，可以为应用程序端提供可靠的服务，又可以自动地管理和调配系统的硬件资源。

3. 基于树莓派的边缘计算网关软件架构设计

基于树莓派的边缘计算网关软件架构设计如图 3-9 所示。

本方法中所要构建的路由器模块是基于 OpenWRT 系统开发的。OpenWRT 是一个功能强大的开源 Linux 路由固件系统，并且提供了完全独立开放的软件包管理和文件系统控制功能。用户可以方便地对其进行定制、优化，从而实现自己的功能需求。在不受设备供应商限制的情况下，该系统开发者可以配置程序运行需要的开发环境，并选择安装自己想要的应用程序，可扩展性非常

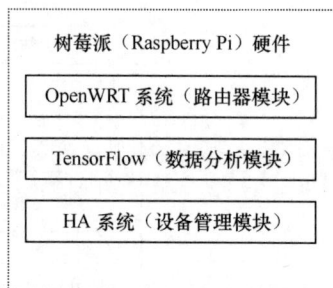

图 3-9　基于树莓派的边缘计算网关软件架构设计

高。OpenWRT 是一个容易上手修改对应网络协议文件的操作系统，而且它自身拥有很多网络组件，可扩展性很高。所以本方法会将 OpenWRT 系统植入树莓派内，对其进行编程开发，使树莓派具有路由器的功能。

在设备管理模块中，对于设备的管理和控制，选用 HA 系统作为软件支撑。HA 平台全称为 HomeAssistant，它可以说是一个基于 Python 语言的开源平台，也可以理解为是一种可嵌入式的系统。构建该系统可以监测环境数据，实现自动化控制，还可以对连接设备进行简单管理。选择 HA 平台，首先该平台可以支持的软硬件组件十分丰富，不仅支持已有的组件，还可以自行开发专属的组件；其次是简单易用，最近几年随着智能家居、智慧城市话题的逐渐升温，HomeAssistant 的官方网站或者论坛增加了丰富的文档资源，无论是新手还是老手都可以在里面找到自己需要的各种安装、管理、设置文档资料；最后系统支持丰富的组件，可以让一些经常使用或者研究的产品方便地接入该平台中，进而实现对各种各样的设备进行统一管理。

最后，本方法是利用 TensorFlow 作为边缘计算网关软件架构的设备管理模块、数据分析模块和路由器模块。该模块能很好地融入相关的人工智能算法，比如 NN（卷积神经网络）、RNN（循环神经网络）和 LSTM（长短期记忆网络）算法等，能保证非常高的实时性。

3.4　边缘计算网关的 CROSS 能力要求

3.4.1　边缘计算网关的连接能力（Connection）

网络是系统互连与数据传输的基石。伴随连接设备数量的剧增，网络运维管理、灵活扩展和可靠性保障会面临巨大挑战。同时，工业现场长期以来存在大量异构的总线连接，多种制式的工业以太网并存，如何兼容多种连接方式并且确保连接的实时可靠是必须要解决的现实问题。

1. 实现优质连接的障碍

（1）不同设备的数据差异

不同设备的文件系统不同，因此数据格式各不相同，这就对数据接口的统一提出了挑战。一般来说，不同的网络系统具有各自不同的通信协议，因此在不同的网络之间通信是比较困难的，比如以太网和公共交换电话网络。不同设备之间通信协议的微小差异就可能会对整个网络产生重大影响，从而导致无法顺利连接。由于边缘计算网关和终端设备的网络距离比较近，因此它们所构成的网络规模就比较小，时延、阻塞等因素都易于控制和改进。

（2）网络阻塞现象

随着物联网数据的不断增加，如何保证网络信道通畅、不阻塞成为了另一个挑战。数据阻塞将不可避免地导致时延过长甚至丢包。市场研究公司 IDC（International Data Corporation）的统计数据显示，到 2025 年，全球将有 416 亿台终端设备联网。这些互连设备会生成 79.4 ZB 数据，这个数据量远远超过了互联网吞吐量的极限，因此如果这些数据都通过互联网发到云数据中心进行处理，那么网络阻塞就很容易发生。按照 IDC 的预测，到 2021 年，中国 40% 的数据将需要在网络边缘进行分析、处理和储存。

（3）数据安全隔离

网络安全问题不容小觑，并与连接息息相关，其中涉及用户密码认证、用户访问控制与模式控制。在许多情况下，数据安全隐患会造成连接的不安全性，可能导致不同设备之间发生连接冲突，并影响整个物联网的运行。

（4）无线连接的可靠性

消费类设备使用的现有无线连接技术无法满足工业和医疗系统的性能要求。这些系统对安全性、准确性和时延的不同需求提高了对可靠性的要求。移动通信技术（比如 4G）几乎可以满足所有这些性能要求，但却经常无法满足这些系统对能耗、成本和数据的可靠传输方面的要求。边缘计算网关先对数据进行预处理，再传输预处理之后的数据，从而减少了无线连接中的数据传输量，因此节省了资源，提高了无线系统连接的可靠性。

2. 边缘计算网关的连接能力

边缘计算可以提供海量的数据连接及兼容性服务。随着网络的不断发展，连接设备数量呈指数级递增，网络的优质连接成为了发展的瓶颈。边缘计算在靠近设备的一侧进行数据处理，减少了网络传输数据量，节省了更多的网络带宽资源以提供网络连接。此外，边缘计算还可以提供网络扩展。边缘计算技术确保分布式计算资源在整个系统中按比例扩展，并且每台额外的设备都增加了更多的能力，因此大幅度改善了设备的可扩展性。同时，边缘计算屏蔽了底层的差别，兼容多种异构的总线连接，可确保网络的实时连接。具体来说，边缘计算从下面两个方面增强了连接能力。

（1）边缘计算结合接入网络切片

对于网络切片技术来说，一致的连接非常重要。这项技术将现有的物理网络分割成几个独立的逻辑网络，为差异化服务提供特定的操作。例如，软件定义网络（Software Defined Network，SDN）可以定义控制平面与数据平面之间的开放式接口，从而显示一组网络切片中的功能变化。不过实际的商业应用仍然面临许多挑战。

在核心网切片中，边缘计算服务器由于部署的位置距离用户较远，不可避免地会产生较长的时延，无法满足部分应用对低时延特性的需求。同时，各类业务数据汇聚到核心网络中进行计算处理，会造成数据流量的巨大增长，给回程链路带来极大负担，消耗过多回程链路带宽。除此之外，相较于从核心网到终端的垂直结构切片，部分业务，如短距离的数据传输共享，对计算能力要求较低，用户分布范围小，更适合终端到终端的水平结构切片。基于边缘计算的接入网络切片，利用网络边缘的计算、存储和通信能力，构建业务所在无线接入网络内的接入网切片，实现了业务的本地处理，使得核心网和传输网的开销减小，同时减少了业务传输时延，提高了连接性能，从而改善了业务性能。

（2）边缘控制器/用户分离改进了无线网络连接兼容性

通过控制面与用户面的分离，用户面网关可以独立下沉至移动边缘，从而在一定程度上解决连接过程中的相关数据安全问题。因此，控制面/用户面（C/U）分离是 5G 技术的发展趋势之一，也是关键的边缘计算技术。它可以为网络安全提供解决方案，具体来说就是边缘设备要兼顾数据收集者和数据所有者。例如，手机收集的数据将在服务提供商处存储和分析，同时保留边缘数据并允许用户拥有。从保护数据隐私的角度来说，这种方法更好。

3.4.2　边缘计算网关的业务实时性处理能力（Real-Time）

在"大数据"和海量连接的物联网场景下，保证低延迟和低功耗非常重要。工业系统检测、控制、执行的实时性要求很高，部分场景实时性要求在 10ms 以内。设计人员无法充分优化当前的移动技术来实现这一要求。在云计算服务模式下，应用需要将数据传送到云计算中心进行处理，这增大了系统的时延，难以满足业务的实时性要求。以无人驾驶汽车为例，高速行驶的汽车需要在毫秒级的时间内做出响应，一旦由于网络波动、阻塞等问题导致系统响应超时，将会造成严重的后果。

在边缘计算模式下，为了更好地支撑海量连接、高带宽和低时延业务的场景，在靠近用户的网络边缘侧构建业务平台，提供存储、计算、网络等资源，将部分关键业务应用下沉到接入网络边缘，以减少网络传输和多级转发带来的时延上的增加。这种在网络边缘侧构建的新型基础设施区别于集中化的云数据中心，具有以下特点。

● 在网络传输方面。首先，边缘设备过滤临时数据，不再需要将海量的数据上传至云端进行处理，只需要传输有价值的数据，这极大地减轻了网络带宽的压力，且减少了对计算存储资源的需求；其次，在靠近数据源端进行数据处理，能够大大地减少系统时延，提高服务的响应时间，同时，核心网传输压力下降，避免了网络堵塞，网络传输速率大大增加。

● 在部署方面。边缘数据中心部署非常靠近信息源，具有属地化部署的特点，分布极为广泛，只满足属地用户需求，具有规模小、数量多、分散部署等特点。

业界将这种在网络边缘侧部署的新型基础设施称为边缘数据中心，即边缘数据中心位于用户端和集中化的云数据中心之间，提供小型化、分布式、贴近用户的数据中心环境。因此，网络支撑层次由原来的两层变为了现在的 3 层，如图 3-10 所示。

在这样的边缘数据中心的基础之上，再将应用服务和内容部署在移动边缘，这样边缘计算网关便可以减少数据传输中的转发和处理时间，降低端到端时延，满足低时延要求，降低功耗，实现实时性处理。

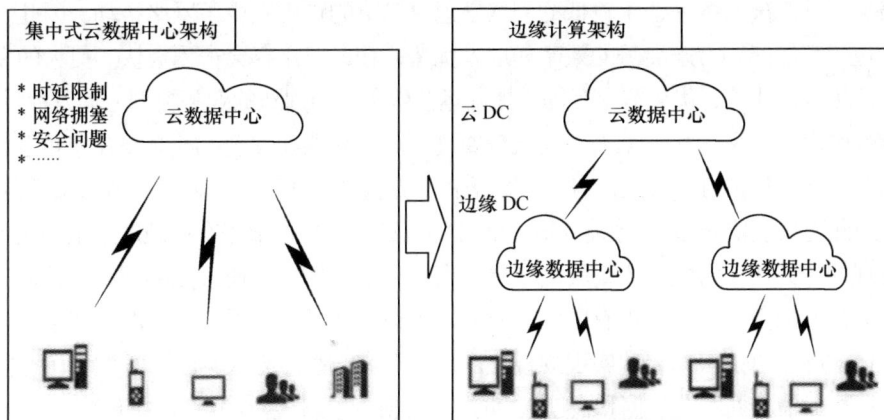

图 3-10　集中式云数据中心架构与边缘计算架构

3.4.3　边缘计算网关的数据优化能力（Optimization）

边缘计算场景下，边缘设备时刻产生海量数据，且数据的来源和类型具有多样化的特征。这些数据包括环境传感器采集的时间序列数据、摄像头采集的图片视频数据、车载雷达采集的点云数据等。这里以智能家居为例。在智能家居环境中，所有终端设备都会向边缘计算网关发送数据。比如温度传感器，它每隔一分钟发送一次数据，但其中大多数数据都是临时数据，基本上不会被用户所使用。另一个例子是家庭安防摄像头。它会随时记录数据并发送到网关，但是这些数据会保存在数据库中一段时间，并没有人使用，最终被新数据取代。诸如这些数据大多具有时空属性，需要通过数据优化来实现数据的聚合、统一呈现与开放，以灵活高效地服务于边缘应用的人工智能。

一般认为，在边缘计算中应该尽可能地减少人的介入，因此由边缘节点负责对数据进行处理，并且以一种积极主动的方式与用户进行交互。这种情况下，网关需要对数据进行预处理，例如噪声去除、事件检测以及隐私保护等。处理后的数据将发到上层用于提供合适的服务。这个过程面临几个挑战。首先，不同设备传来的数据格式不同。考虑到隐私和安全问题，网关上的应用不应该获取原始数据，它只需要从完整数据表中获取感兴趣的内容即可。数据表的格式可以是 ID、时间、名字、数据（如 0000,12:34:56pm 01/01/2016，kitchen.oven2.temperature3，78）等。其次，有时候很难决定数据抽象的程度。如果过滤掉太多的原始数据，某些应用或服务可能就无法获取足够的信息。但是如果保留太多原始数据，又会增加暴露隐私的可能性。有时候由于传感器精度不高，环境不稳定或者通信不正常，边缘设备上的数据信息可能并不可靠，所以如何从不可靠的数据中抽象出有用信息也是一个挑战。

收集数据是为应用服务的。为了完成特定的服务，应用需要对物体实施控制，如读写数据。数据抽象层将数据呈现方式及相应的操作结合起来，并提供了一个公共接口。此外，由于设备的多样性，数据的呈现方式与相应的操作都有差异，所以找到一种通用的数据抽象方式也并非易事。

3.4.4　边缘计算网关的智能能力（Smart）

物联网终端设备产生的海量数据所蕴含的巨大价值将推动智能应用迅猛发展。在边缘计算模式下，运行在网络边缘侧的智能应用的响应时延更低。因为数据可以在靠近源头侧进行处理，在用户附近提供服务，近距离服务保证了较低的网络延迟，简单的路由减少了网络抖动。因此，在边缘计算模式下，边缘智能能够带来显著的效率和成本优势，智能应用将会得到更快、更大的发展，尤其会在提升个性化客户体验、优化客户互动、提高运营效率、启用新的业务模型方面发挥重要作用。

以无人驾驶汽车为例，智能无人驾驶汽车要真正实现智能和安全，就必须存储和运算海量的数据，而且相当一部分数据与图形图像有关。数据和计算量是如此巨大，以至于普通服务器和 CPU 都无法胜任，因此而只能依靠 GPU 才能完成。而且将海量的大数据部署在车载电脑上并实现高速运算也是很难实现的。其次，智能无人驾驶汽车要在高速行驶过程中，通过无线网络与云端进行大量超低时延、超大流量的数据交互，现有网络没有能力支撑。所以智能无人驾驶汽车在个别测试时可能表现很好，但实际上可能根本无法实现规模化应用。要实现智能无人驾驶汽车的真正智能和规模化应用，必须解决通信方面的大数据和大连接问题，而能担此重任者非移动边缘计算莫属。

移动边缘计算使传统无线网具备了业务本地化和近距离部署的条件，其技术特征主要体现为邻近性、低时延、高带宽和位置认知。

● 邻近性。由于移动边缘计算服务器的部署非常靠近信息源，因此特别适用于捕获和分析大数据中的关键信息。

● 低时延。由于移动边缘计算服务靠近终端设备或者直接在终端设备上运行，因此大大降低了时间延迟。这使得反馈更加迅速，同时也改善了用户体验，缓解了网络带宽压力。

● 高带宽。由于移动边缘计算服务器靠近信息源，可以在本地进行简单的数据处理，过滤临时数据，不必将所有数据都上传至云端，这使得核心网传输压力下降，减少了网络堵塞，节省了网络带宽。

● 位置认知。由于边缘计算网关是本地化部署，因此无线网络上下文信息（小区 ID、网络负载、无线资源利用率等）可以被部署在边缘计算网关上的业务应用有效感知并充分利用，从而为终端用户提供更加差异化的服务。

举例来说，无人驾驶车辆监测到前方有障碍物或者临时状况时，需要录制视频并瞬间上传到云端，云端瞬间完成运算，并将指令瞬间下传至车辆，车辆随即按指令做出躲避、刹车等动作。一旦时延超过阈值，就会可能导致车祸的发生。因此，智能无人驾驶对于数据处理的要求较为特殊：一是低时延，在车辆高速运动过程中，要实现碰撞预警功能，通信时延应当在几毫秒内；二是高可靠性，出于安全驾驶要求，相较于普通通信，智能无人驾驶需要更高的可靠性；三是高质量，由于车辆处于高速运动状态，信号需要在支持高速运动的基础上实现高质量通信。

随着无人驾驶汽车数量的增多，车联网的数据量将越来越大，人们对于无人驾驶技术时延和可靠性的要求也会越来越高。采用移动边缘计算技术后，由于移动边缘计算的位置特征，车联网数据可以就近存储于路边单元（Road Side Unit，RSU）或数据中心（Data Center，DC），从而降低时延，非常适合无人驾驶汽车防碰撞、事故警告等对时延标准要求极高的业务类型。

在车辆高速度运动过程中，位置信息变化十分迅速。而最末端的移动边缘计算服务器还可以置于车身上，能够精确地实时感知车辆位置的变动，提高通信的可靠性。移动边缘计算服务器对无人驾驶汽车数据实时进行数据处理和分析，并将分析所得结果以极低延迟（通常是毫秒级）传送给该汽车及临近区域内其他联网车辆，以便各车辆做出决策。

3.4.5　边缘计算网关的安全能力（Security）

无论是云计算还是边缘计算，都需要保证网关的安全性。安全跨越云计算和边缘计算，需要实施端到端的防护。由于边缘计算网关更贴近终端设备，是分布式部署，网关分布范围更广、终端设备安全性较低等因素导致访问控制与威胁防护的广度和难度因此而大幅提升。边缘计算网关的安全主要包含物理安全、网络安全、数据安全和应用安全，关键数据的完整性、保密性正是安全领域需要重点关注的内容。

边缘计算网关安全需求包括以下几个方面。

1. 物理安全需求

物理安全是指保护智能终端、边缘计算网关等设备免受自然界中不可抗力（如地震、火灾、龙卷风、泥石流）及人为操作失误所造成的危害。物理安全是整个服务系统的前提，物理安全措施是万物互联系统中必要且基础的工作。对于边缘计算设备来说，其有可能在对外开放的、不可控的甚至人迹罕至的地方运行，所处的环境复杂多样，因此更容易受到自然灾害的威胁。且在运行过程中，由间接或者自身原因导致的安全问题（如能源供应、冷却除尘、设备损耗等）的运行威胁虽然没有自然灾害造成的破坏彻底，但是如果缺乏良好的应对手段，仍然会导致灾难性的后果，如性能下降、服务中断甚至数据丢失。

2. 网络安全需求

网络安全是指通过采用各种技术和管理措施，使网络系统正常运行，从而确保网络数据的可用性、完整性和保密性。大数据处理场景下，海量终端设备通过网络层实现与边缘设备的数据交互传输，边缘设备可以通过接入互联网实现更加广泛的互连功能。大量设备的接入，给网络管理带来沉重负担的同时，也增加了边缘设备被攻击的可能性。现在常采用的攻击方式是在无线传输途中采用窃听、截获数据包等方法进行流量分析，然后篡改或伪造数据包来达到控制目标的目的。相较于云计算数据中心，边缘节点的能力有限，更容易被黑客攻击。虽然单个边缘节点被破坏损害并不大，并且网络有迅速找到附近可替代节点的调度能力，但如果黑客将攻陷的边缘节点作为"肉鸡"去攻击其他服务器，就会对整个网络造成影响。所以边缘计算场景对网络的安全有着更大的需求。现有大多安全保护技术的保护流程较复杂，不太适合边缘计算的场景。所以，研发适合于万物互联背景下边缘计算场景中轻量级的安全保护技术是边缘计算网络安全的重大需求。

3. 数据安全需求

数据信息作为一种资源，具有普遍性、共享性、增值性、可处理性和多效用性。而数据安全的基本目标就是要确保数据的 3 个安全属性：机密性、完整性和可用性。要在对数据的全生命周期进行管理的同时实现这 3 个安全属性才能保证数据安全。

在边缘计算中，用户将数据外包给边缘节点，同时也将数据的控制权移交给边缘节点，这便引入了与云计算相同的安全威胁。首先，很难确保数据的机密性和完整性，因为外包数据可能会丢失或被错误地修改。其次，未经授权的各方可能会滥用上传的数据图谋其他利益。虽然相对于云来说，边缘计算已经规避了多跳路由的长距离传输，很大程度地降低了数据泄漏、失真的外包风险，但是边缘计算设备部署的应用属于不同的应用服务商，接入网络属于不同的运营商，导致出现边缘计算中多安全域共存、多种格式数据并存的情况。由此可以看出，边缘计算的数据安全问题日益突出。例如：在一个边缘节点为多个用户服务时，如何确保用户数据的安全隔离？在如此复杂多变的环境中，一个边缘节点瘫痪后，如何实现安全快速地迁移数据？当多个边缘节点协同服务时，如何能够在不泄露各自数据的情况下设计多方的协作服务？

另一个万物互联背景下边缘计算的数据安全需求就是用户隐私保护。边缘计算设备位于靠近数据源的网络边缘侧，和位于核心网络中的云计算数据中心相比，边缘计算设备可以收集更多用户高价值的敏感信息，包括位置信息、生活习惯、社交关系，甚至健康状况等，那它是否会成为商业公司收集用户隐私数据的新平台呢？物联网设备的计算资源难以执行复杂的隐私保护算法，在边缘式大数据分析时如何在数据共享时保证用户的隐私？这些问题都将成为边缘计算发展的重要阻碍。

4. 应用安全需求

应用安全，顾名思义就是保障应用程序使用过程和结果的安全。通过将越来越多的应用服务从云计算中心迁移到网络边缘节点，能保证应用有较短的响应时间和较高的可靠性，同时大大节省了网络传输带宽和智能终端电能的消耗。但边缘计算不仅存在信息系统普遍存在的共性应用安全问题，如拒绝服务攻击、越权访问、软件漏洞、权限滥用、身份假冒等，还由于其自身特性存在其他的应用安全的需求。在边缘这种多安全域和接入网络共存的场景下，为保证应用安全，该如何对用户身份进行管理和实现资源的授权访问则变得非常重要。身份认证、访问控制和入侵检测相关技术便是在边缘计算环境下保证应用安全的重点需求。

安全跨越云计算和边缘计算，需要实施端到端防护。由于边缘计算网关更贴近终端设备，是分布式部署，访问控制与威胁防护的广度和难度因此大幅提升。边缘计算网关的安全主要包含物理安全、网络安全、数据安全和应用安全，关键数据的完整性、保密性正是安全领域需要重点关注的内容。

通过图 3-11 所示的边缘计算安全需求的分析可以看出，边缘计算的特性使其在构建安全保护方案时给系统开发人员带来了重大挑战。因此我们作为相关从业人员，需要认真地学习边缘计算安全框架和业务流程，设计安全的边缘计算架构。这些对于促进边缘计算的进一步普及和发展具有十分重要的意义。

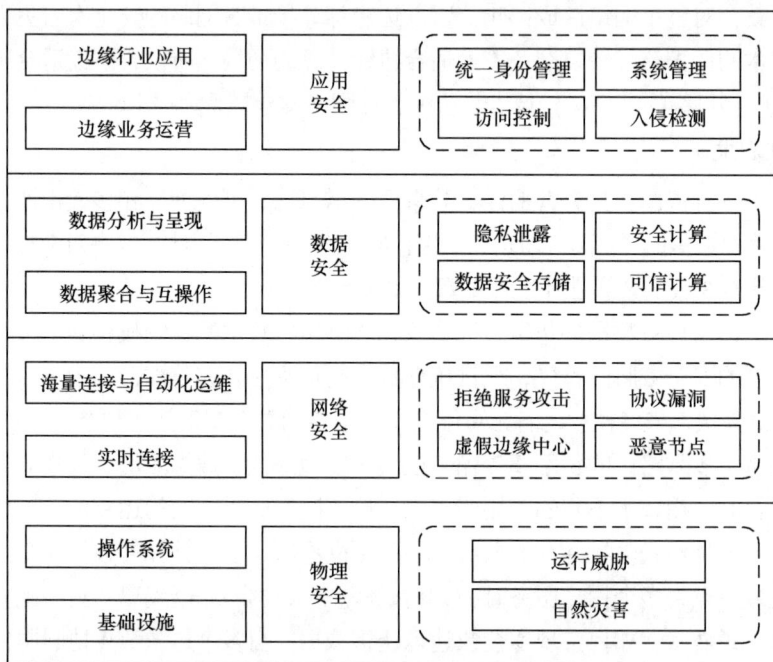

图 3-11　边缘计算安全需求分析

本章小结

本章首先介绍了边缘计算网关设计的相关知识，从网关的概念、边缘计算网关硬件架构、边缘计算网关软件架构等方面分别描述了边缘计算网关是什么及怎么搭建边缘计算网关。接下来本章还介绍了边缘计算网关的 CROSS 能力要求。只有充分理解了这部分内容，才能更好地理解边缘计算网关关键技术。

思考题

1. 简述网关的分类。
2. 简述边缘计算网关应用系统方案设计方法。
3. 简述边缘计算网关的 CROSS 能力要求。

04 第4章 边缘计算网关关键技术——开放性

上一章介绍了边缘计算网关设计的知识。本章主要介绍虚拟化技术、LXC容器、Docker 容器，以及网关的软件接口和硬件接口。

本章学习目标：

- 了解服务器虚拟化技术和网络虚拟化技术。
- 了解 LXC 容器，掌握 LXC 容器的使用方法。
- 了解 Docker 容器，掌握 Docker 容器的使用方法。
- 了解网关的硬件接口和软件接口。

4.1　虚拟化技术介绍

　　一般而言，虚拟化是指为一组类似资源提供一个通用的抽象接口集，从而隐藏属性和操作之间的差异，并允许用户通过一种通用的方式来查看和维护资源。虚拟化技术在计算机技术的发展历程中一直扮演着重要的角色。从 20 世纪 50 年代虚拟化概念的提出，到 20 世纪 60 年代 IBM 公司在大型机上实现了虚拟化的商用，从操作系统的虚拟内存到 Java 语言虚拟机，再到基于 x86 体系结构的服务器虚拟化技术的蓬勃发展，都为虚拟化这一看似抽象的概念添加了极其丰富的内涵。近年来随着服务器虚拟化技术的普及，出现了全新的数据中心部署和管理方式，为数据中心管理员带来了高效和便捷的管理体验。虚拟化技术还可以提高数据中心的资源利用率，减少能源消耗。这一切，使得虚拟化技术成为整个信息产业中最受瞩目的焦点。虚拟化技术本身所涉及的范围很广，包括服务器虚拟化、网络虚拟化、物联网终端设备虚拟化等。但一般而言，虚拟化技术的目的基本类似，都是为了解决资源的异质性问题、统一管理资源、增加资源管理灵活性和可扩展性等。下面从服务器虚拟化和网络功能虚拟化两个方面分别介绍边缘计算中所涉及的虚拟化技术。

4.1.1　服务器虚拟化技术

1. 服务器虚拟化技术介绍

　　服务器虚拟化将系统虚拟化技术应用于服务器上，将一个服务器虚拟成若干个服务器使用。系统虚拟化是使用虚拟化软件在一台物理机上虚拟出一台或多台虚拟机。虚拟机是指使用系统虚拟化技术，运行在一个隔离环境中、具有完整硬件功能的逻辑计算机系统，包括客户操作系统和其中的应用程序。在系统虚拟化中，多个操作系统可以互不影响地在同一台物理机上同时运行，复用物理机资源。对于不同类型的系统虚拟化，虚拟机运行环境的设计和实现不尽相同。但是，在系统虚拟化中虚拟运行环境都需要为在其上运行的虚拟机提供一套虚拟的硬件环境，包括虚拟的处理器、内存、设备、I/O 及网络接口等。同时，虚拟运行环境也为这些操作系统提供了诸多特性，如硬件共享、统一管理、系统隔离等。

　　服务器虚拟化为虚拟服务器提供了能够支持其运行的硬件资源抽象，并为虚拟机提供了良好的隔离性和安全性。

　　服务器虚拟化技术最早在 IBM 公司制造的大型机中使用，在 20 世纪 90 年代由 VMware 公司将其引入 x86 平台，并在 2000 年后迅速被业界接受，成为风靡一时的技术。由于看到服务器虚拟化应用在数据中心带来的巨大优势，各大 IT 厂商纷纷加大了对服务器虚拟化相关技术的投资。多个主流 Linux 操作系统发行版，都加入了 Citrix Xen 或 KVM 虚拟化软件，并鼓励用户安装使用。虚拟化技术也被 IBM、Microsoft 等多家主流技术公司列为技术和商业战略规划中的重点方向。

　　服务器虚拟化通过虚拟化软件向上提供对硬件设备的抽象和对虚拟服务器的管理。目前，业界在描述此类软件时通常使用两个专用术语：虚拟机监控器（VMM）和虚拟化平台（Hypervisor）。虚拟机监控器负责对虚拟机提供硬件资源抽象，为客户操作系统提供运行环境。虚拟化平台负责虚拟机的托管。它直接运行在硬件之上，因此其实现直接受底层体系结构的约束。这两个术语通常不做严格区分，其出现源于虚拟化软件的不同实现模式。

　　在服务器虚拟化中，虚拟化软件需要实现对硬件的抽象，资源的分配、调度和管理，虚拟机与宿主操作系统及各个虚拟机间的隔离等功能。这种软件提供的虚拟化层处于硬件平台之上、客户操作系统之下。

根据虚拟化层实现方式的不同，服务器虚拟化主要有两种类型：寄宿虚拟化和原生虚拟化。寄宿虚拟化中，虚拟机监视器是运行在宿主操作系统之上的应用程序，利用宿主操作系统的功能来实现硬件资源的抽象和虚拟机的管理。这种模式的虚拟化实现起来较容易，但由于虚拟机对资源的操作常要通过宿主操作系统来完成，因此其性能通常较低。这种模式的典型实现有 VMware Workstation。在原生虚拟化中，直接运行在硬件之上的不是宿主操作系统，而是虚拟化平台。虚拟机运行在虚拟化平台上，虚拟化平台提供指令集和设备接口，以提供对虚拟机的支持。这种实现方式通常具有较好的性能，但是实现起来更为复杂。典型的实现是 Citrix Xen 系列。

2. 服务器虚拟化关键特性

服务器虚拟化关键特性一般包括多实例、隔离性、封装性、高性能。

多实例是指通过服务器虚拟化，在一个物理服务器上可以运行多个虚拟服务器，即可以支持多个客户操作系统。服务器虚拟化将服务器的逻辑整合到虚拟机中，而物理系统的资源，如处理器、内存、硬盘和网络等，是以可控方式分配给虚拟机的。

隔离性是指在多实例的服务器虚拟化中，一个虚拟机与其他虚拟机之间实现完全隔离。通过隔离机制，即便其中的一个或几个虚拟机崩溃，其他虚拟机也不会受到影响，虚拟机之间也不会泄露数据。如果多个虚拟机内的进程或者应用程序之间需要相互访问，只能通过所配置的网络进行通信，就如同采用虚拟化之前的几个独立的物理服务器一样。

封装性，即硬件无关性。在采用了服务器虚拟化后，一个完整的虚拟机环境对外表现为一个单一的实体（例如一个虚拟机文件、一个逻辑分区），这样的实体非常便于在不同的硬件间备份、移动和复制等。同时，服务器虚拟化将物理机的硬件封装为标准化的虚拟硬件设备，提供给虚拟机内的操作系统和应用程序，保证了虚拟机的兼容性。

与直接在物理机上运行的系统相比，虚拟机与硬件之间多了一个虚拟化抽象层。虚拟化抽象层通过虚拟机监视器或者虚拟化平台来实现，并会产生一定的开销。这些开销即为服务器虚拟化的性能损耗。服务器虚拟化的高性能是指虚拟机监视器的开销要被控制在可承受的范围之内。

3. 服务器虚拟化核心技术

下面分处理器虚拟化、内存虚拟化和设备与 I/O 虚拟化对服务器虚拟化几个核心技术进行简要介绍。

（1）处理器虚拟化

处理器虚拟化是 VMM 中最核心的部分，由于访问内存或 I/O 指令本身就是敏感指令，内存虚拟化与 I/O 虚拟化都依赖于处理器虚拟化的正确实现。处理器虚拟化的宗旨是发生异常时，虚拟机通过陷入指令陷入 VMM 中，并被 VMM 模拟，而不要直接作用于真实的硬件上。下面介绍 VMM 的陷入方式，也就是客户机操作系统执行时是如何通知 VMM 的。VMM 陷入是通过处理器的保护机制利用中断和异常来完成的。

VMM 的陷入方式有以下几种。

● 基于处理器保护机制触发的异常。处理器会在执行敏感指令之前，检查其执行条件是否满足（执行条件主要包括当前特权级别、运行模式、内存映射关系等），一旦任一条件不满足，就会陷入

VMM 进行处理。

● 虚拟机主动触发异常（也就是通常所说的陷阱）。虚拟机可以通过陷阱指令主动请求陷入 VMM 中。

● 异步中断。包括处理器内部的中断源和外部的设备中断源。这些中断源可以是周期性地产生中断的时钟源，也可以是根据设备状态产生中断的大多数外设。一旦中断信号到达处理器，处理器会强行中断当前指令，然后跳到 VMM 注册的中断服务程序。

在硬件设计没有对虚拟化漏洞做出改进之前，一般是通过软件模拟实现 CPU 完全虚拟化。模拟的强大之处在于 VMM 可以控制虚拟机的整个执行过程，因而不会漏过需要模拟的敏感指令。模拟技术既可以用于相同硬件体系结构的模拟，也可以用于不同硬件体系结构间的模拟。只不过在相同的硬件体系结构下模拟，情况会变得更简单一些。

（2）内存虚拟化

一个操作系统对其物理内存存在两个主要的基本认识：从 0 开始和内存地址连续性。而 VMM 与客户机操作系统在对物理内存的认识上存在冲突，这使得真正拥有物理内存的 VMM 必须对客户机操作系统所访问的内存进行一定程度的虚拟化。在虚拟环境中，VMM 通过模拟使得模拟出来的内存符合客户机操作系统对内存的两个基本认识。这种模拟过程就是内存虚拟化。内存虚拟化所面临的问题是：物理内存要被多个客户机操作系统同时使用，但物理内存只有一份，物理起始地址 0 也只有一个，无法同时满足所有的客户机操作系统内存从 0 开始的要求。使用内存分区方式，把物理内存分给多个客户机操作系统使用，客户机操作系统的内存连续性要求虽能得到解决，但内存的使用效率非常有限。

在面临这些问题的情况下，内存虚拟化引入一层新的地址空间：客户机物理地址空间。VMM 负责管理和分配每个虚拟机的物理内存，客户机操作系统看到的是一个虚构的客户机物理地址空间，其指令中所使用的地址最终将转化成一个客户机物理地址。在有虚拟化的情况下，这样的客户机物理地址不能被直接发送到系统总线上去，需要由 VMM 将它转换成一个实际的物理地址后再交由物理处理器来执行。通过内存虚拟化，既可以满足客户机操作系统对内存和地址空间的特定认识，也可以更好地在虚拟机之间、虚拟机与 VMM 之间进行隔离，防止某个虚拟机内部的活动影响到其他虚拟机或直接影响到 VMM，从而造成安全上的漏洞。

（3）设备与 I/O 虚拟化

除了处理器与内存外，服务器中其他需要虚拟化的关键部件还包括设备与 I/O。设备与 I/O 虚拟化技术把物理机的真实设备统一进行管理，包装成多个虚拟设备给若干个虚拟机使用，响应每个虚拟机的设备访问请求和 I/O 请求。目前，主流的设备与 I/O 虚拟化都通过软件的方式实现。虚拟化平台作为在共享硬件与虚拟机之间的平台，为设备与 I/O 的管理提供了便利，也为虚拟机提供了丰富的虚拟设备功能。以 VMware 的虚拟化平台为例，VMware 平台将物理机的设备虚拟化，把这些设备标准化为一系列虚拟设备，为虚拟机提供一个可以使用的虚拟设备集合。值得注意的是，经过虚拟化的设备并不一定与物理设备的型号、配置、参数等完全相符，然而这些虚拟设备能够有效地模拟物理设备的动作，将虚拟机的设备操作转译给物理设备，并将物理设备的运行结果返回给虚拟机。这种将虚拟设备统一并标准化的方式带来的另一个好处就是虚拟机并不依赖于底层物理设备的实现，因为对于虚拟机来说，它看到的始终是由虚拟化平台提供的这些标准设备。这样，只要虚拟化平台始终保持一致，虚拟机就可以在不同的物理平台上进行迁移。

4.1.2　网络虚拟化技术

常见的网络虚拟化技术有两种：网络功能虚拟化（Network Function Virtualization，NFV）和软件定义网络（Software Defined Network，SDN）。下面先对网络功能虚拟化和软件定义网络进行分别介绍，再对它们进行对比。

1. 网络功能虚拟化

网络功能虚拟化通过在工业界标准高性能服务器、交换机和存储设备上发展标准虚拟化技术来构建和部署网络功能。它旨在用软件实现可在行业标准服务器上运行的网络功能，并可根据需求动态部署在网络中不同的位置，而无须重新安装新的专用硬件设备。网络功能虚拟化作为一种虚拟化技术，通过将软件网络功能部署在稳定的商用计算资源平台上，避免了在传统的异构硬件网络功能部署过程中所遇到的复杂连接配置工作，再结合灵活的负载均衡等管理机制，有效解决了传统网络功能硬件设备存在的设备价格高、管理困难及由连接配置不当和网络流量过载等引起的失效率高等问题。

网络功能虚拟化主要包括网络功能虚拟化基础设施、虚拟化网络功能以及网络功能虚拟化管理与编排。

（1）网络功能虚拟化基础设施

网络功能虚拟化基础设施包括各种计算、存储、网络等硬件设备，以及相关的虚拟化控制软件，将硬件相关的计算、存储和网络资源全面虚拟化，实现资源池化。网络功能虚拟化设施包括硬件基础资源、虚拟化层和虚拟化资源。

- 硬件基础资源通过虚拟化层向网络功能虚拟化提供计算资源、存储资源和网络资源等。
- 虚拟化层负责硬件资源的抽象，同时也起到了对虚拟化网络功能与底层硬件资源的解耦功能。通过抽象虚拟化层和分配物理资源，虚拟化网络功能的部署不需要考虑物理设备，只关心逻辑分配的虚拟化资源。
- 虚拟化资源包括虚拟计算资源、存储资源和网络资源。虚拟计算资源和虚拟存储资源通常以虚拟机或容器的形式向虚拟化网络功能提供计算资源和存储资源。虚拟化网络资源以虚拟网络链路的形式为虚拟化网络功能或虚拟机提供通信链路。

（2）虚拟化网络功能

虚拟化网络功能运行在网络功能虚拟化基础设施之上，它旨在将基于硬件的网络功能通过软件来实现，并部署于虚拟化资源（如虚拟机）中。一个虚拟化网络功能可能包含多个功能组件，每个功能组件部署于单独的虚拟机，因而一个虚拟化网络功能可能部署于多个虚拟机。多个虚拟化网络功能构成一个服务链以实现服务功能。常见的网络功能有用于提升网络安全的网络功能（如防火墙、入侵检测系统、入侵防护系统等）和提升网络性能的网络功能（如代理、负载均衡器等）。

（3）网络功能虚拟化管理与编排

网络功能虚拟化管理与编排负责对整个网络功能虚拟化基础设施资源的管理和编排，以及业务网络和网络功能虚拟化基础设施资源的映射和关联。主要包含虚拟化设施管理器、虚拟化网络功能管理器和虚拟化网络功能调度器。其中，虚拟化设施管理器的功能是进行资源管理和虚拟设施监控；虚拟化网络功能管理器的功能是进行虚拟化网络功能生命周期的管理；虚拟化网络功能调度器主要协调虚拟化网络功能管理器和虚拟化设施管理器来实现网络功能服务链在虚拟化设施上的部署和管理。

2. 软件定义网络

（1）软件定义网络的基本概念

软件定义网络是由美国斯坦福大学 CLean State 课题研究组提出的一种新型网络创新架构，是网络虚拟化的一种实现方式。其核心技术 OpenFlow 通过将网络设备的控制面与数据面分离开来，从而实现网络流量的灵活控制。使网络作为管道变得更加智能，为核心网络及应用的创新提供了良好的平台。软件定义网络是一种通过分离和抽象网络元素来建立计算网络的方法。与现有网络设备对流量和转发都要进行控制不同，软件定义网络的核心是从路由器和交换机中的控制平面分离出数据平面网络，网络设备采用通用的硬件平台，只负责单纯的数据转发；原来负责网络逻辑控制的功能被迁徙及提炼出一个独立的、相对集中的控制器，衍生出特有的网络操作系统，具有整个网络的全局视野，相当于网络的指挥机构。通用的数据转发设备与控制器通过标准的接口进行数据流表的交互，通过控制器制定的流表进行匹配和数据转发。上层的网络服务与应用通过控制器提供的标准接口对底层的网络基础设施进行调用，从而把整个网络看作一个逻辑的或虚拟的网络实体，通过可编程方式对这个"实体"进行高效灵活的管控。

软件定义网络的本质就是开放网络资源，通过软件调用实现网络应用。

就技术实现而言，软件定义网络具有以下 3 个优势。

● 一是网络传输设备硬件呈现出简单化、归一化。与传统复杂的业务特性解耦后，设备的主体功能为转发与存储，传输效率会明显提升，而简单通用的硬件架构平台可以轻易地部署于整个核心网络，统一且便于管理、维护。

● 二是网络自身具备了智能化。控制器中运行网络操作系统，可以实现网络协议的集中处理、传输带宽的统一调配、虚拟网络的动态配置，使网络在面对安全威胁、应急事件等情况时具备一定的自优化能力。

● 三是网络面向上层的服务呈现虚拟标准化。控制器上层业务应用提供路由、安全、策略、流量工程等服务接口，新型应用的部署会更加便捷、高效。当然，网络流量与具体应用衔接得更紧密，使得网络管理的主动权存在从传统运营系统向互联网系统转移的可能。

（2）将软件定义网络应用到边缘计算的好处

将计算基础设施放到用户附近并不能解决所有技术挑战。如果不小心处理，其自身的复杂性将会有所提高，如下所示。

● 一是服务同步和协同问题。云服务的"客户端-服务器"样式交互基于两层。但是，边缘计算需要至少 3 层架构。中间网络层应该协同边缘服务器及边缘服务器和云计算中心之间的交互。

● 二是无缝服务交付。计算基础设施的连通可能因为移动而出现间歇性。为实现无缝服务交付，在相同边缘云中的移交机制需要考虑多租户，也需要考虑多个服务提供商。

● 三是以服务为中心的结构。随着关注点转移到服务本身而不是其位置，传统的基于 IP 的操作将不可能处理客户端和服务器之间的交互。在边缘计算中，这个问题变得更加突出，因为服务本身可能在许多本地服务器上以及它可能部分驻留在本地服务器和云上。以服务为中心的设计需要降低其自身的复杂性。软件定义网络是编排网络，服务和设备是最好的候选者，因为其隐藏了异构环境的复杂性。

到目前为止，软件定义网络是可编程网络中最有希望的提议，它将控制平面与数据平面分开并启用可编程控制机制。因为软件定义网络将网络智能集中到基于中央软件的控制器上，这将减轻终端设备负担，因为终端设备将不再执行复杂的网络服务发现和编排。

在边缘计算中采用软件定义网络有如下好处。

首先是细粒度的有效控制，因为基于跨层的实时优化可以通过集中访问实时获取信息统计和程序访问。

其次是以服务为中心，最终用户能够通过识别是"什么"而不是指定"在哪里"来请求服务，这将是一个巨大的优势。但是，受到以主机为中心的传统网络设计的约束，需要额外的努力才能在边缘设备和服务器上实现这一目标。

此外，优点还包括高适应性、互操作、低成本、满足多样性需求、灵活性好和创新的低障碍。

3. 软件定义网络与网络功能虚拟化

软件定义网络作为一种新型的网络架构，将设备紧耦合的网络架构解耦成应用、控制、基础设施分离的 3 层架构，通过标准化的交互协议可实现数据转发层面和控制层面的分离。解耦后的架构提供网络应用的接口，实现网络的集中管理和网络应用的可编程。软件定义网络理念试图打破现有紧耦合的组网模式，为网络灵活控制与统一管理提供思路。如果说软件定义网络是对网络的抽象，网络功能虚拟化则是对网络功能的抽象。软件定义网络是控制转发分离，网络控制集中化，流量灵活调度；而网络功能虚拟化是软件、硬件分离，网络功能虚拟化，业务按需部署。网络功能虚拟化不希望使用软件定义网络的机制，而是使用数据中心现有的技术来实现，但是在实现过程中会使用软件定义网络。

软件定义网络提出的控制平面和数据平面分离能够提高性能，简化并兼容现有部署设备。另一方面，网络功能虚拟化能为软件定义网络提供软件运行环境。现在的大型数据中心需要自动化管理，这就很可能需要软件定义网络和网络功能虚拟化。软件定义网络和网络功能虚拟化互不依赖、自成体系，但又相互补充、相互融合。

4.2 LXC 容器

4.2.1 LXC 是什么

LXC（Linux Containers）是 Linux 内核容器功能的一个用户空间接口。通过功能强大的 API 和简单的工具，它将应用软件系统打包成一个软件容器（Container），内含应用软件代码及其所需的操作系统核心和库，通过统一的名字空间和共用 API 来分配不同软件容器的可用硬件资源，创造出应用程序的独立沙箱运行环境，使得 Linux 用户能够轻松地创建和管理系统或应用程序容器。LXC 示意图如图 4-1 所示。

LXC 利用了 Linux 内核控制组（Cgroups）与命名空间（NameSpace）功能，为应用软件提供一个独立的操作系统环境。LXC 不需要 Hypervisor 这个软件层，软件容器本身极为轻量化，从而提升了创建虚拟机的速度。

LXC 是一种操作系统层虚拟化（Operating System-Level Virtualization）技术。该技术将操作系统内核虚拟化，可以允许使用者空间的软件物件（Instances）被分割成几个独立的单元，在内核中运行，而不是只有一个单一物件运行。这个软件物件，也被称为容器、虚拟引擎（Virtualization Engine）、虚拟专用服务器（Virtual Private Servers）或是 Jails。对每个容器的拥有者与使用者来说，他们实际上共享整个服务器的资源，但看起来就像自己独占了整个服务器。

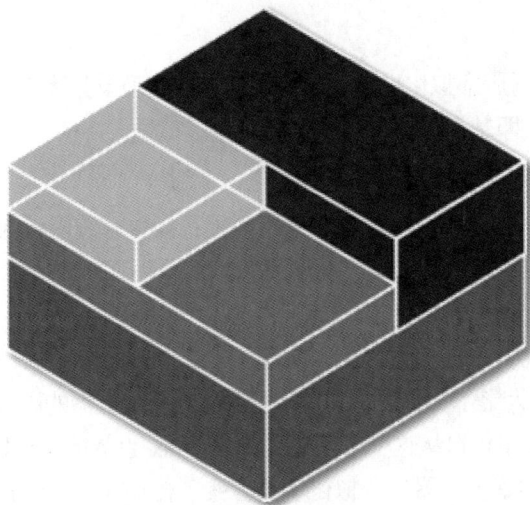

图 4-1 LXC 示意图

操作系统层虚拟化之后，可以实现软件的即时迁移（Live Migration），使一个软件容器中的物件即时移动到另一个操作系统下，再重新执行起来。但是在这种技术下，软件即时迁移只能在同样的操作系统下进行。

在类 UNIX 操作系统中，这个技术最早起源于标准的 chroot 机制，再进一步演化而成为现在的形式。除了将软件独立化的机制之外，内核通常也提供资源管理功能，使得单一软件容器在运作时，对其他软件容器造成的交互影响最小化。

4.2.2 LXC 组件

目前的 LXC 使用下列内核功能来控制进程。

- 内核命名空间（进程间通信、uts、mount、pid、network 和 user）。
- AppArmor 和 SELinux 配置。
- Seccomp 策略。
- chroot（使用 pivot_root）。
- Kernel Capibilities。
- 控制组（Cgroups）。

LXC 通常被认为是介于 chroot 和完全成熟的虚拟机之间的技术。LXC 的目标是创建一个尽可能与标准安装的 Linux 相同但又不需要分离内核的环境。

LXC 可以为容器绑定特定的 CPU 和内存，分配特定比例的 CPU 时间、IO 时间，限制可以使用的内存大小（包括内存和 Swap 空间），提供设备访问控制，提供独立的 NameSpace（网络、pid、ipc、mnt、uts）。

在资源管理方面，LXC 依赖于 Linux 内核的 Cgroups 子系统。Cgroups 子系统是 Linux 内核提供的一个基于进程组的资源管理的框架，可以为特定的进程组限定可以使用的资源。

在隔离控制方面，LXC 依赖于 Linux 内核的 NameSpace 特性。

4.2.3 虚拟化

本节将介绍 LXC 如何适应虚拟化世界，其使用的方法类型及其优点和局限性。粗略地说，目前使用的虚拟化有两种类型，即基于容器的虚拟化和完全虚拟化。

1. 基于容器的虚拟化（LXC）

基于容器的虚拟化非常快速有效。它基于以下前提：操作系统内核为不同的运行进程提供系统的不同视图。这种隔离或划分（有时称为"厚沙盒"）可用于确保有保证地访问硬件资源（如 CPU 和 IO 带宽），同时保持安全性和效率。

在 UNIX 系列操作系统中，据说基于容器的虚拟化源于 1982 年发布的 chroot 工具，这是一个由 Sun Microsystems 公司创始人比尔·乔伊（Bill Joy）编写的基于容器的虚拟化工具，并作为 BSD（伯克利软件套件）的一部分发布。自从这个早期工具成为 Unix 世界的支柱以来，大量的 Unix 开发人员已经致力于开发更强大的基于容器的虚拟化解决方案，他们的成果包括 Solaris Zones、FreeBSD Jails、Linux VServer 和 OpenVZ。

在 Linux 上，主要的两种技术是 Linux-VServer（开源/社区驱动）和 OpenVZ（商业产品的免费衍生产品）。

但是，这些都不会被 Linux 内核接受。相反，Linux 选择了一种更灵活、更长期的方法来实现类似的目标，使用各种新的内核功能。LXC 是使用这些新功能的下一代基于容器的虚拟化解决方案。

从概念上讲，LXC 可以被视为现有"chroot"技术的进一步发展，增加了额外的尺寸。chroot 仅在文件系统级别提供隔离，LXC 提供从容器到主机和所有其他容器的完全逻辑隔离。实际上，安装新的 Gentoo 容器与安装普通的 Gentoo 几乎相同，最显著的差异包括以下几点。

① 每个容器将与主机（和其他容器）共享内核，不需要在容器/引导目录中设置和/或安装内核。

② 设备和文件系统将（或多或少）从主机"继承"，并且不需要配置为适用于正常安装。

③ 如果主机使用 OpenRC 系统进行自举，则将"自动"省略此类配置项（即文件系统从 fstab 安装）。

2. 完全虚拟化（非 LXC）

完全虚拟化和半虚拟化解决方案旨在模拟底层硬件。与 LXC 和其他基于容器的解决方案不同，此类解决方案通常允许运行任何操作系统。虽然这对于安全性和服务器整合来说可能是有用的，但与基于容器的解决方案相比，它是非常低效的。目前该领域比较受欢迎的解决方案是 VMware、KVM、Xen 和 VirtualBox。

3. LXC 的安装

在大多数情况下，最新版本的 LXC 可用于 Linux 发行版。如果是第一次安装使用 LXC，建议使用最近支持的 LXC 版本。

Ubuntu 也是为数不多的 Linux 发行版之一，它默认提供安全、无特权的 LXC 容器所需的一切。所以这里我们在 Ubuntu 上安装 LXC。

使用如下命令进行安装：

```
$ sudo apt-get install lxc
```

安装完成后，运行 lxc-checkconifg 工具，检查当前 Linux 内核支持 LXC 的情况。查看内核对 LXC 的支持是否准备就绪，命令为：

```
$ lxc-checkconfig
```

安装 LXC 工具后，会发现 LXC 的默认网桥接口（lxcbr0）已自动创建（已在/etc/lxc/default.conf 中加以配置）。创建 LXC 容器后，窗口的接口就会自动连接到该网桥，那样容器就能与外界产生联系了。

4.2.4　LXC 的使用

1. 创建 LXC

下面以创建一个名为 precise 的 Ubuntu 14 容器为例进行介绍。

首先需要创建一个基础的配置文件。由于创建 LXC 完成后，不再需要该配置文件（可以删除），故该文件的名字和路径没有特殊要求。这里命名为 precise.conf，放在当前路径下，命令为：

```
lxc.network.type = veth
lxc.network.flags = up
lxc.network.name = eth0
lxc.network.link = lxcbr0
```

lxcbr0 为由 LXC 包创建的虚拟网桥，通过 ifconfig 可以知道其 IP 地址为 1，网段为 1/24，容器将通过 lxcbr0 与外界通信。

如此，可以开始创建容器了，命令为：

```
$ sudo lxc-create -n precise -f precise.conf -t ubuntu -- -r precise
```

各参数说明如下。

-n 指定容器名，这里为 precise。

-f 指定基础配置文件，即上一步骤创建的 precise.conf。

-t 指定模板名，这里必须为 ubuntu（创建 Ubuntu 14）。每个模板名对应一个脚本，它们存放在/usr/lib/lxc/templates 目录中，文件名形如 "lxc-<模板名>"。

--以后的参数被传递给模板脚本。

-r 为 ubuntu 模板脚本的参数，表示 Ubuntu 发行版代号。这里必须为 precise（它是 14 的发行代号）。

创建过程可能会比较漫长。通过阅读/usr/lib/lxc/templates/lxc-ubuntu 不难发现，创建 Ubuntu 容器主要依靠 deboostrap 来完成。

2. 启动 LXC

若需立即启动 LXC，则运行如下命令：

```
$ sudo lxc-start -n precise [command]
```

若需以 daemon 方式运行，则运行如下命令：

```
$ sudo lxc-start -n precise -d [command]
```

若需随 host OS 启动而自动启动，则运行如下命令：

```
$ sudo ln -s /var/lib/lxc/precise/config/etc/lxc/auto/precise.conf
```

3. 打开 LXC 控制台

在没有给容器设置 IP 时，使用如下命令打开其控制台：

```
$ sudo lxc-console -n precise
```

命令执行后将会看到文本登录界面。通过按 Ctrl+A+Q 组合键，可以退出容器控制台。更多的时候，通过 SSH 登录将更方便，特别是可通过 key 认证方式登录。

4. 停止 LXC

多数情况下，可以通过在 guest OS（容器）内执行 poweroff 或 shutdown -h now 来关闭容器。但有些时候却需要在 host OS 上强行关闭容器。如使用如下命令：

```
$ sudo lxc-stop -n precise
```

5. 删除 LXC

容器创建后，配置和数据存放在/var/lib/lxc/precise 目录中。要删除 LXC，可执行如下命令：

```
$ sudo lxc-destroy -n precise
```

4.3 Docker 容器

4.3.1 容器简介

在传统开发部署流程中，开发人员需要进行相当复杂的搭建开发环境、开发测试、上线部署等流程工作，如图 4-2 所示。

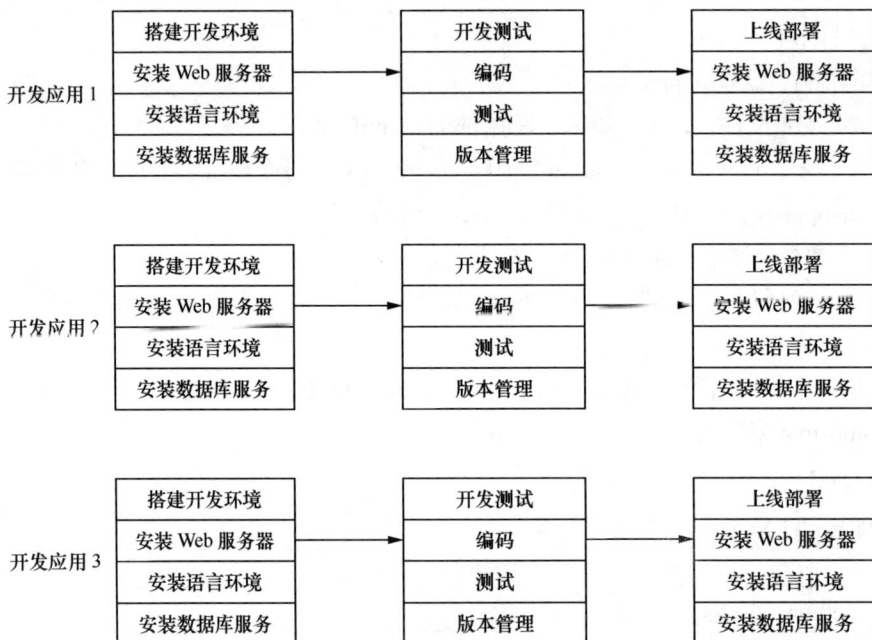

图 4-2 传统开发部署流程

从图中可以看出，每一个应用都离不开上线部署过程，这大大地增加了运行、运维的难度和复杂性。此外，还存在资源利用效率低、无法有效隔离多台物理机、测试和版本管理复杂、迁移成本高、占用空间大及启动慢等问题。针对上述问题，容器虚拟化技术应运而生。

容器虚拟化技术的前身是系统虚拟化技术。系统虚拟化是指将物理计算机虚拟化为一个或多个虚拟计算机系统。每个虚拟计算机系统（虚拟机）都有自己的虚拟硬件（如 CPU、内存和设备），以提供单独的虚拟机执行环境。每个虚拟机中的操作系统可以完全不同，并且它们的执行环境是完全独立的。其结构图如图 4-3 所示。

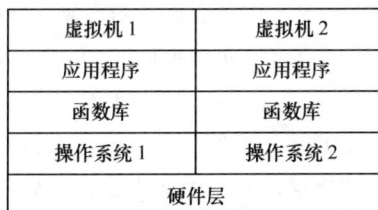

虚拟机 1	虚拟机 2
应用程序	应用程序
函数库	函数库
操作系统 1	操作系统 2
硬件层	

图 4-3　系统虚拟化技术结构图

与系统虚拟化技术不同，容器虚拟化技术是直接在操作系统内核上运行的用户空间。因此，容器虚拟化也称为"操作系统级虚拟化"，并且容器虚拟化技术允许多个独立用户空间在同一主机上运行。其结构如图 4-4 所示。

容器 1	容器 2
应用程序	应用程序
函数库	函数库
操作系统	
硬件层	

图 4-4　容器虚拟化技术结构图

容器自身的特性决定了容器只能运行于与底层主机相同的操作系统上，这使得容器虚拟化技术与系统虚拟化技术相比失去了一些灵活性。比如，可以在 Ubuntu 服务器中运行 CentOS 系统，但是却无法在 Ubuntu 服务器上运行 Windows 系统。

尽管有诸多局限，容器还是被广泛部署于各种各样的应用场合。在超大规模的多服务部署、轻量级沙盒及对安全要求不太高的隔离环境中，容器技术非常流行。最新的容器技术引入了 OpenVZ、Solaris Zones 及 Linux 容器。使用这些新技术，容器不再仅仅是一个单纯的运行环境。在自己的权限范围内，容器更像是一个宿主机。尽管容器拥有可观的应用场景，但它仍然没有得到广泛的认可，其中一个很重要的原因就是容器技术的复杂性。因为容器本身就比较复杂，不易安装，管理和自动化也很困难。而 Docker 容器就是为改变这一切而生的。

4.3.2　Docker 简介

Docker 最初是 dotCloud 公司创始人所罗门·海克斯（Solomon Hykes）发起的一个公司内部项目，它是基于 dotCloud 公司多年云服务技术的一次革新，并于 2013 年 3 月以 Apache 授权协议开源，主要项目代码在 GitHub 上进行维护。Docker 项目后来还加入了 Linux 基金会，并推动了开放容器联盟的设立。

Docker 最初是在 Ubuntu 14 上开发实现的。自开源以来，Docker 一直受到广泛关注和讨论，其

GitHub 项目拥有超过 36 000 个收藏和超过 10 000 个分支。自 RHEL 发布以来，Red Hat 公司一直支持 Docker；Google 公司也在其 PaaS 产品中广泛使用 Docker。由于 Docker 项目热度高居不下，在 2013 年底，dotCloud 公司决定改名为 Docker。

Docker 使用 Google 公司推出的 Go 语言进行开发实现、基于 Linux 内核的 Cgroup、NameSpace，以及 AUFS 类的 Union FS 等技术，对进程进行封装隔离，属于操作系统层面的虚拟化技术。由于隔离的进程独立于宿主和其他的隔离的进程。因此也称其为容器。Docker 的最初实现是基于 LXC 的，后来去除了 LXC，转而使用公司自行开发的 Libcontainer，并进一步演进为使用 runC 和 Containerd。

对于 Docker，当前定义是一个开源容器引擎，可以轻松管理容器。由于它封装了镜像，并引入了 Docker Regsitry 对镜像进行统一管理，因此它构建了一个方便的"构建、发送和运行"流程，可以统一整个开发、测试和部署环境的流程，降低运营和维护成本。此外，由于容器技术带来的轻量级虚拟化和 Docker 在分层镜像应用程序方面的创新，与传统虚拟化相比，Docker 显著改善了磁盘占用空间、性能和效率。目前，Docker 已开始蚕食传统的虚拟化市场。

Docker 在虚拟化的容器执行环境中增加了一个应用程序部署引擎。该引擎的目标就是提供一个轻量、快速的环境，能够运行开发者的程序，并方便高效地将程序从开发者的笔记本部署到测试环境，再部署到生产环境。

针对上一节所述的容器的劣势而引入的 Docker 技术，为开发部署流程提供相当大的便利，如图 4-5 所示。

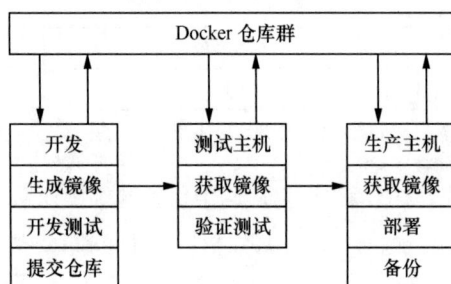

图 4-5　基于 Docker 容器技术的开发部署流程图

如图 4-5 所示，在开发阶段，开发人员在开发主机中运行 Docker 容器，在 Docker 容器下完成如安装 Web 服务器、安装语言环境、安装数据库服务等运行环境搭建操作，随后可将搭建了上述运行环境的 Docker 容器生成 Docker 镜像（镜像的概念将会在 4.3.4 节中详细叙述）提交到远程 Docker 仓库群中。接下来在测试主机和生产主机中进行测试及生产相关的部署工作时，就不必重新搭建开发主机中所需的相关环境，直接在 Docker 容器下从远程 Docker 仓库群中获取先前提交的镜像，即可完成应用运行环境的搭建工作。

因此，使用 Docker，开发者只需要关心在容器中运行的应用程序，而运营商只需要关心如何管理容器，这增强了开发者编写的代码和生产环境之间的一致性。同时，它缩短了代码开发、测试、部署的周期，并上线运行，使应用程序易于构建，易于合作。

Docker 还鼓励面向服务的架构和微服务架构。Docker 推荐单个容器只运行一个应用程序或进程，这样就形成了一个分布式的应用程序模型。在这种模型下，应用程序或服务都可以表示为一系列内部互连的容器，从而使分布式部署应用程序、扩展或调试应用程序都变得非常简单，也提高了程序的内省性。

4.3.3　Docker 的主要特点

Docker 技术主要具有以下特点。

1. 高投资回报率和低成本

使用 Docker 的第一个优点就是其具有非常高的投资回报率。在选择一种新产品的时候，投资回报率是大多数管理层面决策的最大动因。一个解决方案能越多地在降低成本的同时提高利润，这个解决方案也就越好。这一方案对于那些需要长期产出、稳定收入的大型公司来说尤为重要。

在这个层面上，Docker 能够通过大幅度地减少基础设施资源来帮助企业有效降低成本。Docker 的本质是使用更少的资源来运行相同的应用。由于 Docker 降低了基础设施的需求，企业能够节约从服务器到维护人员的大量成本。Docker 让工程团队变得小而精且更具效率。

2. 标准化和高生产率

Docker 容器确保了跨多个研发和发布周期的一致性，实现了环境的标准化。而基于 Docker 的体系架构最大的优点之一就是标准化。Docker 提供了可复用的开发、构建、测试和生产环境。在整个流程中，标准化服务基础设施让每个团队成员在一个相同的生产环境中工作，这样可以使得工程师更有能力，也更有效率地分析和修复应用中的漏洞。该措施减少了浪费在修正错误上的时间，并增加了功能开发的时间。

如上所述，Docker 容器允许使用者提交 Docker 镜像和版本控制的变化。举个例子，如果使用者执行的组件更新破坏了整个开发环境，回滚到一个更早的版本是一件非常容易的事情。整个过程在几分钟时间内就可以被测试完成。Docker 运行非常之快，让使用者能够快速复制并实现冗余。此外，启动 Docker 镜像就如同运行一个机器进程一样快速。

3. 持续集成效率高

Docker 让使用者能够构建一个容器镜像，并在部署周期的每一步中都能够使用相同的镜像。这带来的一个巨大好处是能够分离独立的步骤且并行运行它们。这使得从构建到生产所需的时间被显著缩短。

4. 兼容性和可维护性好

Docker 能够彻底地消除"它能在我的机器上工作"的问题，这就是它的另一大优点——兼容性好。就 Docker 而言，兼容性好意味着使用者的镜像无论在哪台服务器或是笔记本电脑上都是一样的。对于开发者来说，这意味着在配置环境、调试环境特定问题和在更加方便且易于设置的代码库上花费的时间更少。兼容性好同样也意味着生产基础设置更可靠且更易于维护。

5. 配置快速简单

Docker 的一个关键优势是它简化问题的方式。用户能够自行进行配置，方便地将它放到代码之中，并轻松部署。由于 Docker 能够用于各种不同的环境之中，所以对于基础设施的需求不再与应用的环境相关。

6. 快速部署

Docker 将部署时间缩短至几秒。这是因为它为每个进程创建了一个容器，并且不会对操作系统造成影响。使用者可以创建和销毁数据，而不用担心难以承受的高成本。

7. 持续部署和测试

Docker 确保了从开发到生产环境的一致性。Docker 容器的配置是为了从内部维护配置和依赖项，使用者可以使用从开发到生产的流程中的同一容器来确保没有差异或手动干预。

如果需要在产品发布周期中进行升级，使用者可以轻松地对 Docker 容器进行必要的更改、测试，也可以对现有容器实施相同的更改。这种灵活性是使用 Docker 的另一个关键优势。Docker 允许用户在跨多个服务器部署的情况下，进行构建、测试和镜像发布。即使有新的安全补丁可用，进程仍然保持不变。使用者可以应用补丁，测试它，并将其用于生产环境。

8. 可移植性好

Docker 的另一个显著优点是可移植性好。在过去几年中，所有主要的云计算供应商都已经全面认可了 Docker 的可用性并附加了个人支持。Docker 容器可以在 EC2 实例中运行，同时也可以在 Compute Engine 实例、Rackspace 服务器或 VirtualBox 中运行，前提是主机操作系统支持 Docker。如果是这种情况，运行在 EC2 实例上的容器可以轻松地在各环境之间移植，如 VirtualBox，且能够实现类似的一致性和功能。此外，Docker 与其他供应商（如 Microsoft Azure 和 OpenStack）配合良好，可与各种配置管理器（如 Chef、Puppet 和 Ansible 等）一起使用。

9. 隔离性强

Docker 能够确保应用和资源被充分隔离。Docker 确保每个容器都有自己的与其他容器隔离的资源。用户可以让独立应用的不同容器运行在不同的堆栈上。因为每个应用都在自己的容器上运行，所以 Docker 可以清除这些应用。如果不再需要一个应用，用户可以简单地删除它的容器。它不会在用户的主机操作系统上留下任何临时文件或配置文件。

除此之外，Docker 还确保了每个应用仅使用已分配给它们的资源。一个特定应用不会使用所有可用的资源，这样就不会导致性能的下降或其他应用完全不能运行的情况。

10. 安全性好

使用 Docker 的最后一个优势是安全。从安全的角度来看，Docker 可以确保在容器上运行的应用被完全隔离，从而使使用者能够完全控制流量和对它的管理。Docker 容器不能查看其他容器内部运行的进程。从架构的角度来看，每个 Docker 容器都有属于自己的从进程到网络堆栈的资源池。

4.3.4 Docker 的主要组件

Docker 的核心组件主要包含 Docker 客户端和服务器、Docker 镜像、Docker Registry、Docker 容器。

1. Docker 客户端和服务器

Docker 是一个客户端/服务器（C/S）架构的程序。Docker 客户端只需向 Docker 服务器或守护进程发出请求，服务器或守护进程将完成所有工作并返回结果。Docker 守护进程有时也称为 Docker 引擎。Docker 提供了一个命令行工具 docker 及一整套 RESTful API 来与守护进程交互。用户可以在同一台宿主机上运行 Docker 守护进程和客户端，也可以从本地的 Docker 客户端连接到运行在另一台宿主机上的远程 Docker 守护进程。Docker 的架构如图 4-6 所示。

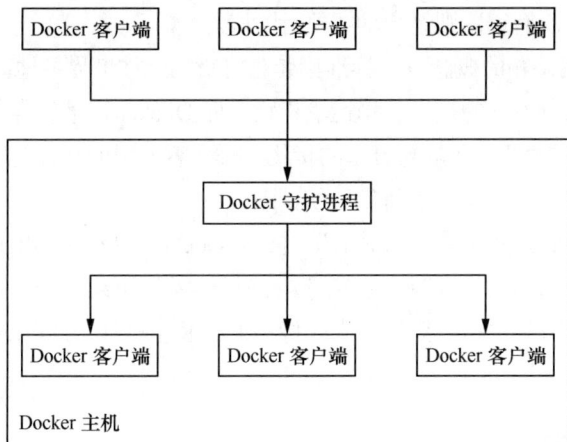

图 4-6　Docker 架构图

2. Docker 镜像

镜像是构成 Docker 的基础。用户基于镜像来运行自己的容器。镜像也是 Docker 生命周期中的"构建"部分。镜像是基于联合文件系统的一种层式的结构,由一系列指令一步一步构建出来。例如,使用 apt-get install 指令安装 JDK、MySQL 等。也可以把镜像当作容器的"源代码"。镜像文件量很小,非常便携,易于分享、存储和更新。其示意图如图 4-7 所示。

图 4-7　Docker 镜像示意图

3. Docker Registry

Docker 用 Registry(注册表)来保存用户构建的镜像。Registry 分为公有和私有两种。Docker 公司运营的公共 Registry 叫作 Docker Hub。用户可以在 Docker Hub 注册账号,分享并保存自己的镜像。

根据最新统计,Docker Hub 上有超过 10 000 个注册用户构建和分享的镜像。如 Nginx Web 服务器的 Docker 镜像,或者 Asterix 开源 PABX 系统的镜像,或是 MySQL 数据库的镜像,这些镜像在 Docker Hub 上都有,并且具有多种版本。

用户也可以在 Docker Hub 上保存自己的私有镜像。例如包含源代码或专利信息等需要保密的镜像,或者只在团队或组织内部可见的镜像。

4. Docker 容器

Docker 可以帮用户构建和部署容器,用户只需要把自己的应用程序或服务打包放进容器即可。刚刚提到,容器是基于镜像启动的,容器中可以运行一个或多个进程。可以认为镜像是 Docker 生命周期中的构建或打包阶段，而容器则是启动或执行阶段。

Docker 借鉴了标准集装箱的概念——标准集装箱将货物运往世界各地。Docker 将这个模型运用到自己的设计理念中。唯一不同的是集装箱运输货物，而 Docker 运输软件。每个容器都包含一个软件镜像，也就是容器的"货物"，而且与真正的货物一样，容器里的软件镜像可以进行一些操作。例如，图像可以被创建、启动、关闭、重新启动和销毁。

所有容器都按照相同的方式将内容"装载"进去。Docker 也不关心用户要把容器运到何方。用户可以在自己的笔记本电脑中构建容器，上传到 Registry，然后下载到一个物理的或者虚拟的服务器中进行测试，再把容器部署到主机的集群中去。像标准集装箱一样，Docker 容器方便替换，可以叠加，易于分发，并且较为通用。

4.3.5　Docker 的应用场景

1. 作为云主机使用

与虚拟机相比，容器使用的是一系列非常轻量级的虚拟化技术，使得其启动、部署、升级和管理进程一样迅速，用起来很灵活，又感觉与虚拟没什么区别。所以有些人直接使用 Docker 的 Ubuntu 等镜像创建容器，当作轻量的虚拟机来使用。

现在随着系统、软件越来越多，开发测试环境越来越复杂，仅仅靠多用户共享这种方式节省资源带来的后果就是环境完全不可控。Docker 容器的出现让每个人仅仅通过一个几 KB 的 Dockerfile 文件就能构建一个自定义的系统镜像，进而启动一个完整系统容器，让人人都能成为 DevOps 专业人员。

容器云主机可以启动、稳定运行、关闭，并可设置在同一时间启动。

除了常用的托管服务业务，用户完全可以自定义任何用法，包括所有云服务提供商的云硬盘、云数据库，并部署用户需要的所有服务。

在 Windows 下，可以借助 Toolbox 工具运行 Docker 容器管理服务器。微软公司发布的 Windows Server 最新版本 Windows Server 2019，也可以作为容器镜像。

2. 作为服务使用

Docker 容器最重要的价值在于提供了一整套与平台无关的标准化技术，简化服务的部署、升级、维护，只要把需要运维的各种服务打包成标准的集装箱，就可以在任何能运行 Docker 的环境下跑起来，达到"开箱即用"的效果。这个特点才是 Docker 容器风靡全球的根本原因。下面重点列举几个使用 Docker 容器部署服务的场景。

（1）Web 应用服务

Web 应用服务是 Docker 使用最广泛的一类服务，典型的架构是前端使用 Tomcat+Java 服务，后端使用 MySQL 数据库。前端的 Java Web 服务器是最适合使用 Docker 容器的。先将 Java 运行环境、Web 服务器直接打包成一个通用的基础 Docker 镜像，之后再将自定义应用代码或编译程序包加入到该基础镜像中，就能产生一个新的应用镜像，最后通过 Docker 服务立刻就能以容器的形式启动 Web 应用服务。因为 Web 应用程序一般是无状态的，随着业务访问量增减，用同样的镜像新建、销毁容器即可轻松实现伸缩（前面还需配上 DNS 域名或者负载均衡的服务）。

（2）持续集成和持续部署

当今互联网行业倡导敏捷开发，持续集成部署（CI/CD）便是最典型的开发模式。通过 Docker 容器云平台，使用者可以在将代码推送到 Git/SVN，完成后自动触发后端 CaaS（通信即服务）平台下载、编译和构建测试 Docker 镜像，然后在 Jenkins 或 Hudson 中自动替换测试环境容器服务并运行单元/集成测试。在最终测试通过后，新版本的镜像将自动更新到该行，并且完成服务升级。整个过程一次自动化完成，大大简少了运维成本，并确保了在线和离线环境完全一致，在线服务版本和 Git/SVN 发布分支也统一。

（3）微服务架构使用

微服务架构继续分解和分离传统的分布式服务，形成更小的服务模块。服务模块独立部署和升级。这些功能与轻量级和高效的容器部署相吻合。每个容器里可以使用完全不同环境的镜像服务。当容器开始启动时，会产生一个单独的微服务主机节点（独立的网络 IP）。上层服务和下层服务之间的服务发现可通过各种方法灵活解决，如环境变量注入和配置文件安装，并且可直接由云平台提供的各种云服务和定制的微服务来形成强大的服务集群。

更重要的是，拥有如此多服务的集群环境，迁移、复制也非常轻松，只需选择好各服务对应的 Docker 服务镜像，配置好相互之间的访问地址，就能很快搭建出一份完全一样的新集群。

4.4　网关开放接口

4.4.1　软件接口

在工业物联网上，通常使用 MQTT 协议作为网关的软件接口。

消息队列遥测传输（Message Queuing Telemetry Transport，MQTT）协议是一种基于"客户端-服务器"的消息发布/订阅传输协议。它使用了 TCP/IP 作为网络层协议。MQTT 协议是一种轻量、简单、开放和易于实现的协议，它最大的优点就是可以以极少的代码和有限的带宽，为连接远程设备提供实时可靠的消息服务。所以在物联网通信等低带宽、高实时环境中应用特别广泛。

1. MQTT 协议简介

在 MQTT 通信过程中，存在 3 种身份：发布者（Publisher）、消息代理（Broker）和订阅者（Subscriber）。其中，发布者和订阅者都是客户端，消息代理是服务器。对于同一个客户端，它可能是发布者也可能是订阅者。

MQTT 客户端可以发布消息供其他客户端订阅，可以订阅其他客户端发布的消息，可以退订或者删除消息，断开与服务器的连接。

MQTT 服务器作为消息代理，位于消息发布者和订阅者之间。它接收来自客服端的连接请求，接收客户端发布的消息，处理客户端的订阅和退订请求，向订阅客户端转发订阅的消息。

MQTT 协议中传输的消息主要分为主题（Topic）和负载（Payload）。主题通过主题名这种标签来标识订阅的消息类型，而负载就是订阅者订阅消息的具体内容。

MQTT 进行通信的过程如图 4-8 所示。

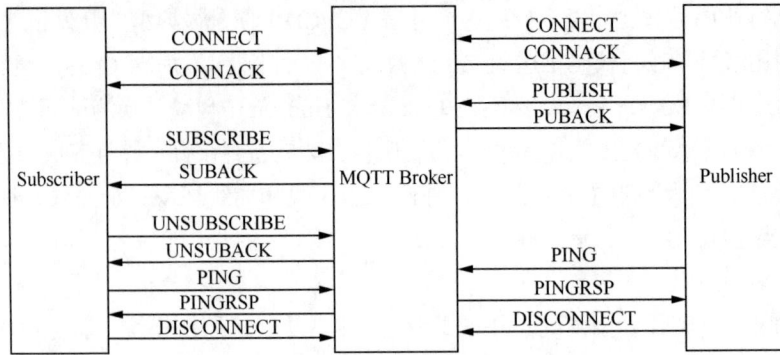

图 4-8　MQTT 通信示意图

从图 4-8 可见，订阅者（Subscriber）发送 CONNECT 消息与 MQTT 消息代理（MQTT Broker，后称为代理服务器）连接，代理服务器授权并返回一个 CONNACK 确认消息，形成一个会话；然后订阅者发送 SUBSCRIBE 消息给代理服务器，订阅使用主题通配符匹配到的多个主题名标识的主题列表，如果订阅成功，代理服务器则返回一条 SUBACK 确认消息；发布者（Publisher）也会与代理服务器建立连接，之后发布相应主题的消息内容给代理服务器，代理服务器就会将负载转发给订阅这个主题的订阅者；订阅者可以发送 UNSUBSCRIBE 给代理服务器取消订阅，代理服务器返回 UNSUBACK 确认消息，经过保活命令（PING）之后可断开连接（返回 DISCONNECT 消息）。

2. MQTT 主题

前面提到，在 MQTT 中使用主题名来标识一个主题。一个主题名的格式可以是"{app}/{operator}/{infoType}/{infoTarget}/{infoPath}"。

{app}表示发布本消息的应用程序。比如消息是由华为 eSDK 发布，则对应的{app}值为 esdk；如果是由华为 eSDK 之外的 App 发布的，则{app}为该应用程序的关键字名称。

{operator}是一个动作，表示操作类型，目前支持以下几种操作类型。

● get: 获取操作，适用于无输入有输出的请求/响应场景。

● set: 设置操作，适用于有输入无输出的请求/响应场景。

● action: 命令操作，适用于既有输入也有输出的请求/响应场景，输入、输出均可选。

● notify: 通知，适用于无须请求、主动推送的信息。

{infoType}表示消息类型，它根据操作类型{operator}而定，如表 4-1 所示。

表 4-1　　　　　　　　　　　　　　　　　对操作类型的说明

操作类型 operator	消息类型 infoType	说明
get set action	request	请求消息
	response	响应消息
notify	event ……	事件通知消息。后续扩展的或者其他自定义通知类型。例如电力行业的实时数据上报、历史数据上报等

{infoTarget}表示消息目标，其含义与{infoType}相关，如表 4-2 所示。

表 4-2　　　　　　　　　　　　　　　　**操作消息目标**

操作类型 operator	消息类型 infoType	消息目标 infoTarget
get set action	request	接收该请求消息的目标应用程序。如目标是华为 eSDK，则为 eSDK；如目标是其他应用，则为该应用的关键字名称；如果为广播请求，则为*
	response	接收该响应消息的目标应用程序。对应于{app}，不能为*
notify	event ……	接收该通知的目标应用。一般为广播通知，所以是*；其他情况下，可以指定为某个应用的关键字名称进行定向通知

{infoPath}表示信息对象。例如，可用 clock 表示终端时间，用 temperature 表示温度。

3. 主题通配符

当订阅者订阅主题时，可以使用通配符来订阅多个主题。MQTT 支持 3 种通配符来对主题进行过滤，分别是层级分隔符"/"、多层通配符"#"和单层通配符"+"。

层级分隔符"/"将主题分为了多个层级，使得主题层次分明。如主题"eSDK/notify/event/sss/clock"。

多层通配符"#"能够匹配当前主题层级下的所有子层级的子主题。比如订阅主题为："eSDK/notify/#"，就可以接收"eSDK/notify/event/*/ clock""eSDK/notify/event/sss/clock"等主题的消息。

单层通配符"+"只能匹配"+"所在的一层的主题。比如订阅主题为"eSDK/notify/ event/sss/+"，可以接收"eSDK/notify/event/sss/clock""eSDK/notify/event /sss/temperature"等主题的消息。

4. MQTT 协议数据报

MQTT 协议数据报主要由 3 部分组成：固定头、可变头和有效载荷。其中固定头格式如表 4-3 所示。它是所有数据报都必须包含的部分。

表 4-3　　　　　　　　　　　　　　　　**MQTT 协议数据报固定头格式**

Bit	7	6	5	4	3	2	1	0
Byte1	Message Type				DUP flag	QoS level		RETAIN
Byte2	Remaining Length							

- Message Type：表示此数据报的类型为 CONNECT、SUBSCRIBE、SUBACK、UNSUBSCRIBE 等类型中的一种。
- DUP flag：用来保证消息可靠传输。设置为 1，即在变长中增加消息标识，并需要返回确认。
- QoS level：消息的服务质量。等级表示保证传递的次数。
- RETAIN：发布保留标识。指是否保留消息在代理服务器中，以供新的订阅者订阅此消息。
- Remaining Length：表示变长头部和有效载荷的字节数。它最多可以占用 4 个字节。

可变头的内容因数据报类型不同而不同，有效载荷表示消息的具体内容。

MQTT 有如表 4-4 所示的报文类型。

表 4-4　　　　　　　　　　　　　　　　**MQTT 报文类型**

类型名称	类型值	报文说明
CONNECT	1	发起连接
CONNACK	2	连接回执

类型名称	类型值	报文说明
PUBLISH	3	发布消息
PUBACK	4	发布回执
PUBREC	5	QoS2 消息回执
PUBREL	6	QoS2 消息释放
PUBCOMP	7	QoS2 消息完成
SUBSCRIBE	8	订阅主题
SUBACK	9	订阅回执
UNSUBSCRIBE	10	取消订阅
UNSUBACK	11	取消订阅回执
PINGREQ	12	PING（连接保活）请求
PINGRESP	13	PING 回复
DISCONNECT	14	断开连接

5. JSON over MQTT

JSON over MQTT 是通过 MQTT 协议发送 JSON（JavaScript Object Notation）格式的消息的一种方式。JSON 是一种存储和交换文本信息的语法，它采用了键值对（Key/Value）的方式，比 XML 更小、更快、更易解析。所以在 MQTT 消息传输中使用 JSON 表示消息有效载荷更加简洁、直观、易懂。

6. MQTT 消息格式

MQTT 消息的 JSON 格式如下：

```
{
  "token":"12345",
  "timestamp":"2014-05-03T17:30:08Z",
  ……
  "body":消息体
}
```

具体字段如表 4-5 所示。

表 4-5 **MQTT 协议具体字段**

字段	类型	说明
token	string	消息标识。相同源发出的相同类型消息的 token 应该各不同，可以用自增数、随机数表示
timestamp	string	消息产生的时间戳
……	……	其他的自定义拓展字段
body	JSON	消息体。以 JSON 格式表示

7. MQTT 数据访问

操作类型为 get、set 和 action 的主题，称为"数据访问"。一般是通信双方分别订阅请求主题和响应主题，请求方发布请求，经过 MQTT Broker 转发后，提供方发布响应，请求方最后接收到响应，如图 4-9 所示。

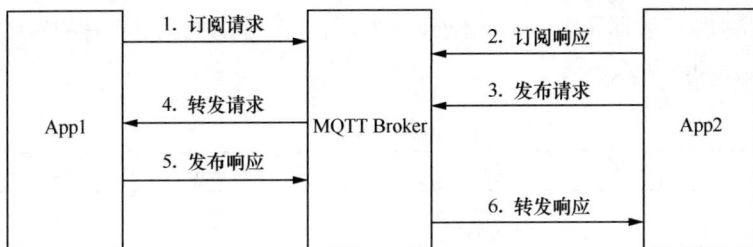

图 4-9　MQTT 数据访问流程

图 4-9 为 MQTT 数据访问流程。它们中的请求主题可以是 "req/get/request/res/#"，响应主题可以是 "res/get/response/req/#"。所以它们的请求与响应的消息格式如表 4-6 所示。

表 4–6　　　　　　　　　　　　　　　请求与响应消息格式

访问	消息格式

请求	{
	 "token":"12345",
	 "timestamp":"2004-05-03T17:30:08Z",
	 "body": 请求消息体
	 }

正常响应	{
	 "token":"12345",
	 "timestamp":"2004-05-03T17:30:08Z" ,
	 "statusCode": 200,
	 "statusDesc": "OK",
	 "body": 正常响应消息体
	 }

异常响应	{
	 "token":"12345",
	 "timestamp":"2004-05-03T17:30:08Z",
	 "statusCode": 403,
	 "statusDesc": "Forbidden",
	 "body":
	 {
	 "errorDesc":"error detai description",
	 "errorTag":错误附加信息
	 }
	 }

8. MQTT 事件通知

对于事件通知类型的消息，事件通知方是主动发布消息，代理服务器将消息转发给订阅了该通知的订阅方，如图 4-10 所示。

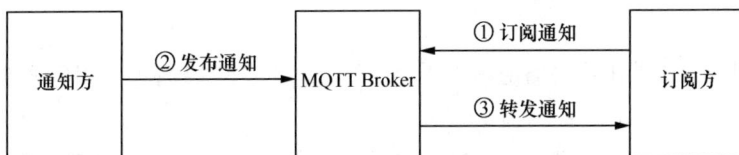

图 4-10　MQTT 事件通知

事件通知类的主题一般建议为"+/notify/event/*/#"，它表示订阅的是任意的应用发布的各种事件通知。消息格式如表 4-7 所示。

表 4-7 消息格式

类型	格式

通知	{
	"token":"12345",
	"timestamp":"2004-05-03T17:30:08Z",
	"body": 通知消息体
	}

9. MQTT 特点总结

MQTT 的通信开销小，固定头部只有 2 个字节，需要带宽小，能够最小化协议本身的消息传输代价以降低网络负载。

MQTT 采用 TCP/IP 连接，提供了可靠的通信链路。协议本身简单、开放、易于实现。采用发布/订阅模式，提供了一对多的通信方式。

MQTT 采用了可选的服务质量。根据不同的网络状态和服务要求提供以下 3 种质量等级。

- 至多发送一次，不确认消息能够送达，取决于下层协议的服务质量。
- 至少发送一次，确保消息能够送达，可能会有重复消息。
- 刚好发送一次，确保通信对方只收到一次正确消息。

具有遗嘱机制。在客户端连接因为网络状态等非正常原因断开后，根据用户设置的遗嘱机制，以发布话题的形式通知可能对该用户状态感兴趣的其他客户端用户。

10. MQTT 工具

目前常见的实现了 MQTT 协议的工具有很多。这里介绍 Mosquitto 开源工具。它实现了 MQTT 5.0、3.1.1 和 3.1 版本协议，可以在 Docker 容器中安装使用。可以使用 mosquitto_pub 发布消息，使用 mosquitto_sub 订阅消息。

在 SSH 登录窗口中，可以使用以下方式订阅所有主题的消息：

```
mosquitto_sub -t "#" - d
```

在一个新的 SSH 登录窗口中，可以使用以下方式发布消息请求获取设备信息：

```
mosquitto_pub -l -t "app1/get/request/esdk/deviceInfo"
```

例如：

```
{"token":"12345","timestamp":"2004-05-03T17:30:08Z"}
```

那么可以在订阅消息的窗口中看到响应消息。

4.4.2 硬件接口

1. 常见硬件接口类型

（1）RS232

RS232 是一种最常见的串行通信协议。两台设备可以用 RS232 标准的串口线连接起来，进行全双工的通信。

RS232 在 9 600 波特率下通信距离在 13 米以内。其他常见的波特率还有 1 200、2 400、4 800、19 200、

38 400、115 200 等。波特率越大，传输速度越快，但稳定的传输距离越短，抗干扰能力越差。

RS232 的物理接口为标准的 RS232 连接器，如图 4-11 所示。

图 4-11　RS232 连接器

RS232 连接器各个引脚定义如表 4-8 所示。

表 4-8　　　　　　　　　　　　　　　RS232 连接器引脚定义

针脚	说明	连接器	针脚	说明
1 DCD	数据载波检测		6 DSR	数据发送就绪
2 RxD	串口数据输入		7 RTS	发送数据请求
3 TxD	串口数据输出	RS232 公头	8 CTS	清除发送
4 DTR	数据终端就绪		9 RI	振铃指示
5 GND	逻辑地	RS232 母头		

（2）RS485

RS485 与 RS232 相似，也是一种常见的串行通信协议，与 RS232 协议仅在物理层上有所区别。它的优点在于弥补了 RS232 通信距离短，不能同时进行多台设备联网管理的缺点。

RS485 中最远的设备（控制器）到计算机的连线理论有效距离是 1 200 米，建议控制在 800 米以内。如果距离超长，可以选购 485 中继器。添加中继器后，理论上可以延长到 3 000 米。

RS485 可以连接多个负载，一般有 32 台、64 台、128 台、256 台几种选择，这也是理论可连接负载数量，实际应用时，应根据现场环境、通信距离等因素调整负载数量。一般负载数量都不设置到指标数上限。

RS485 通信总线必须用双绞线；控制器设备间必须串联；不可以有星型连接或者分叉，否则干扰将非常大，会造成通信不畅，甚至不能通信。

RS485 没有标准的插头，其接线标示一般为 485+ 和 485-，分别对应链接设备（控制器）的 485+ 和 485-。

（3）IO 接口

IO 接口是边缘网关上常见的一种硬件接口，分为模拟 IO 接口（Analog Input Output，AIO）和数字 IO 接口（Digital Input Output，DIO）两种类型。

模拟 IO 接口一般仅使用模拟输入（Analog Input，AI）功能，用以接收以电压值作为输出的传感器的数据。边缘网关首先测量 AI 接口电压值，之后将其转化为二进制值供程序调用。

数字 IO 接口在使用其数字输入（Digital Input，DI）功能时，可以接收外部传感器的开关量信号供程序调用；使用其数字输出功能（Digital Output，DO）时，亦可输出高低电平，作为其他设备的控制信号。

（4）RFID

射频识别（Radio Frequency Identification，RFID）是一种无线通信技术，可以通过无线电信号识别特定目标并读写相关数据，而无须在识别系统与特定目标之间建立机械或者光学接触。

无线射频识别系统将标签附着在要辨识的物体上。一个叫询问器（或称阅读器）的双向无线电波收发器向标签发出信号并解读其应答。询问器一般会将其收到的信息传输到有数据处理能力的中间件上。

射频识别标签包括被动式（无源）标签、主动式（有源）标签及电池辅助式无源标签。主动式（有源）标签内置有电池，周期性发射识别信号；电池辅助式无源标签内置有小电池，只在射频阅读器附近才会触发；被动式标签没有电池，它用询问器传出的无线电波的能量来供给自身电力，所以更加便宜、小巧。

部分边缘网关可以通过配套的硬件设备读取 RFID 卡上寄存器的数值以供程序调用。

（5）I2C

集成电路总线（Inter-Integrated Circuit，I2C）是一种串行通信总线标准，使用多主从架构。它由飞利浦公司在 20 世纪 80 年代提出，主要是为了让主板、嵌入式系统或手机连接低速周边设备。目前 I2C 总线已经成为业界嵌入式应用的标准解决方案，被广泛地应用在基于微控制器的各种产品方案中。它主要用作控制、诊断与电源管理总线。

I2C 仅需要两根信号线即可完成多主机的数据传输，可以极大地节省芯片空间。由于多个主机工作在同一总线上，它们可以轻松实现时钟同步，并且可以通过数据仲裁检测哪一个主器件正在使用总线，从而避免数据破坏。

然而，I2C 对其总线的传输速度有所限制（0Hz～3.4MHz），因此仅适用于传输速度不高的场合。此外，与 RS232、RS485 相比，其传输距离较短，不适合长距离的数据传输。

I2C 使用如下两条双向漏极开路信号线进行连接。

- 串行数据（SDA）：用于传输二进制数据。
- 串行时钟（SCL）：用于为传输数据提供同步时钟。

在实际使用时，SDA 和 SCL 信号线都必须加上拉电阻。上拉电阻一般取值为 3kΩ～10kΩ。由于是开漏输出，当总线空闲时，这两条信号线都保持高电平，几乎不消耗电流。此外，I2C 电气兼容性较好，上拉电阻接 5V 电源就能与 5V 逻辑器件连接，上拉电阻接 3V 电源又能与 3V 逻辑器件连接。

因为是开漏结构，所以不同器件的 SDA 与 SDA 之间、SCL 与 SCL 之间可以直接相连，不需要额外的转换电路。

图 4-12 展示了 I2C 的典型连接方式。

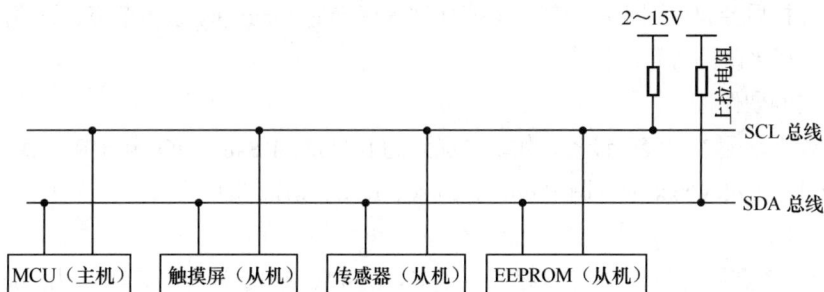

图 4-12　I2C 典型连接方式

（6）SPI

串行外设接口（Serial Peripheral Interface，SPI），是一种用于短程通信的同步串行通信接口规范，主要应用于单片机系统中。典型应用包含 SD 卡和液晶显示器。

SPI 设备之间使用全双工模式通信，是一个主机对一个或多个从机的主从模式。主机产生待读或待写的帧数据，多个从机通过一个片选线路决定哪个来响应主机的请求。

SPI 比 I2C 有更高的吞吐量，不限于任何最大时钟速度，可实现高速运行。

然而，SPI 缺乏流控机制，主器件无法知道从器件是否繁忙，易造成总线数据冲突。与 RS232、RS485 总线相比，其传输距离较短，也不适合长距离的数据传输。

SPI 规定了以下 4 个保留逻辑信号接口。

- SCLK（Serial Clock）：串列时脉。由主机发出。
- MOSI（Master Output，Slave Input）：主机输出、从机输入信号。由主机发出。
- MISO（Master Input，Slave Output）：主机输入、从机输出信号。由从机发出。
- SS（Slave Selected）：选择信号。由主机发出，一般是低电位有效。

图 4-13 展示了 SPI 典型的连接方式。

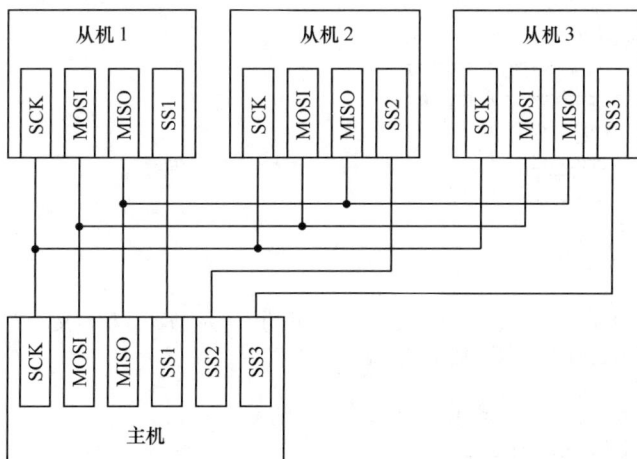

图 4-13　SPI 典型连接方式

2. Linux 访问硬件接口设备

边缘计算网关通常使用 Linux 操作系统。由于 Linux 下"一切皆文件"，因此其硬件接口的访问与其他文件大体相同。

外部设备连接后会映射到容器内部，一般体现为标准的 Linux tty 设备节点，开发者可以直接使用标准 Linux 读写接口去访问设备节点。

（1）直接访问硬件接口

对于简单的无须配置的接口设备，如上文提到的 RS232、RS485、IO 接口中的 DI 等，开发者可以通过对加载其上的/dev/xxx 设备调用 open、close、read、write 接口直接进行操作。

（2）ioctl 访问

对于在通信前需要进行配置的硬件接口（如 I2C、SPI、RFID 等），则需要使用 ioctl 函数，通过将配置信息作为参数传入函数来完成对硬件设备的控制。

下面以操作 SPI 接口为例。根据华为 AR502 边缘网关开发手册，SPI 依赖的头文件 drv_spi_bus_api.h 如下所示：

```c
#ifndef __DRV_SPI_BUS_API_H__
#define __DRV_SPI_BUS_API_H__
/* SPI 总线下挂的从设备的配置数据结构，用来描述某一个 SPI 下挂的设备的具体信息 */
#pragma pack(4)
typedef struct
{
#if __BYTE_ORDER__ == __ORDER_BIG_ENDIAN__
#if (__SIZEOF_LONG__ == 4)
    unsigned int pad0;
#endif
#endif
    char* bus_name;
#if __BYTE_ORDER__ == __ORDER_LITTLE_ENDIAN__
#if (__SIZEOF_LONG__ == 4)
    unsigned int pad0;
#endif
#endif
    unsigned int mode;
    unsigned int speed;
    unsigned char bits_per_word;
    unsigned char protocal_type;
    unsigned int cs_id;
    unsigned int cmd_size;
    unsigned int rsv1[2];
} spi_dev_cfg_s;
#pragma pack()

/* 用户态封装 spi_tansfer 接口时需要传递给内核的信息的数据结构定义 */
/* 这个数据结构定义会有大小端问题（要考虑大小端）*/
#pragma pack(4)
#if __BYTE_ORDER__ == __ORDER_LITTLE_ENDIAN__
typedef struct spi_transfer
{
    spi_dev_cfg_s *spi_dev;
```

```
#if (__SIZEOF_LONG__ == 4)
    unsigned int pad0;
#endif void * tx_buff;
#if (__SIZEOF_LONG__ == 4)
    unsigned int pad1;
#endif
    void * rx_buff;
#if (__SIZEOF_LONG__ == 4)
    unsigned int pad2;
#endif
    unsigned int tx_size;
    unsigned int rx_size;
} spi_transfer_s;
#else
typedef struct spi_transfer
{
#if (__SIZEOF_LONG__ == 4)
    unsigned int pad0;
#endif
    spi_dev_cfg_s *spi_dev;
#if (__SIZEOF_LONG__ == 4)
    unsigned int pad1;
#endif
    void * tx_buff;
#if (__SIZEOF_LONG__ == 4)
    unsigned int pad2;
#endif
    void * rx_buff;
    unsigned int tx_size;
    unsigned int rx_size;
} spi_transfer_s;
#endif
#pragma pack()

/* SPI 总线 ioctl 命令字定义 */
#define SPI_BASE 'S'
#define SPI_TRANSFER_DATA _IOW(SPI_BASE, 0, spi_transfer_s)
#define SPI_NAME_MAX_LEN 32
#define SPI_USER_NAME_MAX_LEN (SPI_NAME_MAX_LEN + 8)

/* SPI 从设备工作模式宏定义 */
#define SPI_DEV_CPHA 0x01 /* clock phase */
#define SPI_DEV_CPOL 0x02 /* clock polarity */

/* 下面 4 个定义为 SPI 根据时钟默认高电平或者低电平及第 1 个时钟沿采样还是第 2 个时钟沿采样所选
用的工作模式 */
#define SPI_DEV_MODE_0 0 /* (0 | 0)*/
#define SPI_DEV_MODE_1 SPI_DEV_CPHA /* (0 | SPI_DEV_CPHA)*/
#define SPI_DEV_MODE_2 (SPI_DEV_CPOL | 0)
#define SPI_DEV_MODE_3 (SPI_DEV_CPOL | SPI_DEV_CPHA)
```

```
/* SPI 从设备采用协议宏定义：这里主要针对一些用 SPI 总线访问的设备对 SPI 协议进行了修改，非标
准，需要特殊处理。譬如 TCG 标准中对 SPI 协议进行了扩展，加了流控机制 */
#define SPI_DEV_PROTOCAL_NORMAL 0
#define SPI_DEV_PROTOCAL_TPM 1
#define SPI_DEV_PROTOCAL_ENCRYPTION 2

#define SPI_OP_MAX_LEN 0x20000

#endif /* __DRV_SPI_BUS_API_H__ */
```

该文件中定义了操作 SPI 所需的两个结构体和宏定义命令。

第 1 个结构体为 spi_dev_cfg_s，它描述了一个 SPI 下挂的设备的具体信息，其含义如表 4-9 所示。

表 4-9　　　　　　　　　　　　　　spi_dev_cfg_s 结构体含义

参数	描述
bus_name	所属的总线名。通过该名字建立起和总线之间的关系，查找到所在总线的所有信息。总线名称为 spi_bus[x]，x 表示 SPI 总线序号
pad0	字节对齐填充。需要初始化为 0
mode	SPI 根据时钟默认高电平或者低电平及第 1 个时钟沿采样还是第 2 个时钟沿采样所选用的工作模式。取值为：SPI_DEV_MODE_0~3
speed	总线配置速率。单位为 bit/s
bits_per_word	位宽（数据帧大小）。取值为 8 或 16，一般设置为 8
protocal_type	协议类型。采用标准 SPI 协议则将其设置为：SPI_DEV_PROTOCAL_NORMAL
cs_id	用的是控制器的第几个 SPI 片选管脚。从 0 开始编号。具体由硬件电路决定
cmd_size	访问 TPM 器件专用，表示命令字长度。只有协议类型为 SPI_DEV_PROTOCAL_NORMAL 时该字段无效
rsv1[2]	预留。需要初始化为 0

第 2 个结构体为 pi_transfer_s，它储存传递给内核的信息的数据，其含义如表 4-10 所示。

表 4-10　　　　　　　　　　　　　　pi_transfer_s 结构体含义

参数	描述
spi_dev	SPI 设备配置参数
pad0	字节对齐填充。需要初始化为 0
tx_buff	发送数据地址
pad1	字节对齐填充。需要初始化为 0
rx_buff	接收数据首地址
pad2	字节对齐填充。需要初始化为 0
tx_size	发送数据长度
rx_size	接收数据长度

正确配置这两个结构体后传入 ioctl 函数，即可实现 SPI 操作。示例代码如下：

```
/* 配置 spi_dev_cfg_s 结构体 */
spi_dev_cfg_s dev_cfg = {0};
memset(&dev_cfg, 0, sizeof(dev_cfg));
#if (__SIZEOF_LONG__ == 4)
dev_cfg.pad0 = 0;        /* 此处必须保证补的数据为 0，否则内核态访问会有问题 */
```

```
#endif
dev_cfg.bus_name = "spi_bus0";
dev_cfg.mode = SPI_DEV_MODE_0;
dev_cfg.speed = 1000000;              /*SPI 总线跨板，此处设置为 1 兆 */
dev_cfg.bits_per_word = 8;
dev_cfg.protocal_type = SPI_DEV_PROTOCAL_NORMAL;
dev_cfg.cs_id = 1;              /* 片选编号，由硬件决定 */

/* 配置 spi_transfer_s 结构体 */
spi_transfer_s spi_data = {0};
memset(&spi_data, 0, sizeof(spi_data));
spi_data.spi_dev = &dev_cfg;
spi_data.rx_buff = (void*)"rx_buf";       /* 此处为示例传输内容 */
spi_data.rx_size = 6;
spi_data.tx_buff = (void*)"tx_buf";       /* 此处为示例传输内容 */
spi_data.tx_size = 6;

/* 将结构体传入 */
char dev_name[SPI_USER_NAME_MAX_LEN] ={0};
snprintf(dev_name, sizeof(dev_name), "/dev/%s", dev_cfg.bus_name);
int fd = 0;
fd = open(dev_name, O_RDWR | O_CLOEXEC);
/* 调用 ioctl 函数，传入配置好的结构体 */
retval = ioctl(fd, SPI_TRANSFER_DATA, &spi_data);
close(fd);
return retval;
```

本章小结

本章主要介绍了虚拟化的概念、LXC 容器、Docker 容器，以及网关的硬件接口和软件接口。其中需要重点理解虚拟化的概念和掌握 Docker 容器的原理及使用方法。虚拟化技术是主流操作系统都会使用的一种技术，其本质是将一个物理资源虚拟成多个虚拟资源以服务用户，同时也提供了统一的软件接口。Docker 容器则是当前云计算基础设施层的主流技术。

思考题

1. 虚拟化是什么？有什么特点？
2. Docker 容器的主要特点是什么？
3. 简述 MQTT 协议数据报固定头的组成。

05

第5章 边缘计算网关关键技术——可维护性与可靠性

上一章介绍了边缘计算网关中与开放性相关的技术,本章则主要阐述边缘计算网关的另外两方面关键技术——可维护性与可靠性技术,如远程维护、故障监控等。

本章学习目标:

- 理解边缘计算网关可维护性与可靠性技术的概念。
- 了解基本的边缘计算网关维护技术,掌握边缘计算网关远程维护的几种实现方式。
- 理解边缘计算的故障监控中具体可用的监控手段。
- 了解进行边缘计算网关性能测试时常用的几种工具。

5.1　可维护性概述

边缘计算网关作为边缘设备，提供边缘计算服务。边缘计算网关在运行过程中，会不可避免地发生故障或者需要升级。重新更换设备是一项不小的投资，因此要提高生产效率，延长设备的工作寿命就需要不停地维护。边缘计算网关会根据当前网关的运行状况来选择维护策略，以保证自身的可持续性工作。

边缘计算网关的维护分为软件维护和硬件维护。硬件维护有存储器维护、CPU 维护、外围接口维护等；软件维护主要是网关系统的维护和网关应用功能的维护。

软件维护一般包括三大类：一是纠正性维护，主要是纠正当前软件存在的错误；二是适应性维护，是为了适应变化的外部环境和需求，对软件进行一系列修改；三是完善性维护，是为了提升软件性能或者增加新功能而对软件进行修改。可维护性动作主要包括配置的下发、软件包的升级、业务日志信息查询、设备告警状态查询及诊断信息查询。

提高可维护性有以下 3 种方法。

● 提升软件模块化。如果需要改变一个功能模块，只需要改变这个模块，而不会影响到其他模块。如果需要添加一些功能，只需要增加一个完成这些功能的模块。

● 制定精准的软件品质目标和优先级。因为不可能同时满足所有的要求，所以要根据不同的环境特点，制定合适的目标，以实现更好的可维护性。

● 选择可维护性高的程序设计语言。低层次语言性能高但是难以理解和编写，维护就更是难上加难。因此应选择高层次语言，如面向对象程序设计语言。这样可以大大提高开发速度，降低维护难度。

维护的方法分为本地维护与远程维护。本地维护是指管理员通过网关本地登录接口（比如 Web、SSH、串口）执行维护操作。由于边缘计算设备是分布式部署的，本地维护相对困难，需要大量人力物力，因此，下一代维护技术——远程维护应运而生。远程维护是指工作人员通过局域网或者互联网连接到需要进行维护管理的目标网关，对网关进行安装、配置、维护、监控等操作。即通过在云端部署控制器对网关进行远程维护。工程师不需要亲临现场就能查看并处理问题，大大降低了网关维护的成本，最大限度减少了用户损失，实现高效率、低成本的服务方式。

在实际应用场景中，边缘计算网关连接工业装置，无人看守。因为数量繁多，环境恶劣，本地维护成本高、不方便，所以远程维护是边缘计算网关维护的主要方式。

5.2　可靠性概述

边缘计算网关作为缓解云端巨大压力的设备，必须在可靠性上严格把关。作为边缘设备，边缘计算网关具备互联网连接和智能化处理功能，并通常设置为无人看守及远程维护。因此，在外部人力资源投入减少的同时，边缘计算网关设备的可靠性要求在增加。

对于可靠性，需要关注两个方面：硬件可靠性和软件可靠性。硬件可靠性主要包括以下两点：元器件的选型以及制作的工艺和流程。只有正确地组合使用各种元器件，才能使系统硬件发挥最高的性能。除此之外，还有环境因素的考量。同样配置的边缘计算网关在不同的条件下会受到不同的影响，这也是不可忽视的。软件可靠性是在底层硬件合格的条件下，对整个设备正常运行的另一层保障。操作系统是铺设在硬件上的第一层软件，管理着主机的硬件资源，其重要性不言而喻，但若系统软件出现异常，毫无疑问，将发生设备宕机、无法提供服务的问题，只有运维人员去现场才可恢复，这样会大大增加运维成本，而其在业务上带来的影响也是不可估量的。相对于物联网网关，边缘计算网关的一个重要特点就在于其在智能实时处理上能力突出，其实这与前面提到的硬件可靠性和软件可靠性是息息相关的，只有硬件和软件正常工作，才能在严格的时间限制内做出最佳响应。

要检验硬件与软件是否可靠，设计周全详细的可靠性测试验证方法是必不可少的。从硬件性能与可承受范围的统计，到软件对硬件调用方案的对比，再到面对突发故障时恢复能力的强弱，都能判断整个边缘计算网关的可靠性如何，得出评定后再对比事先制订的可靠性需求级别表，从而有针对性地进行改进。

可靠性的实现除了故障检测，还包括故障隔离。即在实时的工作环境下，对设备的各个部分进行检测，从而以最快速度锁定故障部件的措施。系统冗余则是最快的解决故障的手段。故障自恢复这种方式不仅可以处理硬件故障（例如自恢复故障处理电路可以在故障发生时锁定硬件进行保护，待故障解除再清除锁定状态），还可以根据预先设定的故障跳转方案，保存故障现场，再用备份匹配对应的问题或类似问题进行模拟处理。通过这些手段可以让设备尽快恢复工作，减轻业务受阻带来的影响。

5.3 网关维护技术

边缘计算网关的可维护性是衡量一个网关的可修复（恢复）性和可改进性的标准。所谓可修复性是指在网关发生故障后能够排除（或抑制）故障予以修复，并返回到原来正常运行状态的可能性；而可改进性则是网关具有接受对现有功能的改进和增加新功能的可能性。因此可维护性是可信性属性中一项相当重要的评价标准，可维护性的优劣可能直接影响到网关的可靠性和可信性。

5.3.1 软件维护

软件维护包括边缘计算网关系统维护和功能维护。管理员通过软件维护修复网关存在的漏洞或者升级新功能、提高性能等。边缘计算网关连接着大量的边缘设备，本地维护需要耗费太多人力物力，因此业界主流方式是远程维护。边缘计算网关可自动进行自检，发现异常应有事件记录和告警功能。传统工业制造的维护方式通常可以分为事后维护和预防性维护。事后维护针对的是设备已经发生故障后再进行维修，而预防性维护指的是定期维护。随着科技的发展，借助云计算和机器学习技术，边缘计算网关已经实现了预测性维护：通过对设备运行状态的实时监测，以及使用大数据分析来检测设备隐患，从而预先判定可能要发生的故障。软件维护主要有以下两种维护方式，分别是本地维护和远程维护。

1. 本地维护

本地维护的优点是当存在一些硬件问题时，可以及时有效地来解决，并且在一些只有私有内部网络的场景。本地维护是不可缺少的。一些公司为了保证数据的安全性，专门设置了内部网络，从外界网络无法连接到内部网络，软件维护则只能通过本地维护来完成。

本地维护的流程是：运维人员近端接触设备，通过网关的本地操作维护终端（Local Maintenance Terminal）的串口连接到网关的调试串口，或者通过管理网口以 Web 方式与 SSH 方式登录网关，登录到设备上后进行设备的升级、设备状态查询、业务状态查询、设备配置和调试。

为了简化运维人员的操作，网关还可以支持 U 盘运维和远程主站功能，实现网关的升级，而无须登录到设备内。

2. 远程维护

针对大量部署的边缘计算网关后期的维护问题，可以采用将工业网关接入设备管理云平台的办法解决。在设备管理平台后端可实时监控工业网关通信状态，实现远程配置、远程故障排查、操作历史记录统计、用户权限控制、设备追踪定位等功能，并且通过基站定位的方法实现资产追踪，从而减少不必要的现场服务次数。远程维护流程如图 5-1 所示。

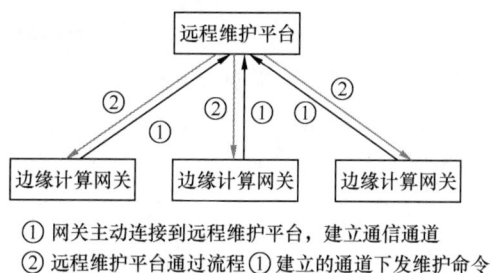

① 网关主动连接到远程维护平台，建立通信通道
② 远程维护平台通过流程①建立的通道下发维护命令

图 5-1　远程维护流程

边缘计算网关在很多场景下是通过 Wi-Fi、LTE 等无线方式接入网络。目前局域网多使用网络地址转换（Network Address Transfer，NAT）技术，这就导致远程维护平台无法远程直接登录到设备上进行维护操作，而是需要网关主动去连接远程维护平台。

另外，通过内网穿透技术，也能让边缘计算网关获得公网 IP，从而使得远程维护平台可以主动连接到网关。简单来说，实现不同局域网内的主机之间通过互联网进行通信的技术叫内网穿透。常见的内网穿透产品有花生壳、nat123、NATAPP、frp 等。其中 frp 是一个高性能的反向代理应用（见图 5-2），可以轻松地进行内网穿透，对外网提供服务，支持 TCP、HTTP、HTTPS 等协议类型，并且 Web 服务支持根据域名进行路由转发。

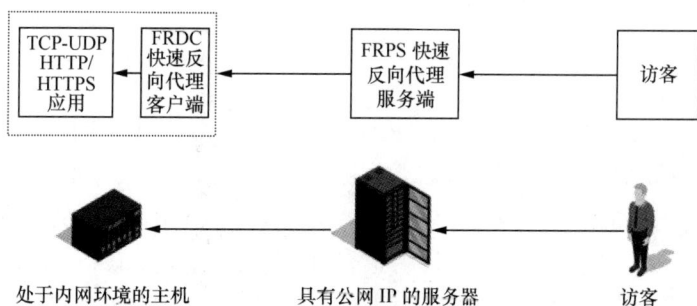

图 5-2　frp 工作原理图

值得一提的是，当前国家正在积极推进部署 IPv6，相信人人都能拥有一个独立的公网 IP 的时代

不久就要到了。

最后，反向代理也是一种远程维护的常用解决方案。如图 5-3 所示，反向代理服务器位于用户与原始服务器（处理用户请求的服务器）之间。但是对于用户而言，反向代理服务器就相当于原始服务器，即用户直接访问反向代理服务器就可以获得原始服务器的资源。同时，用户不需要知道原始服务器的地址，也无须在用户端做任何设定。

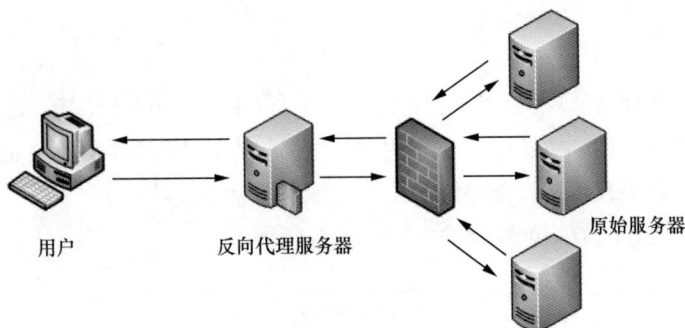

图 5-3 反向代理原理

5.3.2 硬件维护

边缘计算的关键技术是计算卸载。通过前面的学习我们知道，计算卸载就是把终端的一部分或全部计算任务放在边缘设备上进行，因此维护边缘计算网关硬件以保证边缘计算网关正常运行显得十分重要。硬件维护与软件维护具有同等地位。一般来说硬件维护包括 CPU 维护、存储器维护、外围接口维护，以及增加或者拆卸设备、更换设备、设备除尘、防火防潮等工作。

1. CPU 维护

运维人员通过查看 CPU 占用，确定是否需要升级计算能力更强的 CPU。损坏的 CPU 要及时更换。另外还要每时每刻监控 CPU 的工作温度，当工作温度达到非正常温度时，应发出蜂鸣声警告并且通过网络发送通知。因为 CPU 长时间在高温下运行的话，不仅会导致 CPU 主频降低，减弱 CPU 的计算能力，还会缩短 CPU 的使用寿命。另外还需要定期更换散热硅脂和检查散热风扇运行是否正常。此外很多莫名其妙的故障都是灰尘惹的祸，一般来说每个月都要定期拆机清理一次。运维人员应该避免对 CPU 进行超频，因为超频会缩短 CPU 的寿命。还要经常查看散热孔是否堵塞，散热风扇是否运转正常，如有需要则添加一些润滑剂，故障严重时需要更换散热风扇。

2. 存储器维护

在当今数据就是一切的时代，存储器的地位至关重要。一般可通过 RAID（Redundant Array of Inexpensive Disks，廉价冗余磁盘阵列）增加数据可靠性。如图 5-4 所示，RAID 5 是一种存储性能、数据安全和存储成本兼顾的存储解决方案。此外，运维人员应选用合适的文件系统，减少硬盘读写次数，定期查看硬盘性能状态，及时更换即将报废的存储器。要避免设备处于潮湿的环境，因为设备在潮湿的环境下长时间运行会导致内存条发生氧化。每个月必须对硬盘进行坏道扫描，及时对坏道进行屏蔽，以防硬盘进一步损坏。

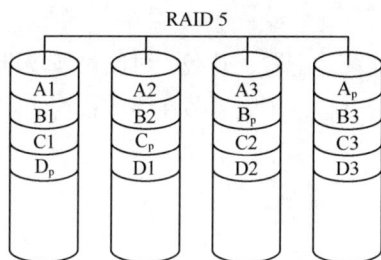

图 5-4　RAID 5

3. 外围接口维护

外围设备接口又称为输入/输出设备接口，简称 I/O 接口。边缘计算网关通过这些接口从外界获取数据或者发送数据。外围接口一旦发生故障，边缘计算网关会失去与外界的联系，因此对外围接口的维护也很重要。运维人员应定期对 I/O 接口进行测试和故障定位，包括旁路采集、实时解析监控和数据分析等。另外 I/O 设备属于精密的电子产品，使用过程中对环境要求严格，切莫在高温、潮湿的环境下使用。

4. 通信模组维护

通信模组使用内置物联网 eSIM 卡技术，可避免边缘计算网关长时间处于外部环境中导致 SIM 卡氧化而引起的接触不良问题，从而大大降低了维护成本。

5.4　网关可靠性技术

5.4.1　提高可靠性

为了从本质上提高网关的可靠性，与传统方式相比，边缘计算网关做了以下方面的改变。

1. 提高边缘计算能力

边缘计算网关通过下放数据处理的权限，交予附近网关进行处理，解决了远程通信中传输不畅通的问题，这与普通物联网网关相比有着巨大的功能优势。

2. 增加可用接口

边缘计算网关支持 2 路 DI 数字量输入接口、2 路继电器控制接口、5 路以太网接口同时接入。

3. 网络接入多样化

边缘计算网关支持以太网、Wi-Fi、3G/4G/5G 网络接入；支持负载均衡、有线无线双链路备份等功能；可以实现不同链路之间的切换；内置多级链路检测与恢复机制，保障设备网络连接不间断。

4. 提高工业品质

边缘计算网关采用工业级金属外壳，具有高电磁兼容，耐高、低温，超强的防潮、防雷、防电磁干扰能力，能保障设备在更加恶劣环境下稳定运行。

5. 兼容多平台接入及设备主流协议

边缘计算网关支持包括阿里云/华为云/微软/亚马逊等平台的接入；兼容多种设备主流工业实时以太网协议和工业总线协议，如 Modbus TCP/RTU、Profinet 等协议。

6. 实现远程管理

边缘计算网关支持设备远程监测、配置、升级，可以对现场设备进行编程、诊断、调试，提高服务响应速度；实现故障告警；提升偏远地区设备在线率；智能网关与云端管理系统配合使用，极大地提升了管理效率。

5.4.2 故障监控

为了保证网关的可靠性，在网关正式发布之前的测试阶段及实际应用中都需要通过监控手段及时发现并处理故障。

1. 系统监控

系统监控分为 4 部分，包括对系统硬件状态、系统运行资源、业务配置文件及系统运行软件的监控。对硬件的监控主要集中在 CPU、磁盘、内存、主板、电压等方面，其中关于 CPU 要统计整体使用百分比、用户态和核心态的使用百分比以及每个 CPU 的使用情况。随着系统的运行，操作系统会产生系统日志，业务程序也会产生访问日志、错误日志、运行日志，可以通过查看并分析日志来排查问题。系统监控确保系统按照期望的状态运行，如图 5-5 所示。

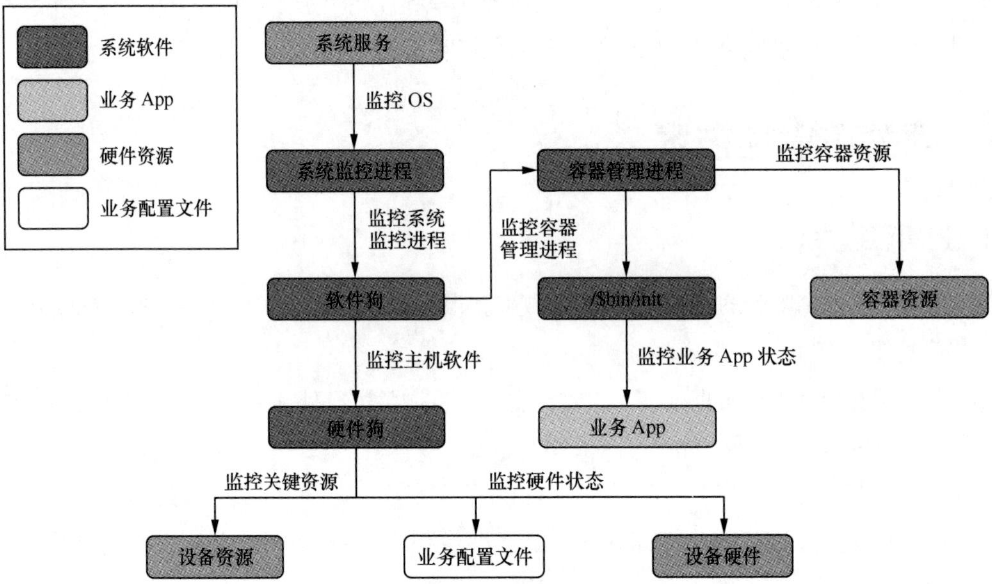

图 5-5　系统监控确保系统按照期望的状态运行

针对不同的应用场景与需求，需要选择合适的监控工具进行监控，如 Ganglia、Nagios 等老牌监控工具，除此之外也有一些不错的新兴监控工具可供选择。

整个系统的监控是一个层层紧扣的过程，大致分为以下 3 部分。

- 硬件狗（也称加密狗）。监控整个操作系统的运行状态，如果操作系统不再“喂”狗则导致复位。
- 软件狗。同样地，操作系统内的软件狗监控系统内的软件，如果系统软件不再“喂”狗也导致复位。
- 系统软件定期监控系统资源，在 CPU 与内存不足时发送告警；在存储空间不足时，告警上报并限制对文件进行写操作；对硬件故障进行告警上报并将故障隔离后处理；对配置文件进行完整性检查与损坏备份的恢复处理。根据故障的不同级别可以采取不同处理方式。若在测试阶段已经检测出故障，并且准备有相应的故障处理方案，则可以采取故障自恢复的方式处理；若只是预警，则可以存储在每日的报告中；若故障重大，但留有比较宽裕的处理时间，则可以采取短信或邮件的方式进行上报。

2. 链路监控

在边缘计算场景下，大多数场景在部署时需要通过 LTE 网络上行连接到 IoT 平台。LTE 链路没有固定的以太接口稳定，所以要增加对 LTE 链路的监控，及时排除故障以保证系统的稳定运行，如图 5-6 所示。

图 5-6　链路监控

对 LTE 的链路监控主要分为 3 部分：LTE 模块状态、SIM 卡插拔监控、LTE 链路监控。

● LTE 模块通常是一个独立的器件，连接到 CPU 上，通过模块状态进行监控，确保器件可以正常提供服务。

● SIM 卡插拔监控，在运维工作人员换卡或者 SIM 卡意外松动时，能够自动检测到 SIM 卡状态，并自动尝试恢复。

● LTE 链路监控主要是确保网络通路正常，提供上行业务通道。

随着业务越来越复杂和数据量越来越庞大，全链路监控应运而生。全链路监控的整个监控会从整体到局部，将信息集中展示，有利于排查故障，找到源头。全链路监控的优势是低损耗、少入侵、可扩展、便于全面分析。这些都应在实际应用中考虑进去。

3. 系统回滚

系统回滚功能指在系统启动过程中发生异常时，可以回退到上一次运行正常的系统，如图 5-7 所示。

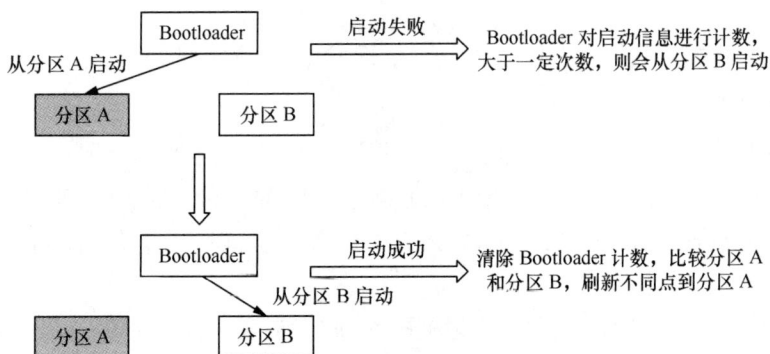

图 5-7　系统回滚

在系统突然掉电导致当前分区损坏的情况下，通过系统回滚从备份区启动；当进行系统软件升级时，如果升级失败，也可以通过系统回滚从备份区启动，保证系统正常运行。

5.4.3 性能测试

网关的性能指标主要包括吞吐量、延迟、背靠背、丢包率、每秒新建连接、每秒事务处理、有效吞吐量和最大并发数。关键指标的数值可以通过一些已经十分成熟的工具测试获取。

1. 压力测试

压力测试主要是通过模拟真实业务对被测系统进行加压（见图 5-8），验证被测系统在不同压力情况下的表现，找出其潜在的瓶颈。

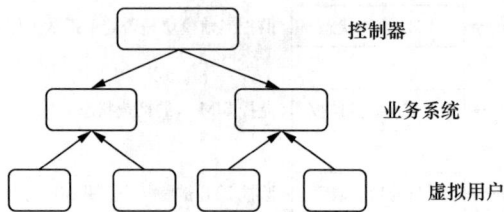

图 5-8　压力测试原理图

压力测试工具 Loadrunner 的整个测试流程是：第 1 步规划测试，第 2 步创建 Vuser 脚本，第 3 步定义场景，第 4 步运行场景，第 5 步分析结果。

2. 吞吐量测试

Iperf 是一个网络吞吐量测试工具，可以测试最大 TCP 和 UDP 带宽性能，提供了多种参数，并且具备 UDP 特性，用户可以根据需要调整。Iperf 可以报告带宽、延迟抖动和数据包丢失情况。

使用 Iperf 之前，必须安装两个组件：Iperf 服务器（用于监听到达的测试请求）和 Iperf 客户端（用于发起测试会话）。在默认的情况下，Iperf 客户端与指定的监听端口的 Iperf 服务器建立一个 TCP 会话。

3. 软件测试

JMeter 是一款由纯 Java 语言编写的用于负载功能测试和性能测试的开源工具软件。相比 Loadrunner 而言，JMeter 小巧轻便且免费，逐渐成为了主流的性能测试工具。其请求参数包括编码方式（默认的编码方式为 UTF-8）和搜索词，可以通过校验结果中是否含有搜索词来判断本次请求成功或失败。

JMeter 主要用于软件的性能测试，但也可扩展用于网络性能测试。

4. 测试拓扑结构

从物理环境上看，拓扑测试是比较简单的，只需将测试仪表连接被测设备，就可开始测试了。需要注意的是，在每次测试开始前，都需要明确测试仪中设置的客户端数目、服务器数目、源 IP、目的 IP 和网络地址转换（Network Address Transfer，NAT）配置等。以下为实际测试中总结出的一些注意事项。

① 在测试 2~7 层的性能时，测试仪和被测设备的转发模式一般会选择透明模式或者路由模式。

② 在测试 2~3 层的性能时，特别是 RFC2544 四项值时，建议测试仪采用 UDP 协议作为测试的

承载协议。

③ 在测试 4~7 层的性能时，应注意源 IP 地址与目的 IP 地址的数目。

本章小结

本章主要介绍了边缘计算网关关键技术中的可维护性与可靠性技术。可维护性技术分为软件维护与硬件维护两方面，读者应重点掌握软件维护中的远程维护，这是时代的要求。通过提高硬件设备质量和实施故障监控技术可以提高网关的可靠性。本章最后还介绍了一些常用的性能测试工具。

思考题

1. 简述可维护性的概念。
2. 简述系统监控的流程。
3. 有哪些具体的远程维护方法？除本章介绍的方法以外，你还了解哪些远程维护方法或技术？
4. 简述硬件维护的步骤。

06

第6章　边缘计算网关关键
技术——安全性

　　上一章对边缘计算网关的可维护性和可靠性技术进行了介绍。本章将对边缘计算网关的另一种关键技术——安全性技术进行详细介绍。

本章学习目标：

- 了解边缘计算所面临的安全隐患。
- 了解提高边缘计算网关安全性的主要措施。
- 理解边缘计算网关安全体系中的芯片安全、数据安全、身份认证、访问控制和隐私保护。

6.1 边缘计算安全性概述

安全问题一向是所有网络技术面临的重要挑战，边缘计算也不例外。由于边缘设备并不具备云计算中心设备那么完备的安全措施，所以边缘计算的安全形势更严峻。到目前为止，已经发生了多起针对边缘设备的攻击事件。

2017 年 11 月，Check Point 研究人员发现 LG 智能家居存在设备安全漏洞，攻击者可以利用该漏洞完全控制使用者的个人账户，以设备内的集成摄像头、吸尘器作为窃取用户数据的工具。

2018 年 2 月，全世界程序员使用最为广泛的软件源代码托管服务平台 GitHub 遭遇大规模分布式拒绝服务（Distributed Denial of Service，DDoS）攻击，流量峰值高达 1.35Tbit/s。五天后美国一家服务提供商遭 DDoS 攻击，流量峰值达到 1.7Tbit/s。

2018 年 5 月，思科 Talos 安全研究团队发现攻击者利用恶意程序 VPNFilter 感染了全球 54 个国家的超过 50 万台路由器与 NAS 设备，品牌包括 Linksys、MikroTik、Netgear、TP-Link、华硕、华为、中兴和 D-Link 等。攻击者利用恶意程序的中间人攻击模块 ssler，通过被感染路由器的流量注入恶意负载，甚至能悄悄修改网站发送的内容。后来，团队又发现了 7 个不同的漏洞利用模块。

由此可见，物联网安全依然是一个严重的问题，而在物联网和云计算基础上提出的边缘计算同样需要解决这个问题。

在边缘计算的模式中，边缘计算平台和边缘计算应用一般都部署在靠近用户的通用服务器、网关、路由器等边缘设备上。边缘设备的计算能力和存储能力有限，不能构建诸如防火墙这样非轻量的安全机制，因此边缘设备处于相对不安全的环境中。这也导致了非授权访问、敏感数据泄露、拒绝攻击服务（Denial of Service，DoS）攻击等多种安全问题的产生。边缘计算中的安全性问题正是学术界和产业界需要重点研究解决的关键问题之一。

2017 年 6 月 1 日正式生效的《中华人民共和国网络安全法》特别强调了关键信息基础设施的运行安全，而能源、交通、制造等关键基础设施的工业控制环境无疑将是安全建设的重中之重。2016 年中国信息通信研究院云计算白皮书指出：“公有云服务提供商向用户提供大量一致化的基础软件（如操作系统、数据库等资源），这些基础软件的漏洞将造成大范围的安全问题与服务隐患。”可见安全问题已经成为左右云计算发展的关键因素。

通常，边缘计算使用了端到端（End to End，E2E）加密和以用户为中心的优先系统，试图保护云内的用户信息。除了加密来保护私有信息之外，还需要更安全的代理来使用不同的技术进行会合、通信和访问控制，例如在主机之间进行重新加密或基于属性的加密。此外，有时会创建用于隐私信息共享的新型安全中间件来提升整个边缘计算系统的性能。许多关于云安全的现有工作，如加密数据存储、加密数据查询、同态系统，都有助于创建新的边缘中心服务。

与传统云安全研究的一个重要区别是，边缘计算假设存在可信或部分可信的稳定资源，这些资源将用于那些部署在边缘的应用程序去执行通信、查询、计算等功能。边缘计算也考虑到了分布式中可信节点与恶意节点的共存问题。另一个关键的区别是，与集中式计算相比，边缘计算可以避免数据的集中化存储。以前关于信息碎片结合加密的云安全研究可能会与分散式覆盖技术相结合，以确保对敏感数据进行适当的数据保护。

6.2　边缘计算环境下的安全隐患

6.2.1　硬件安全

在系统硬件方面，边缘计算的终端设备是开放的，且数量众多，包括人们日常使用的手机、笔记本电脑，还有智慧城市、智慧交通中使用的海量传感器等。边缘计算环境中的终端设备的计算资源、存储资源和能量都是受到限制的。终端部署的环境更加多样，有些终端具有移动性的特点，活动范围大，移动速度快；有些终端部署在偏远地区。因此，边缘计算的终端设备更易遭受物理攻击和人为破坏，导致终端失效、被仿冒、被控制和业务数据泄露，危害业务系统的正常运行。

6.2.2　软件安全

在系统架构方面，边缘计算的体系架构如图 6-1 所示，主要包括核心基础设施、边缘数据中心、边缘网络和移动终端共 4 个层次的功能。

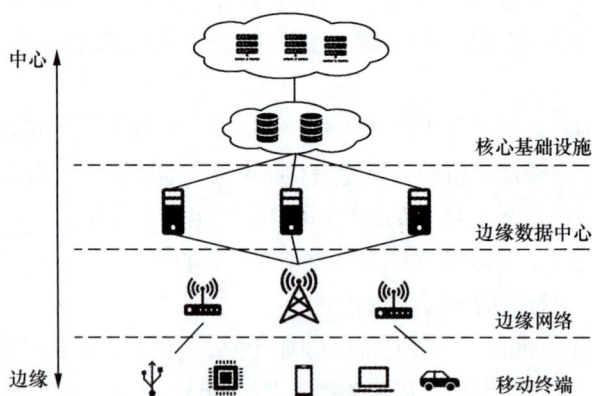

图 6-1　边缘计算体系架构

1. 基础设施安全威胁

核心基础设施的主要功能是为边缘设备提供网络接入功能和集中式云计算及设备管理功能。它可以为不同地理位置上的大量用户提供实时的服务。但是大多数情况下核心基础设施并不都是可信任的，反而极有可能发生隐私泄露、数据篡改和拒绝攻击服务的情况。

所有的通信网络都容易受到拒绝攻击服务（DoS）、分布式拒绝服务（DDoS）攻击和无线干扰，这些攻击会破坏边缘网络及其周边网络。但是在分布式环境下，如果网络的协议和服务设计为自治或者半自治的工作方式，这些攻击手段就不能完全破坏边缘数据中心的功能。

中间人攻击（Man In The Middle，MITM）是指攻击者通过控制网络的某个部分对网络其他部分发起恶意攻击、窃听或者流量注入。这种攻击既隐蔽又十分危险，可以遍历特定结点的所有信息。

由于边缘计算的开放性，攻击者可以用伪造网关的方法自己创建并部署网关来发起恶意攻击，这一攻击方式产生的效果与中间人攻击类似。

2. 边缘数据中心安全威胁

边缘数据中心作为边缘计算的核心组件之一，提供虚拟化和管理服务。边缘数据中心的分布式并行处理数据的模式使得电信公司内部员工和外部人员都有可能在未经允许的情况下访问边缘数据中心的信息流，通过边缘数据中心的信息流提取出用户的敏感信息，造成数据保密问题和隐私泄露现象。

攻击者在获得边缘数据中心某部分的控制权后可以滥用自己作为管理员的权限，从而操纵数据中心的服务发起对应的恶意攻击，比如拒绝服务攻击或者信息篡改。甚至通过各种方式控制整个边缘数据中心，从而完全掌控数据中心对外提供的所有服务，控制所有与外部系统的交互。

3. 边缘网络安全威胁

边缘网络部分由不同的网络架构组成，包括移动中心网络和互联网络来实现传感器的互连。这种融合的网络架构极易受到恶意攻击，攻击者可以对不同架构的网络的任意一部分发起攻击，从而导致更为复杂的安全问题。

4. 移动终端安全威胁

移动终端设备是指连接到边缘网络的各种类型的设备，比如手机等终端设备和物联网设备。边缘计算网络的终端设备不仅有接收数据、消费数据的任务，同时具有计算、存储数据的功能，形成了集中式数据云计算中心和边缘设备的双重计算模式。这种新的计算模式也引出一系列安全问题。

任何攻击者可以利用对边缘设备的重新编程来进行信息注入，从而对用户的查询以虚假的数据响应。如果传感器出现异常也会导致边缘设备的数据收集和计算产生错误。

服务操作是指在终端设备参与数据中心的服务调度时，攻击者获得其中一个设备的控制权，从而操作、篡改服务结果。

6.3 边缘计算网关安全体系

由上面的介绍我们知道，边缘计算网关安全可分为两个层次：硬件安全和软件安全。硬件安全以安全芯片为核心，辅以相关的接口等设备组成网关。软件安全以安全算法为核心，确保身份认证正确、访问控制无误，保证数据和隐私安全。硬件安全与软件安全并非完全独立的两个层次，两者相互辅助才能确保网关安全。

6.3.1 安全芯片

1. 安全芯片简介

安全芯片是从硬件角度提出的解决方案，采用多种物理防护措施，能提供独立的数据存储和安全运行环境，具备出色的密码计算能力，可为业务系统提供基于硬件的安全基础，构建安全的应用环境。

安全芯片是在单一芯片的环境下提供包括 CPU、RAM、ROM 和 IO 接口的微型计算机环境，可以提供安全的存储环境和运行环境、密码算法计算能力和自身对外界攻击的安全防护能力。

2. 安全芯片的种类

根据应用类型、接口类型和集成类型的不同，可以把安全芯片分为以下种类。

● 可插拔独立安全模块形态：通过标准外置接口与终端集成，例如 TF 密码卡和 UKey 等。已经在市场中得到广泛应用，是使用最广泛的安全芯片产品。

- 嵌入式独立安全模块形态：通过贴片、焊接、合封等方式集成在终端主板上。由于集成难度相对较大，主要应用于定制终端。

- 内置非独立安全芯片（inSE）：在终端芯片中实现全部或部分安全芯片功能，通常由独立的CPU核实现，使其运行环境独立于终端芯片的硬件环境。

各种类型的安全芯片特性如表6-1所示。

表6-1　　　　　　　　　　　　　不同类型安全芯片的特性

类型	性能	功耗	成本	集成稳定性	集成难度	适用终端	主要应用场景
可拔插独立安全模块	指示其他某个对象是否与此对象"相等"	高	高	低	低	通用终端	个人通信、移动办公、金融支付
嵌入式独立安全模块		低	高	高	高	专用终端	个人通信、金融支付
inSE	受接口限制目前较低	低	无额外成本	高	低	通用终端	金融支付

3. 业界主流的安全芯片产品

TF密码卡：TF卡形态安全芯片，通过SD memory方式与终端通信，功耗100mW左右，部分产品同时支持大容量存储。TF密码卡支持国际主流密码算法和国产商用密码算法，广泛应用于保密通信、移动办公等领域，一般都具有国产商用密码产品型号。

eSAM（Embedded Secure Access Module）：eSAM是将一块具有COS操作系统的安全芯片封装在DIP8或SOP8模块中，做成一个安全模块，以完成数据的加密解密、双向身份认证、访问权限控制、通信线路保护、临时密钥导出、数据文件存储等多种功能。eSAM支持国产商用密码算法和国际主流密码算法，目前广泛应用于智能电表、水电、燃气表、热力表和机顶盒等终端设备。

eSIM（Embedded-SIM）：eUICC是由GSMA组织联合运营商、终端厂商、卡商共同提出的下一代SIM卡技术标准。eSIM的核心思想是将SIM卡硬件eUICC的生产与运营商签约数据的生产分离。eUICC预先置入终端设备，其中不包含运营商签约数据。用户在开始使用终端设备后，以空中写卡方式从网络平台下载运营商签约数据，安装到eUICC中。

除以上3种安全芯片的产品形态外，内置非独立安全芯片（inSE）是一种近年出现的安全芯片新形态，具有性能高、功耗低、成本低等优点，边缘计算是其未来应用的重要领域。

6.3.2　数据安全

不论是传统的云计算模式还是边缘计算模式，用户数据都需要交给第三方（如云计算中心或者边缘数据中心）来处理，这就会让攻击者有机可乘，极易造成数据的泄露和篡改等严重的数据安全问题。目前国内外学者对于边缘计算环境下的数据安全研究主要集中在将云计算、移动云计算等传统环境下的数据安全解决方案改造并移植到边缘计算的环境中。下面简单介绍一下数据安全算法。

1. 数据加密与安全传输

数据的加密，一般是发送方先把数据加密再发送给接收方，接收方收到后再进行解密。传统的加密算法主要分为对称加密和非对称加密，但是在边缘计算的受限环境下效率很低。代理重加密（Proxy Re-Encryption，PRE）最早在1998年由布雷泽（Blaze）等人提出。在PRE中，一个半可信的代理者能够利用重加密密钥（Re-encryption Key）将原本针对数据拥有者公钥的密文转换成针对数据使用者公钥的密文，并可以保证该代理者无法获知对应明文的任何消息。因此，代理重加密被广泛应用于数据转发、文件分发等多用户共享的云安全应用中。此后，国内外学者提出了一系列算法不断将其发展。算法描述如下。

A：将明文 M 用自己的公钥加密，其中的 M 就是 A 想要给 B 的内容。

A：将 M 发给半诚实代理商，并为其生成转化密钥，这个密钥是由 A 为代理商计算好生成的密钥。

Proxy：用 A 生成的密钥将密文转化为 B 的私钥能够解密的密文，其中 Proxy 只是提供计算转化服务，无法获得明文。

Proxy：将生成的密文发给 B。

B：解密获得 A 想要秘密共享的明文 M。

整个过程最大的优点就是解放了发送方 A。A 只需生成代理密钥，具体文件的传输、文件的转化、文件的存放都是半诚实代理商完成的。

2. 数据完整性校验

用户数据传送到边缘数据中心后要考虑的一个重要问题就是数据中心收到的数据是否完整。目前学界对边缘计算数据完整性的验证主要关注点在于动态审计、批量审计、隐私保护和低复杂度等方面。Merkle 树是支持数据完整性验证的常用数据结构，现在的研究大部分都是利用 Merkle 树进行改造。

如图 6-2 所示，Merkle 树是哈希大量聚集数据"块"（Chunk）的一种方式，它依赖于将这些数据"块"分裂成"较小单位"（Bucket）的数据块。每一个 Bucket 仅包含几个数据"块"。然后取每个 Bucket 单位数据块再次进行哈希，重复同样的过程，直至剩余的哈希总数变为 1。

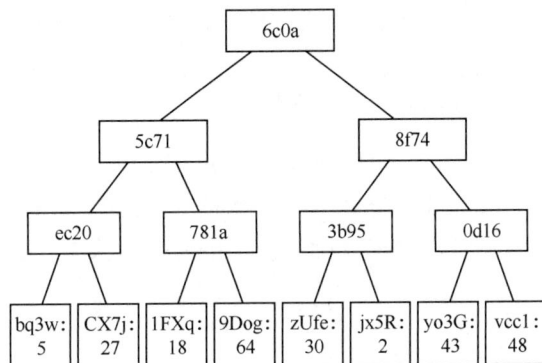

图 6-2　Merkle 树的结构

3. 可搜索加密

在边缘计算模式中，数据常常加密后保存在边缘数据中心。但是有时用户需要在第三方服务器的密文中搜索某个关键字，因此可搜索加密也是保护用户隐私的一个重要方法。传统的可搜索加密计算复杂度高，在边缘设备的受限环境下并不适用。

安全排名可搜索算法只按照相关性来返回部分搜索结果，更适合边缘设备。有关人员在对称可搜索加密（SSE）的基础上首次提出了一种安全排名对称可搜索加密（RSSE）算法，利用关键字频率和反向索引策略来度量关键字与密文数据之间的相关程度，实现云计算下安全排名的加密搜索。

此外，有关人员还设计了一种新的密码原语 OPSE（Order Preserving Symmetric Encryption），利用一对多的保密映射来保护用户的数据隐私，同时能够对用户返回的搜索结果进行验证。有学者又在此基础上，考虑了一种多关键字的排名搜索算法（MRSE），该算法能够按照关键字顺序返回对应文件，通过在各关键字语义中构建"协调匹配"的有效相似性度量，来尽可能多地匹配以捕获数据文件与搜索关键字的相关性，同时结合"内积相似度"（Inner Product Similarity）对相关性进行定量评估。

6.3.3 身份认证

边缘计算由多方参与组成，包括数据参与者（终端用户、服务提供商和基础设施提供商）、服务（虚拟机、数据容器）和基础设施（如终端基础设施、边缘数据中心和核心基础设施）。因此边缘计算是多方信任实体共存的，需要一种身份认证机制供任意实体之间相互验证。

在边缘计算的认证机制中，传感网的认证机制是需要重点研究的部分。无线传感网络中的认证技术主要包括基于轻量级公钥算法的认证技术、基于预共享密钥的认证技术、基于随机密钥预分布的认证技术、利用辅助信息的认证技术及基于单向散列函数的认证技术等。

1. 基于轻量级公钥算法的认证技术

鉴于经典的公钥算法需要高计算量，在资源有限的无线传感网络中不具有可操作性，当前一些研究正致力于对公钥算法进行优化设计以使其能适应无线传感网络，但在能耗和资源方面仍存在很大的改进空间。如基于 RSA 公钥算法的 Tiny PK 认证方案和基于身份标识的认证算法等。

2. 基于预共享密钥的认证技术

SNEP 方案中提出两种配置方法：一是结点之间的共享密钥，二是每个结点和基站之间的共享密钥。这类方案使用每对结点之间共享一个主密钥的方法，可以在任何一对结点之间建立安全通信。其缺点是扩展性和抗捕获能力较差，任意结点被俘获后就会暴露密钥信息，进而导致全网络瘫痪。

3. 基于单向散列函数的认证技术

该技术主要用于广播认证。单向散列函数可生成一个密钥链，利用单向散列函数的不可逆性，保证密钥不可预测。通过某种方式依次公布密钥链中的密钥，可以对消息进行认证。目前，基于单向散列函数的广播认证技术主要是对 TESLA 协议的改进。它以 TESLA 协议为基础，对密钥更新过程、初始认证过程进行了改进，使其能够在无线传感器网络有效实施。

6.3.4 访问控制

1. 基于角色的访问控制

访问控制是指对用户合法使用资源的认证和控制。目前，对信息系统的访问控制主要采用基于角色的访问控制机制（Role Based Access Control，RBAC）及其扩展模型。RBAC 机制主要由桑德胡（Sandhu）于 1996 年提出的基本模型 RBAC96 构成，其认证过程为：一个用户先由系统分配一个角色，如管理员、普通用户等；登录系统后，根据对用户角色所设置的访问策略实现对资源的访问。显然，同样的角色可以访问同样的资源。RBAC 机制是一种基于互联网的 OA 系统、银行系统、网上商店系统等系统的访问控制方法，是基于用户的。对边缘计算模式而言，末端是感知网络，即可能是一个感知结点或一个物体，采用用户角色的形式进行资源控制显然不够灵活。一是本身基于角色的访问控制在分布式网络环境中已呈现出不相适应的地方，如对具有时间约束资源的访问控制及访问控制的多层次适应性等方面均需要进一步探讨。二是结点不是用户，而是各类传感器。传感器种类繁多，基于角色的访问控制机制中的角色类型无法——对应这些结点，所以 RBAC 机制难以实现。三是物联网表现的是信息的感知互动过程，包含了信息的处理、决策和控制，尤其反向控制是万物互联的特征之一，资源的访问呈现动态性和多层次性。而 RBAC 机制中一旦用户被指定为某种角色，其可访问的资源就相对固定了。因此，寻求新的访问控制机制是边缘计算方向研究的新问题。

2. 基于属性的访问控制

由于边缘计算是以数据为主导的计算模式，因此，边缘计算的访问控制通常采用加密技术来实现。传统的加密技术并不适用于分布式系统，而属性加密（ABE）能够很好地适用于分布式架构，实现细粒度数据共享和访问控制。

基于属性的访问控制（Attribute Based Access Control，ABAC）是近几年研究的热点。若将角色映射成用户的属性，可以构成 ABAC 与 RBAC 的对等关系，且属性的增加相对简单。通过基于属性的加密算法可以实现基于属性的访问控制。ABAC 方法的问题是属性数量较少时，加密解密的效率较高，但随着属性数量的增加，加密的密文复杂度将增加，使算法的实用性受到限制。目前 ABAC 有两个发展方向，即基于密钥策略和基于密文策略，其目标均是改善基于属性的加密算法的性能。

密文策略基于属性加密（Ciphertext Policy Attribute Based Encryption，CP-ABE）是目前学界研究的一个热点领域。所谓密文策略基于属性加密是指，密文对应于一个访问结构而密钥对应于一个属性集合。当且仅当属性集合中的属性能够满足此访问结构时解密。这种设计比较接近于现实中的应用场景。用户根据自身条件或者属性从属性机构得到密钥，然后管理员来制定对消息的访问控制。

密钥策略基于属性加密（Key Policy Attribute Based Encryption，KP-ABE）是另一种研究较多的基于属性的加密系统。所谓密钥策略基于属性加密是指，密钥对应于一个访问控制而密文对应于一个属性集合，当且仅当属性集合中的属性能够满足此访问结构时解密。这种设计比较接近静态场景。此时密文用与其相关的属性加密，然后存放在服务器上。当允许用户得到某些消息时，就分配一个特定的访问结构给此用户。

6.3.5　隐私保护

1. 数据隐私保护

由于用户的私密性数据将由不在用户控制之下的实体进行存储和处理，因此，在保证用户隐私不被泄露的同时允许用户对数据进行各类操作（如审计、搜索和更新等）是当前的研究重点。

帕苏普莱蒂（Pasupuleti）等学者提出了一种针对移动设备的外包云数据隐私保护方案（ESPPA）。该方案采用概率公钥加密技术（PPKE）和关键字排名搜索算法（RKS），在资源受限的移动终端上实现隐私保护的排名查询。首先，移动用户生成文件索引，并对数据和索引进行加密上传；其次，为了访问云中存储的密文数据，用户把由关键字生成的陷门发送到云端；最终，云服务器根据陷门搜索并向用户返回基于相关性得分的排序匹配数据，进而解密得到原始数据。

2. 位置隐私保护

随着基于位置服务的普及，位置隐私问题也成为了广为关注的研究点。目前，对本领域的研究重点集中于利用 K 匿名（K-anonymity）技术来实现位置服务中的隐私保护。但基于 K 匿名的位置隐私保护方案在实际应用中会消耗大量的网络带宽和计算开销，并不太适用于资源受限的边缘设备。

法瓦兹（Fawaz）等学者设计了一个名为 LP-Doctor 的细粒度访问控制工具，用于防止移动应用程序中的位置服务带来的位置隐私威胁。LP-Doctor 是一种基于 Android 的移动设备工具，能够实现基于操作系统的位置访问控制，且不需要修改应用层和操作系统。LP-Doctor 定义的功能组件包括应用程序会话管理器、策略管理器、位置检测器、移动管理器、威胁分析器和匿名执行器。当一个基于位置的应用程序启动时，应用程序会话管理器将应用程序启动和退出时间设置为匿名位置；策略管理器用于维护隐私策略，包括阻止、允许和选择相关隐私策略；位置检测器用于检测用户的当前位置；当用户位置改变时，移动管理器则更新用户的位置信息；威胁分析器根据策略管理器选取的隐私政策决定是否允许保护当前位置，如果威胁分析器决定保护位置信息，那么匿名执行器则采取相应的匿名措施，例如增加一个虚假位置来确保位置匿名。当定位感知应用启动时，LP-Doctor 的运行流程如图 6-3 所示。

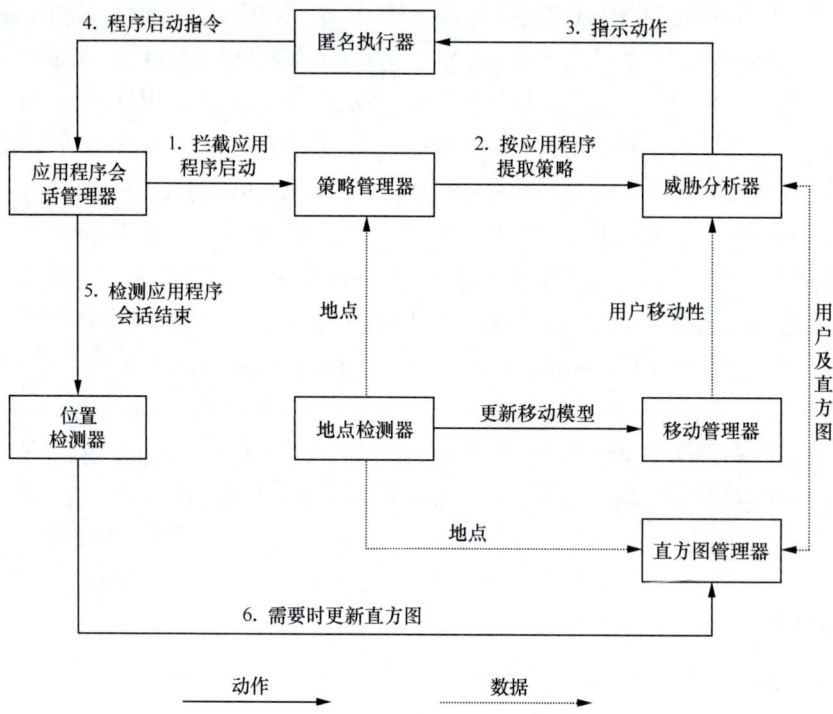

图 6-3 定位感知应用启动时 LP-Doctor 的运行流程

3. 身份隐私保护

目前，对边缘计算范式中用户身份隐私的保护尚未引起广泛关注，仅有一些在移动云计算环境下的探索性研究成果。卡里尔（Khalil）等学者指出，当前的第三方身份管理系统（IDM）容易遭受 3 种攻击：IDM 服务器妥协、移动设备妥协和网络流量拦截。针对这些攻击问题，该团队提出了一种综合的第三方身份管理系统（CIDM），该系统通过引入 IDM 服务器来代表服务提供商管理移动用户数字身份。首先，通过将授权凭证、IDM 服务器和服务提供商进行分离操作，来抵御非法访问 IDM 和流量拦截攻击；同时，添加额外的认证层以防止移动设备数据泄露。针对身份验证过程中的数字凭证泄露问题，有人提出一种基于动态凭证的轻量级身份隐私保护方案。该方案将身份认证动态凭证操作外包给第三方可信实体，以最小化移动设备的计算开销。此外，为了提高方案的性能和安全性，移动设备的凭证信息会根据移动云分组交换机制进行实时更新，以防止发生凭证窃取攻击。还有一种方案是在移动互联网服务中引入改进的身份管理协议 I2DM。该协议采用基于公钥基础设施（PKI）的 PGP 算法，实现了用户身份管理和隐私保护。I2DM 协议采用 256 位的加密密钥来保证会话安全性，并减少了来自信息处理和分组传输的负载，提高了移动网络性能。

6.4　总结

本章主要以边缘计算安全性问题和边缘计算网关所涉及的安全性技术为核心进行探讨。

作为一种新型的去中心化架构，边缘计算将云计算的存储、计算和网络资源扩展到网络边缘，以支持大规模的协同万物互联应用。然而，由于边缘设备更加靠近网络边缘侧，网络环境更加复杂，并且边缘设备对于终端具有较高的控制权限，导致其在提高了万物互联网络中数据传输和处理效率的同时，不可避免地带来一些新的安全威胁，如物理安全、网络安全、数据安全、应用安全等。同时，边缘计算网关是基于物联网网关而建立的一种全新网关，国内外对于边缘计算网关的研究还处于开始阶段。如何保证边缘计算网关顺利完成数据安全、隐私保护、身份认证和控制访问等一系列功能，还需要进一步研究。为此，认真学好边缘计算安全框架和业务流程，设计出安全的边缘计算架构，这些对于促进边缘计算的进一步普及和发展具有十分重要的意义。

本章小结

本章通过对比边缘计算和云计算在安全性方面的异同点，详细介绍了边缘计算网关的安全性，以及边缘计算网关所面临的安全威胁。边缘计算网关安全体系包括：安全芯片、数据安全、身份认证、访问控制和隐私保护等方面。

思考题

1. 列举当前业界的主流安全芯片产品。
2. 简述代理重加密（PRE）算法的基本原理。
3. 请构造一棵简单的 Merkle 树。

应用篇

07 第7章 边缘计算网关设计实例

上一章对边缘计算网关的安全性关键技术进行了详细介绍。本章将介绍边缘计算网关的设计实例，重点是 KubeEdge 及 K3s 的组件、架构及实践内容。

本章学习目标：

- 了解 KubeEdge 的基本架构、基本组件，并掌握 KubeEdge 的使用。
- 了解 K3s 开源框架的详细内容，并掌握 K3s 开源框架的使用。

7.1　AR502 硬件基础环境

华为 AR502 系列网关是为严酷环境设计的物联网网关，可以满足恶劣的温度、湿度和电磁干扰环境下的网络通信需求。AR502 内置工业级 LTE 模块，提供大带宽、低时延的无线访问能力，并提供丰富的本地接口，包括 RS485/RS422、RS232、GE、RF、ZigBee 等，可连接各种串口设备、以太设备和 RF 设备。AR502 可以广泛应用于各种物联网领域，比如智能电网、智慧城市、智慧楼宇等。

AR502 系列包含如下款型：AR502EGRc-Lc、AR502EGRz-Lc 和 AR502H-CN，如表 7-1 所示。

表 7-1　　　　　　　　　　　　　　　　　　AR502E 系列参数

型号	参数
AR502EGRc-Lc	固定接口：2×GE 电，1×RS485/RS422，1×RS232，6×digita input/output（DI/DO），1×USB LTE：LTE FDD，LTE TDD RF：433MHz 工作温度：–25℃～+70℃ 尺寸（W×D×H）：150 mm×100 mm×44 mm 电源：8~36 V DC
AR502EGRz-Lc	固定接口：2×GE 电，1×RS485/RS422，1×RS232，1×DI，1×DO，1×USB LTE：LTE FDD，LTE TDD ZigBee：2.4~2.4835 GHz 工作温度：–25℃～70℃ 尺寸（W×D×H）：150 mm×100 mm×44 mm 电源：8~36 V DC
AR502H-CN	固定接口：3×GE 电，2×GE combo，2×RS485/RS232（485 与 232 通过软件切换），1×DI，1×DO，1×USB3.0 M.2 硬盘接口：支持 SATA 2242 SSD（客户自配，工业级硬盘），最大支持 256GB LTE：LTE FDD，LTE TDD 工作温度：–40℃～70℃ 尺寸（W×D×H）：150 mm×133 mm×44 mm 电源：双 DC 冗余，9.6~60V（工业端子）

AR502H-CN 是 AR502E 的下一代工业级物联网网关，提供更强大的计算能力、更丰富的业务接口，具有双分区冗余备份的高可靠性，并且支持扩展 IP 化 PLC 电力线通信模块连接物联终端。

7.2　AR502 软件基础架构

AR502 软件基础架构抽象为双系统：网关边缘计算平台系统、开放给第三方应用运行的容器系统。网关边缘计算平台系统作为应用与容器运行在同一个 Linux 内核上，但相互独立。AR502 软件基础架构如图 7-1 所示。

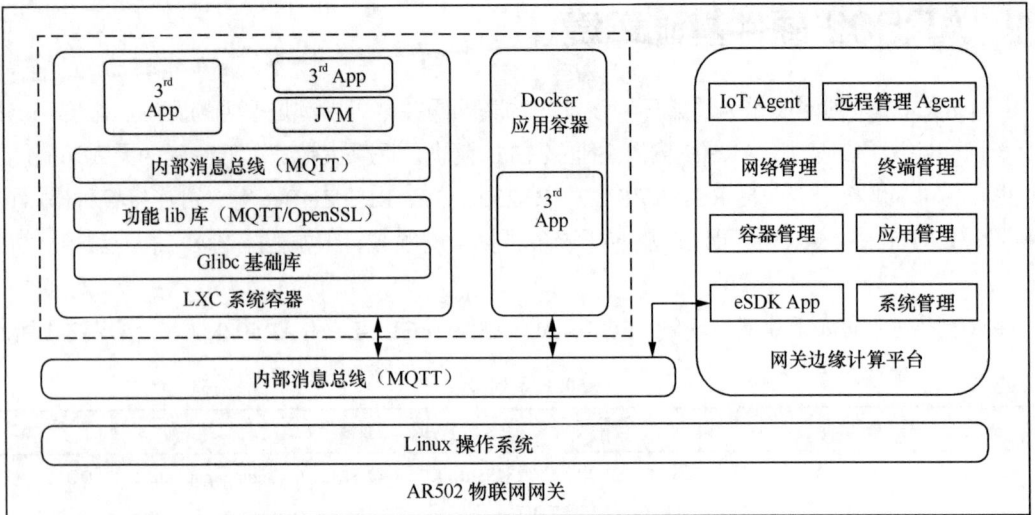

图 7-1　AR502 软件基础架构

双系统的分工如下。

● 网关边缘计算平台集成控制、管理、计算和通信等功能，如表 7-2 所示。

表 7–2　　　　　　　　　　　　　网关边缘计算平台功能

平台模块	模块描述
IoT Agent	连接华为 IoT 平台，实现 IoT 业务数据的上送与下发
远程管理 Agent	连接华为 AC-IoT 管理平台，实现网关的远程配置、升级、监控
网络管理	路由管理、网络接口管理、网络安全策略、网络防护
终端管理	连接到网关的物联网终端的管理，比如 PLC 终端的管理
容器管理	系统容器与应用容器的生命周期管理，以及物理资源的分配、容器网络的管理、容器文件系统加密
应用管理	LXC 系统容器内应用的管理
eSDK App	提供开放接口，将边缘计算平台的功能开放给第三方应用使用
系统管理	软件管理、设备管理、状态监控、秘钥管理
内部消息总线	App 之间的 MQTT 消息通道

● 容器系统（RS232/RS485 等）接管接口和存储设备，运行第三方客户应用，容器内的应用可以直接访问外网，如表 7-3 所示。

表 7–3　　　　　　　　　　　　　容器系统

容器类型	模块描述
系统容器	特指 LXC 容器，容器内提供完整的 OS 运行环境，包括基础系统库和系统管理服务、SSH 服务、日志服务、消息总线服务等操作系统服务
应用容器	特指 Docker 容器，容器即应用，容器内仅包含应用依赖的文件

7.3　AR502 开放性接口

由图 7-1 可知，AR502 物联网网关设备内部与容器内集成了 MQTT 消息总线，消息总线打通了容器之间、容器内部与网关边缘计算平台之间的传输通道。

eSDK App 对外提供 JSON Over MQTT 消息接口，容器内的应用通过消息总线去访问 eSDK App，应用可以向边缘计算平台注册终端信息，实现 IoT 数据的上送与下发；应用也可以获取物联网网关的系统信息，如 LTE 接口状态、系统版本、CPU 占用率、内存占用率和存储空间占用率等信息，实现物联网网关的监控。

AR502 网关 MQTT 协议通信示意图如图 7-2 所示。

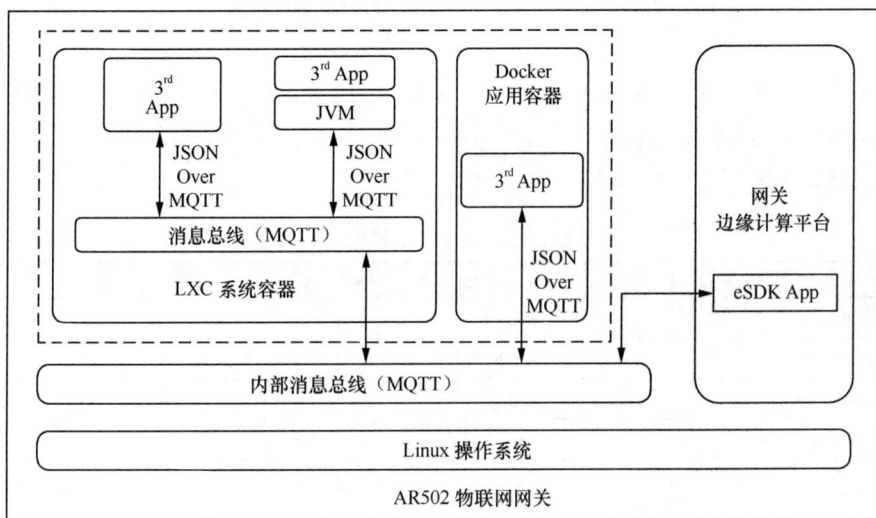

图 7-2　AR502 网关 MQTT 协议通信示意图

LXC 系统容器选用 Debian Linux，通过 LXC 系统容器镜像的一键式制作脚本，用户可以自定义所需的操作系统。

在容器内部默认包含了 systemd 系统服务管理软件、CoreUtil、apt-get deb 包管理工具、journactl 日志服务、Cron 服务、DHCP Client、SSH Service 等基础工具，具体可以在容器内通过 "dpkg -l" 命令查看提供了哪些软件包。

对于开发者，可选择集成 Python、Java VM 的运行环境。

关于 Docker 应用容器，通过 Docker 容器镜像一键式制作脚本，用户可以按需制作自己的应用镜像。

7.4　AR502 开发实战

7.4.1　短信控制功能开发

1. 功能说明

在网络不通的时候，可以使用短信作为备选通道，通过短信通道实现业务的监控与控制。

在图 7-3 中，3rd App 可以发送当前业务状态到监控与控制中心，监控与控制中心也可以发送控制指令到 3ʳᵈ App 完成业务控制。

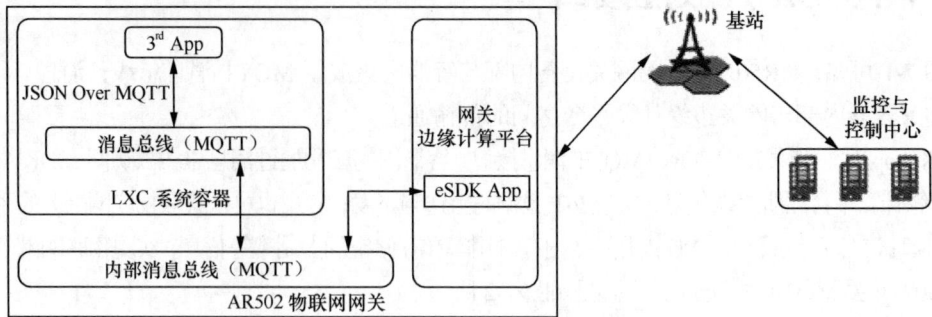

图 7-3　短信通信

网关提供的短信功能是一个信息管道，用户可以根据自己的业务场景完成指定的工作。

2. 发送短信接口说明

短信发送协议字段定义如表 7-4 所示。

表 7–4　　　　　　　　　　　　　短信发送协议字段定义

参数	类型（长度）	描述
requestID	String 64	请求 ID，由随机数组成
serialNumber	String 32	网关设备的 ESN
phoneNumber	String 32	手机号码
message	String 160	短消息
result	Int	0：成功 其他值：失败

第三方应用发布一个请求，即发布主题：gateway/smsSend.req。

```
{
  "requestID": "random number",
  "phoneNumber": "008613912345678",
  "message": "hello"
}
```

华为 eSDK App 发送回应消息，即发布主题：gateway/smsSend.rep。

```
{
  "result": 0,
  "requestID": "random number"
}
```

3. 短信接收接口说明

短信接收协议字段定义如表 7-5 所示。

表 7–5　　　　　　　　　　　　　短信接收协议字段定义

参数	类型（长度）	描述
serialNumber	String 32	网关设备的 ESN 号
phoneNumber	String 32	电话号码
message	String 160	短信息内容
eventTime	String 32	收到短信时间

华为 eSDK App 发布收到 SMS 消息内容，即发布主题：gateway/event/smsReceive。

```
{
  "serialNumber": "2102113374P0B4000046",
  "eventTime": "YYYY-MM-DDTHH:mm:ss.sssZ",
  "phoneNumber": "008613951882028",
  "message": "world"
}
```

4. 短信发送处理流程

短信发送处理流程如图 7-4 所示。

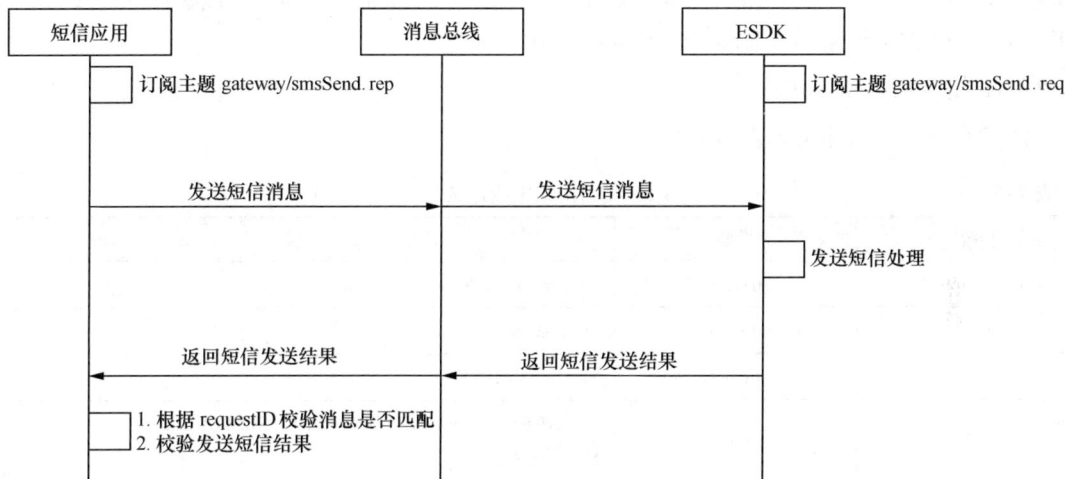

图 7-4　短信发送处理流程图

短信发送处理流程里面消息总线就是一个消息中转服务。短信应用发送完，根据 requestID 等待回复结果或者判断超时，根据结果再进行下一步处理。

5. 短信接收处理流程

短信接收处理流程如图 7-5 所示。

短信接收由外部触发，短信应用根据收到的短信内容进行对应处理。

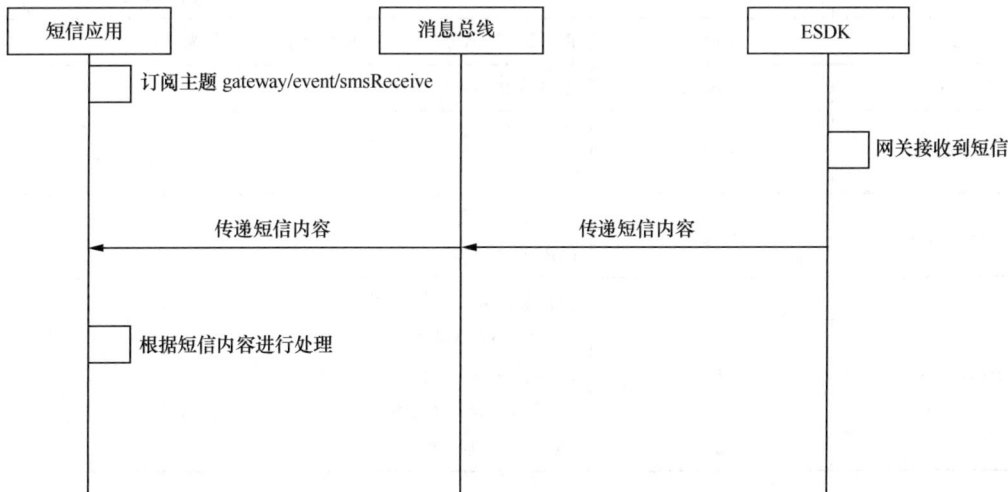

图 7-5　短信接收处理流程图

6. 补充说明

从安全方面来考虑，在支持短信应用时，接收短信要指定号码白名单，短信内容要加密，以免被恶意攻击。

7.4.2 LTE 无线链路监控功能开发

1. 功能说明

在 IoT 场景中，相比有线方式，LTE 网络部署简单，插入 SIM 卡即可联网，但是 LTE 易受外部环境影响，所以要进行监控，做一些策略处理。比如信号不好的时候，应用可以缓存自己的数据，或者尝试切换 LTE 网络模式（比如 4G 到 3G）去进行恢复。

2. LTE 链路状态接口说明

LTE 链路协议字段定义如表 7-6 所示。

表 7-6 LTE 链路协议字段定义

参数	类型	描述
serialNumber	String 32	网关设备的 ESN
mno	String 32	移动网络运营商
imsi	String 32	SIM 卡 IMSI 信息
mode	String 32	当前网络制式：NA/GSM/WCDMA/TD-SCDMA/LTE NA：无服务
iccid	String 32	集成电路卡识别码 ICCID
rssi	Int	接收信号强度指示。单位 dBm
rsrp	Int	基准信号接收功率。单位 dBm
rsrq	Int	基准信号接收质量。单位 dBm
sinr	Int	信号噪声干扰比。单位 dBm
rscp	Int	接收信号码功率。单位 dBm。该参数在 LTE 模式下不可用
ecio	Int	码片能量临区干扰比。单位 dBm。该参数在 LTE 模式下不可用
data	Int 64	每月第一天开始接收/发送的数据信息。单位为 B
ipAddress	String 32	IPv4 或 IPv6 地址信息
voiceStatus	Int	语音状态。取值为 0 表示不支持 （AR502 不支持）
lastCallTime	String 32	上次呼叫时间 (AR502 不支持)
cellularStatus	Int	语音通信或数据通信是否可用： 1：只支持语音通信 2：只支持数据通信 3：语音和数据通信均支持 （AR502 仅支持数据）

3. 处理流程

● 第三方应用发布一个请求（无载荷信息），即发布主题：gateway/cellularInfo.req。

```
gateway/cellularInfo.req
```

● 华为 esdkapp 发送回应消息，即发布主题：gateway/cellularInfo.rep。

```
{
  "serialNumber": "2102113374P0B4000046",
  "cellularInfo":{
    "mno": "CHINA  MOBILE",
    "imsi": "460016002731442",
    "iccid": "98681011274300909893",
    "mode": "LTE",
    "rssi": -55,
    "rsrp": -86,
    "rsrq": -6,
    "sinr": 29,
    "rscp": 0,
    "ecio": 0,
    "data": 32323,
    "ipAddress": "1",
    "voiceStatus": 1,
    "lastCallTime": "YYYY-MM-DDTHH:mm:ss.sssZ",
    "cellularStatus": 2
  }
}
```

表 7-7 所示为 LTE 信号值参考范围。

表 7-7　　　　　　　　　　　　　　LTE 信号值参考范围

接入模式	信号类型	信号差	信号一般	信号好
2G	RSSI	$-113\text{dBm}<\text{RSSI}\leqslant-85\text{dBm}$	$-85\text{dBm}<\text{RSSI}<-70\text{dBm}$	$\text{RSSI}\geqslant-70\text{dBm}$
3G/4G	SINR	$3\text{dB}\leqslant\text{SINR}\leqslant10\text{dB}$	$10\text{dB}<\text{SINR}<15\text{dB}$	$\text{SINR}\geqslant15\text{dB}$

当处于信号差状态时，监控应用需要进行数据缓存，并且发送当前 LTE 网络状态的通知。如果此情况经常发生，则需要重新部署 LTE 的天线位置，保证网络正常。LTE 监控应用运行流程如图 7-6 所示。

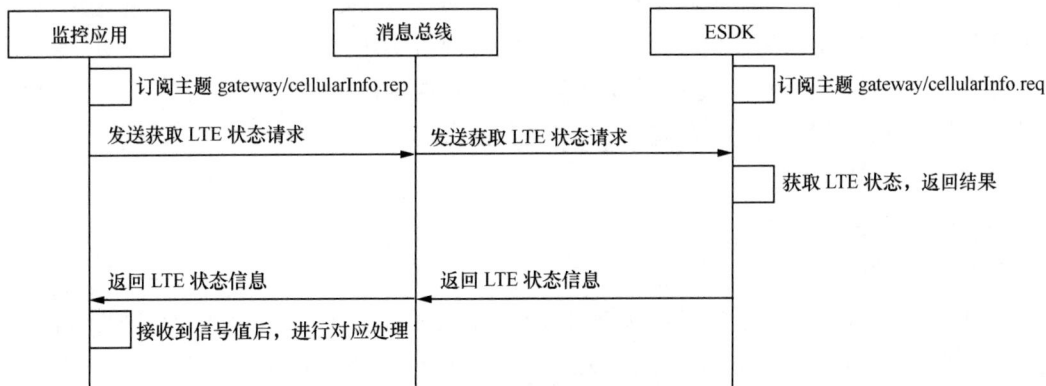

图 7-6　LTE 监控应用运行流程图

4. 补充说明

通过对 LTE 网络的监控，可以知道当前网络状态。需要时，可以采用复位模块或者切换网络的模式尝试恢复动作。复位模块与切换模式在 AR502 都有对应的开放接口，可进行调用，本书不做详细介绍。

7.5　易书桥实验室多模安全态势监测云平台

近年来，实验室安全事故时有发生，造成了人员、财产的重大损失。因此如何形成一个完善的安全体系成为了当今实验室管理的重中之重。综合来看，现阶段实验室安全管理主要存在以下 4 个问题：①缺少安全稳定的硬件设备；②缺少即时全面的监测平台；③相关人员安全意识不到位；④没有落实责任分配制度。

本项目提出了全面的实验室安全解决方案，不仅收集多种传感器数据，还使用最新的数据融合技术对数据进行分析，同时使用最新的信息技术，例如容器、微服务等云原生技术，使得工程具有高可靠、高可用和高可扩展性的特点。另外，边缘侧网关可以在离线状态实现本地化实时数据采集存储和预定义策略控制，恢复联网后数据可自动上传至云端以备日后查询与分析。

7.5.1　设计需求分析

1. 实验室安全项目概述

本团队立足于高校实验室，一直在思考如何破解实验室安全管理这个关系到生命安全的难题。目前本团队结合了四川大学物联网实验室和成都易书桥科技有限公司（具体方案参见微信公众号："易书桥"）多年来在物联网领域的学术研究和工程实践，尝试用最新的 ICT（Information and Communications Technology，信息通信技术）建立一个实验室安全监测平台来破解这一难题。该平台架构基于 Niagara 生态，采用 NB-IoT、Wi-Fi 传输等通信技术，感知层在实验室部署温感、光感、电感等多种传感器，结合智能插座、智能门锁等设备的开发，对实验室工作环境进行系统性、全面性的监控。边缘层采用霍尼韦尔的 JACE 8000 作为主要的数据汇聚接入点。JACE 8000 作为边缘设备，不仅可以对终端设备的请求做出响应，也能在对原始数据进行预处理操作后，将实验室多模态的传感数据汇聚到后台，进行进一步的信息化管理、数据挖掘，实现实验室安全态势的感知、监测和预测等。在管理平台中，配置相关人员的管理权限，从而实时地掌握实验室各项安全数据，控制各种智能设备，最终形成一套完整的实验室安全态势监测体系。

2. 实验室安全现状分析

（1）实验室安全事故统计

近年来国内高校实验室事故不完全统计如下。

● 2010 年 6 月 21 日，宁波某大学种质资源保护与良种选育实验室发生大火，原因是两名学生在用电磁炉熔化石蜡过程中，出现无人看管的现象，导致引燃可燃物，以致发生了火灾。

● 2011 年 4 月 14 日，四川某大学化工学院一实验室 3 名学生在做常压流化床包衣实验过程中，实验物料意外发生爆炸，3 名学生受伤。

- 2011 年 11 月 17 日凌晨 4 时许，广州某大学实验楼 1 楼有机化学室突然起火，大火蔓延至实验楼 2、3 楼，顶楼发电机也被波及。实验室内大量化学用品被点燃，散发出大量有毒气体。发现火势后，值班保安和老师紧急报警，随后约 8 辆消防车到场将大火扑灭。据悉，着火实验室过火面积达 30 多平方米。所幸事故未造成人员伤亡。起火原因为化学药品反应或电线短路。

- 2012 年 2 月 15 日，南京某大学实验室发生甲醛泄漏，事故中不少学生出现喉咙痛、流眼泪，感觉不适的反应。师生紧急疏散。原因是老师做实验时违规离开。

- 2012 年 3 月 6 日下午 6 点左右，北京某大学医学部中心实验楼发生火灾，所幸无人员伤亡。

- 2012 年 3 月 17 日上午 9 点多，华南某大学一名学生在生物催化实验室做实验引起火灾，实验室仪器突然发生爆炸，瞬间冒出大量的浓烟。所幸未造成人员伤亡。

- 2015 年 12 月 18 日，北京某大学化学实验室发生爆炸事故，事故造成一名博士后实验人员死亡。

- 2016 年 1 月 10 日，北京某大学科技大厦一实验室冰箱起火。现场有明火，并伴随黑烟。冰箱内存有有机化学试剂。

- 2016 年 9 月 21 日，上海某大学化学化工与生物工程学院一实验室发生事故，两名学生受重伤。

- 2018 年 12 月 26 日，北京某大学市政环境工程系 3 名研究生在一场爆炸事故中，不幸遇难。

可以看到，近年来多次发生的实验室安全事故，造成了人员财产的重大损失，实验室安全管理正面临着更多新的威胁和挑战。如何保证一个实验室安全稳定地运行，已成为高校实验室建设与管理工作的重要研究课题。

（2）实验室安全事故分析

综合来看，现阶段实验室安全管理主要存在以下几个问题。

- 缺少安全稳定的硬件设备。通过查阅网上信息和实地调研发现，大部分实验室的硬件设备功能比较落后，运行状态不够稳定，是影响实验室安全的重要因素。

- 缺少全面即时的监测平台。据了解，目前很多实验室缺少实时全面的监管平台，对实验室内的环境因素（如电源线路、通风环境、温湿度环境等），以及各设备的运行情况不能做到即时掌握，从而错过了处理问题的最佳时机。

- 相关人员安全意识不到位。实验人员的安全操作也是实验室安全的重要一环。

- 没有落实责任分配制度。一方面个别实验室人员管理制度落后，没有将责任划分详细、到位；另一方面相关责任人员没有尽到应尽的义务。

综上分析，实验室安全事故的原因主要有两类：不安全的环境因素和人的不安全行为。所以，实验室安全管理的核心内容就是消除环境的不安全状态，减少人的不安全行为。

- 安全的环境因素主要体现在电源线路、通风环境、温湿度环境等状态数据的合理性。

- 人的不安全行为会因为实验室的人员变化、人员工作心情状态变化而改变。减少人的不安全行为，不仅需要规范的管理制度，落实实验室安全责任人，还需要通过定量数据分析人的不安全行为习惯，从源头上减少不安全行为的发生。

3. 解决的问题和产品的改进

（1）解决的问题

经过实际调研市场现状，结合实际情况，本项目主要解决了以下几个问题。

- 多源数据采集。采用最新的物联网技术，多方位采集实验室的安全传感数据。
- 边缘存储计算。利用边缘设备，将在实验室环境中和硬件设备上部署的多源传感器收集的安全传感数据实时传输到云平台，进行存储和在线计算，达到安全传感数据的实时记录。
- 实时监测控制。通过监测各类传感器数据，采用先进的算法策略实时控制照明、插座等实验室设备，并将危险信息通过短信等方式实时通知实验室管理者。
- 行为识别预测。根据采集的各类传感器数据来综合分析实验室的不安全因素，去发现、识别和预测人的不安全行为。

（2）对现有产品应用做出的改进

本项目集成了先进的智慧楼宇开发套件，基于现有的成熟方案，可完成项目需求的大部分工作。结合了市面上的智能硬件产品（如智能插座和智能门锁），定制化开发符合实验室安全要求的智能硬件。融合了之前实验室在 NB-IoT 开发方面的经验，实现门锁的远程管理。目前门锁的状态暂时采用霍尼韦尔的数字量输入接入，后期将接入到门锁控制器上。目前可以实现远程开锁，电池最多可以工作 70 天左右。插座设计方面，设计融合了之前项目组在安全插座方面的开发经验，相比市面上的插座，本项目设计的安全插座方案主要新增传感器包括板载温度、电参数、感光窗等，未来可以作为小范围无线传感器网络的数据汇聚点。

同时，本项目在应用层为管理员开发了 Web 端管理平台，使管理员可以对所有受控的设备进行操作，并查看设备的多维度数据，给实验室设备管理提供直观的参考；为普通用户开发了小程序操作平台，方便用户控制特定设备的状态（例如打开门锁、关闭插座），并查看设备的运行信息。

7.5.2 特色与创新

1. 优势

（1）技术优势

实验室安全的技术优势如下。

- 为了保障数据获取的稳定，关键数据采用霍尼韦尔的 Tridium 技术进行采集。
- 易连接，现场设备多协议解析。
- 考虑高端的商业应用环境和稳定的产品质量保证，使项目能迅速落地。
- 兼顾成本敏感的实验室应用场景，采用树莓派边缘计算网关作为补充。
- 采用华为物联网的"1+2+1"技术。一个平台——OceanConnect 的海量连接为应用的开发提供了有力的数据保障；两个接入方式——轻量接入 NB-IoT/Wi-Fi 等以及边缘网关接入方式。在定制化的传感器执行器终端方面，采用华为公司自主研发的 LiteOS 操作系统，作为上面两种方案的很好的补充。

（2）方案优势

实验室安全的方案优势如下。

- 提出整体解决方案。传统的方案仅仅解决部分问题，如消防问题、化学气体检测、电力监控等。
- 采用传感器数据融合技术。传统的方案存在子系统天然割裂导致的数据孤岛问题。
- 采用最新互联网技术。云端可扩展，能很好地与现有办公系统、短信通知系统对接，保障安全信息传达的及时性。

● 采用最新物联网技术。终端易部署，可靠稳定。边缘侧网关可以在离线状态实现本地化实时数据采集存储和预定义策略控制，恢复联网后数据可自动上传至云端以备日后查询与分析。

2. 创新点

● 本项目是基于物联网技术实现的实验室智能安全监测系统。

● 考虑了实验室内的多种传感器数据，利用现有的边缘设备和云平台实现了房间级别的实时监测及控制。

● 用数据分析算法处理多源数据，及时反馈安全态势值。

7.5.3　功能设计

1. 总体设计

（1）系统功能

实验室多模安全态势监测云平台的系统架构如图 7-7 所示。

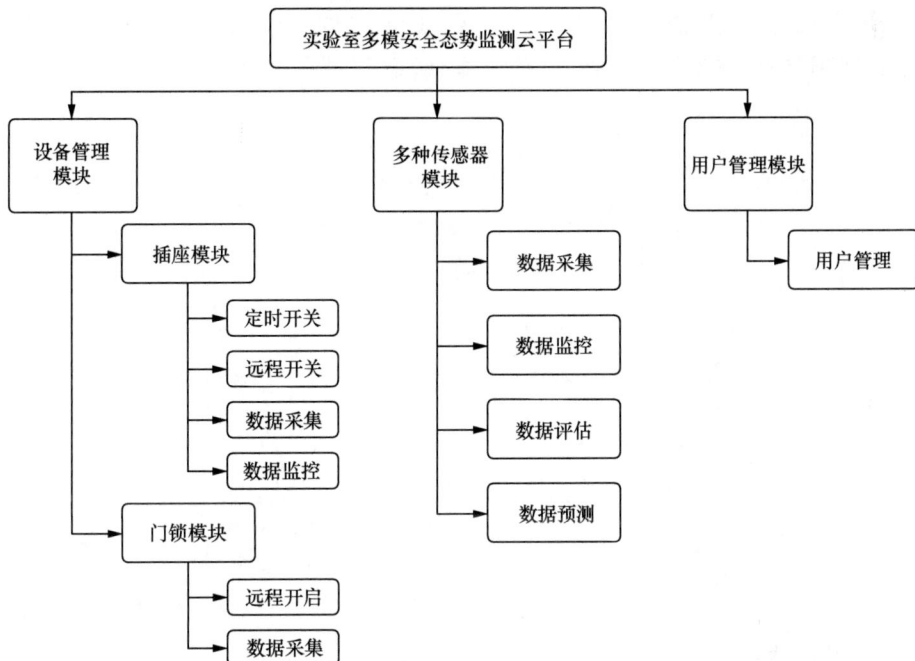

图 7-7　实验室多模安全态势监测云平台系统架构图

该系统通过插座、门锁和相关传感器，对实验室数据进行多方位采集和实时监控，为实验室安全保驾护航。

其中，插座模块实现了插座的定时开关，以满足特殊工作时间人群的需求，并主要针对工作人员疏忽，离开实验室忘关电器（例如化学实验室的加热装置）等情况，提供了插座状态在线查看及远程断电功能，从而方便用户使用，并且大大降低了实验室电器设备的用电风险。

门锁的硬件方面主要包括两大部件：STM32 低功耗芯片和 NB-IoT 模块。STM32 芯片主管控制，NB-IoT 模块承担主要通信功能。软件方面则有以下 3 个功能：开锁、设置用电模式和设置 RTC。开锁是基本功能，即门锁模块的基本功能——远程开锁；用电模式则分为 3 种，都和开锁时间有关，开锁时间越短，NB-IoT 的寻呼次数就越多，能耗就越高；设置 RTC 是为了和外部时间进行同步，以方便用户自由设置用电模式。

环境温湿度传感器模块采用不同物理连接方式连接到 JACE 8000。具体来说，该传感器采用的是一款 EE150 系列的温湿度变送器，具有优秀的长期稳定性和抗污染能力。工作温度的范围为−5~55℃，工作湿度的范围在 10%~90% RH 之间。其对外接口是 RS485 通信接口。

PM 2.5 传感器使用的是 Air Quality 系列设备，其采用激光检测原理进行质量浓度测量，可以持续测量室内 PM 2.5 浓度，测量范围为 0~500μg/m³，对外提供 RS485 通信接口。

光照传感器采用的是恒照度光感探测器（网络型），型号是 MP-PENET，照度值探测范围为 0~65 000lx，对外提供 RS485 通信接口，并与 JACE 8000 的 485 接口连接，用于监测实验室室内的光照强度。

电能表使用 EV/DV 300 系列三相电力仪表，其使用现代微处理器和数字信号处理技术设计而成。测量的电力参数包括电压、电流、有功功率、无功功率、视在功率、功率因数、频率、有功电度、无功电度等。多种 I/O 接口可以满足用户对于数字和模拟量输入/输出扩展的需求，并与 JACE 8000 的 485 接口连接，用于监测实验室室内的能量消耗情况。

（2）基本设计概念和处理流程

首先用用例图说明系统基本设计概念，如图 7-8 所示。

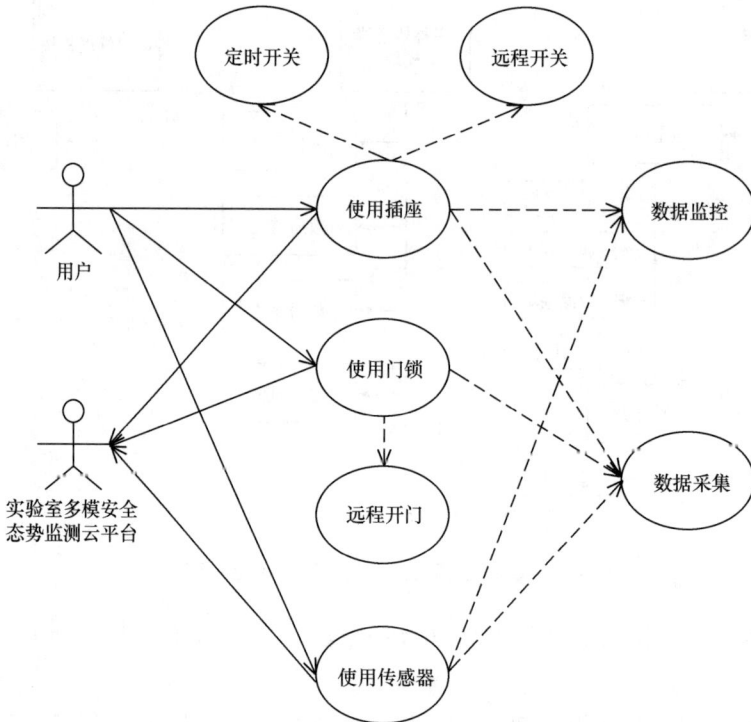

图 7-8　用例图

（3）功能需求与系统模块的关系

功能需求与系统模块的关系如表 7-8 所示。

表 7–8   功能需求与系统模块的关系

功能	是否具备功能		
	插座模块	门锁模块	边缘网关外围的多种传感器模块
定时开关	√		
远程开启	√	√	
远程关闭	√		
数据采集	√	√	√
数据监控	√	√	√
数据评估			√
数据预测			√

2. 通信协议设计

通信协议设计则主要指门锁、插座以及 OceanConnect 平台之间通信协议的设计。

（1）智能门锁协议设计

智能门锁的数据传输协议主要是 CoAP。本项目在设计之初并不考虑 CoAP 的协议格式，只关注 CoAP 数据报传送的数据格式，即编解码插件的数据格式。数据格式如下。

● 获取电量：getBattery。其数据格式如表 7-9 所示。

表 7–9   getBattery 数据格式

数据类型	字节	数据格式	数据类型	字节	数据格式
命令	1	messageId 数据类型：int 取值范围：0~255	应答		无
	2	batteryVolt 数据类型：int 取值范围：0~300 单位：0.1V			

● 锁控制：control_lock。其数据格式如表 7-10 所示。

表 7–10   control_lock 数据格式

数据类型	字节	数据格式	数据类型	字节	数据格式
命令	1	messageId 数据类型：int 取值范围：0~255	应答	1	messageId 数据类型：int 取值范围：0~255
	2~3	mid 数据类型：int 取值范围：0~65 535		2	errcode 数据类型：int 取值范围：0~1 0：报文有效 1：报文无效
	4	value 数据类型：int 取值范围：0~2 0：未定义 1：开锁 2：未定义		3~4	mid 数据类型：int 取值范围：0~65 535
				5	value 数据类型：int 取值范围：0~1 0：操作完成 1：操作未完成

● 改变模式：changeMode。其数据格式如表 7-11 所示。

表 7-11 changeMode 数据格式

数据类型	字节	数据格式	数据类型	字节	数据格式
命令	1	messageId 数据类型：int 取值范围：0~255	应答	1	messageId 数据类型：int 取值范围：0~255
	2~3	mid 数据类型：int 取值范围：0~65 535		2	errcode 数据类型：int 取值范围：0~1 0：报文有效 1：报文无效
	4	value 数据类型：int 取值范围：0~2 0：开锁时间最短，耗电量最大 1：开锁时间正常 2：开锁时间最长		3~4	mid 数据类型：int 取值范围：0~65 535
				5	value 数据类型：int 取值范围：0~1 0：操作完成 1：操作未完成

● 设置 RTC：RTCset。其数据格式如表 7-12 所示。

表 7-12 RTCset 数据格式

数据类型	字节	数据格式	数据类型	字节	数据格式
命令	1	messageId 数据类型：int 取值范围：0~255	应答	1	messageId 数据类型：int 取值范围：0~255
	2~3	mid 数据类型：int 取值范围：0~65 535		2	errcode 数据类型：int 取值范围：0~1 0：报文有效 1：报文无效
	4~15	value 数据类型：string 长度：12 取值范围： 年份：0000~9999 月份：01~12 天：01~31 时间：00:00~23:59		3~4	mid 数据类型：int 取值范围：0~65 535
				5	value 数据类型：int 取值范围：0~1 0：操作完成 1：操作未完成

（2）智能安全插座协议设计

端口说明：

● 5000 端口：用于 Server Web 的 Python Flask，以对外提供 Web 服务。

● 9999 端口：用于设备连接。

服务描述：

负责下行的 Socket 链接设备，负责接收来自 Server Web 的 Redis 数据操作，如图 7-9 所示。

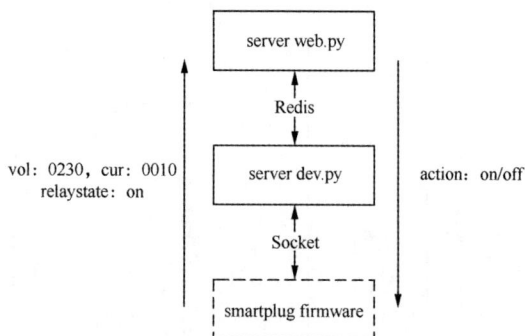

图 7-9 系统主要服务描述

● Redis 下行的 JSON 命令定义如表 7-13 所示。

表 7–13　　　　　　　　　　　　　**Redis 下行的 JSON 命令定义**

命令	描述
action:on	执行打开继电器的操作
action:off	执行关闭继电器的操作

● Redis 上行的 JSON 消息定义如表 7-14 所示。

表 7–14　　　　　　　　　　　　　**Redis 上行的 JSON 消息定义**

命令	描述
vol:0230	上报电压数据给 server web.py
cur:0010	上报电流数据
pwr:0010	上报功率数据
tmp:0025	上报温度数据
rssi:0060	上报 RSSI 数据
relay:on	上报继电器的状态，on 或者 off

● Socket 接收的电参数信息定义如表 7-15 所示，继电器的状态定义如表 7-16 所示。

表 7–15　　　　　　　　　　　　　　　**电参数信息定义**

命令	描述
vol:0230	上报电压数据给 server web.py
cur:0010	上报电流数据
pwr:0010	上报功率数据
tmp:0025	上报温度数据
rssi:0060	上报 RSSI 数据

注：未来可能加上功率、功率因数、电量计算等指标。

表 7–16　　　　　　　　　　　　　　　**继电器的状态定义**

命令	描述
relaystate:on	继电器的状态。JSON 简化为 rely:on 或者 rely:off

● Socket 下行的 JSON 命令定义类似于 Redis，如表 7-17 所示。

表 7–17　　　　　　　　　　　　　**Socket 下行的 JSON 命令定义**

命令	描述
action:on	执行打开继电器的操作
action:off	执行关闭继电器的操作

7.5.4　系统实现

1. 项目方案架构

项目方案总体架构如图 7-10 所示。

多模：传感器种类多样化，边缘 - 设备架构混合多样化，通信协议多样化，厂商和社区多样化

多模安全态势监测重点研究边缘计算、室内定位、负荷分解等技术发现，识别和预测不安全行为

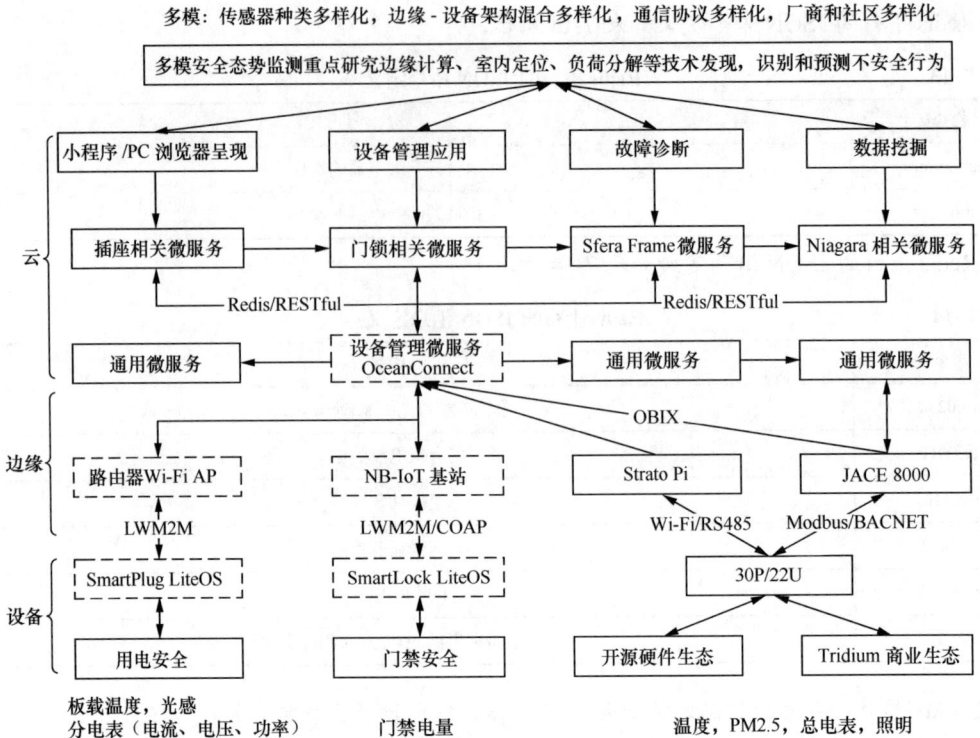

图 7-10　项目方案总体架构

2. 项目方案设备边缘侧硬件技术

本项目方案主要采用云-边-端一体化的设计架构，其架构中的设备边缘侧硬件技术主要包括感知层技术和传输层技术。

（1）感知层技术

感知层主要由各类传感器或者嵌入智能硬件中的传感器芯片组成。具体如下。

● 具有温湿度传感器、PM 2.5 传感器、总电表传感器、光照传感器等传感器，以及门锁继电器、插座继电器等执行器。

● 定制化智能硬件采用华为 LiteOS 管理微型控制器的外围设备。

● 采用现代数字信号处理技术，如神经网络技术前移到微型控制器，实现传感器的智能化。

（2）传输层技术

针对数据汇聚点的边缘设备层，高可靠要求的场景下，项目采用商业边缘终端 Tridium 的 JACE 8000。在成本敏感的情况下，项目采用开源边缘设备树莓派。具体如下。

① JACE 8000 硬件。JACE（Java 应用控制引擎）是一种功能强大的嵌入式服务器，将多种不同类型协议的现场设备，如传感器和执行器，连接到局域网或广域网，具有能源管理、报警分析、设备控制、Web 页面管理等功能。JACE 将最新的 Internet 技术与独特的高度分布式架构结合起来，在每个网络控制器中实现本地实时控制，这样用户在进行关键控制策略时，就不必依赖中央服务器提供的信息。JACE 8000 既可以作为功能丰富的独立的服务器，也可以作为中央服务器的一个子部分。这样与标准关系数据库以及企业应用程序建立的接口，提供了较高的可靠性和扩展性。

② 树莓派。树莓派是开源社区为学习计算机编程教育而设计，只有信用卡大小的微型电脑。其

系统主要是基于 Linux，在工业界和教育界有非常大的用户基础，包括谷歌、微软和华为在内的国际知名大厂均对它有非常好的支持。谷歌公司基于树莓派开发了自己的边缘张量处理器（Tensor Processingr Unit，TPU）。微软公司开发了针对树莓派的 Windows10 IoT 版本。华为社区通过 Agent Lite Gateway Demo 将其链接到华为 OceanConnect 平台。树莓派本身可以通过硬件转接板与各类传感器通信，在牺牲部分可靠性的前提下，达到和 JACE 类似的功能。

为了适配不同外围传感器，边缘设备在硬件上提供数字量输入和输出，模拟量输入和输出，以及工业总线技术，包括 Modbus on RS485/TCP、BACnet 等。

项目主要采用两种低功耗无线接入技术，Wi-Fi 和 NB-IoT，实现一跳连接、数据上云。Wi-Fi 接口是现在手机和笔记本电脑在家庭和办公场景中非常重要的数据接入方式。NB-IoT 技术是 IoT 领域一个新兴的技术，支持低功耗设备在广域网的蜂窝数据连接，也就是常说的低功耗广域网。NB-IoT 技术具有广覆盖、海量连接、低功耗、低成本等优点，是目前比较受欢迎的低功耗广域网技术之一。因此，本项目的定制智能硬件在连接上选用了这两类通信方式。

3. 项目方案软件技术

（1）终端操作系统软件技术

Huawei LiteOS 是华为公司针对物联网领域开发的一个面向万物感知、互联、智能的基于实时内核的轻量级操作系统。2015 华为网络大会上，华为公司第一次发布了最轻量级的物联网操作系统 LiteOS。Huawei LiteOS 自开源发布以来，围绕物联网市场从技术、生态、解决方案、商用支持等多维度使能合作伙伴，构建了开源的物联网生态，为开发者提供"一站式"完整软件平台，有效降低了开发门槛，缩短了开发周期。

LiteOS 现有基础内核支持任务管理、内存管理、时间管理、通信机制、中断管理、队列管理、事件管理、定时器等操作系统基础组件，更好地支持低功耗场景，支持 tickless 机制，支持定时器对齐。同时提供端-云协同能力，集成了 LWM2M、CoAP、mbed TLS、LWIP 全套 IoT 互连协议栈，且在 LWM2M 的基础上，提供了 AgentTiny 模块。用户只需关注自身的应用，而不必关注 LWM2M 实现细节，直接使用 AgentTiny 封装的接口即可简单快速地实现与云平台安全可靠的连接。LiteOS 的主要功能如图 7-11 所示。

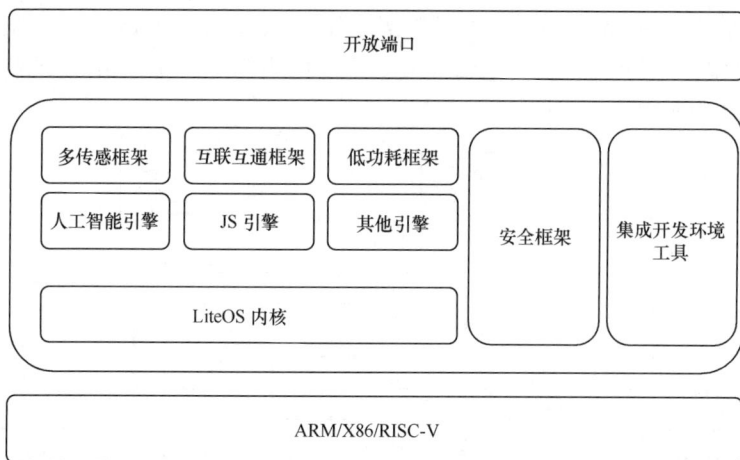

图 7-11 LiteOS 的主要功能

（2）边缘侧软件技术

Niagara 是一个基于物联网的开放式的应用平台，它提供了一种基础设施，让系统集成商和开发者能构建设备-企业解决方案及互联网控制和监控产品。该框架可以将各种系统和设备集成到一个通用的平台上。

Niagara 框架如图 7-12 所示。站点（Station）是 Niagara 运行实例，一般运行在 JACE 和上位机（Supervisor）上。一个 Supervisor 工作站可以和多个 Station 通过 Fox 通信协议进行点对点通信，实现 Niagara 的分布式数据采集和控制。Daemon 是本地的一个守护进程，用来引导 Station 和管理运行平台的各种配置。工作台（Workbench）是一种 Niagara 可视化工具，是承载 Niagara 插件的主机。

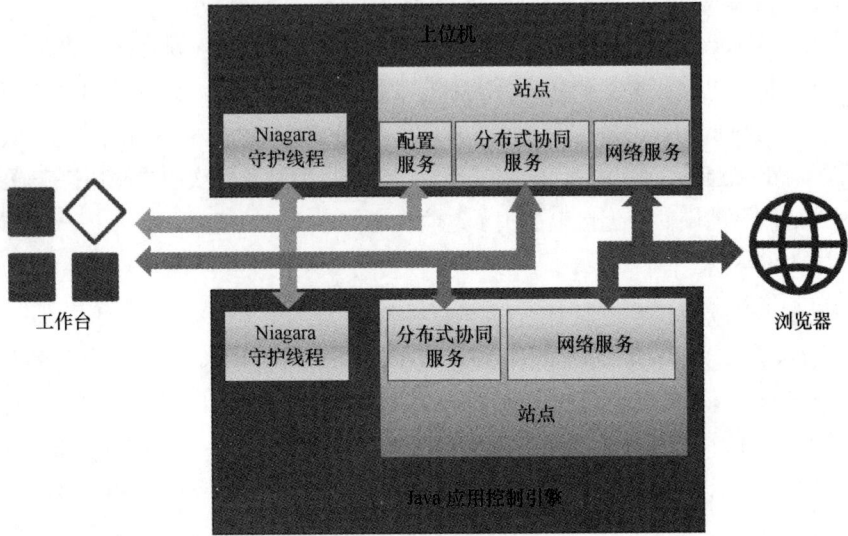

图 7-12　Niagara 框架图

JACE 8000 是一款嵌入式物联网控制引擎及服务器平台，可以用来连接多个设备和子系统。JACE 8000 控制引擎提供了集成、监控、数据记录、报警、时间表和网络管理等功能，可以通过以太网或无线局域网远程传输数据并在标准浏览器进行图形显示。

（3）云端后台软件技术

Spring Cloud 是基于 SpringBoot 的一系列框架的有序集合，它利用 SpringBoot 的开发便利性简化了分布式系统的开发，比如服务发现、负载均衡、服务路由等。它也是微服务的解决方案中的佼佼者。Spring Cloud 架构如图 7-13 所示。

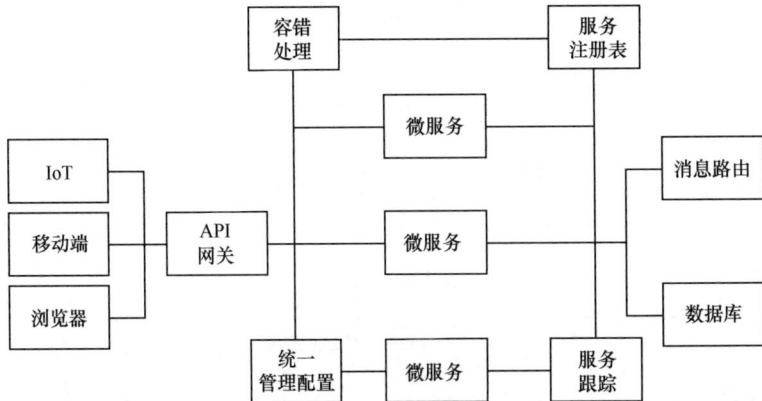

图 7-13　Spring Cloud 架构图

Spring Cloud 根据传感器的多源性和基础设备的多样性，把系统业务分成几个微服务。这些微服务注册到服务中心，每个微服务之间都可以通过该服务中心进行互相访问，从而达到各业务之间的解耦和关联。

4. 多端呈现

目前，市场上大多数主流管理系统是以 PC 端的形式进行呈现的，这种方式的优势体现在以下几点。

- 所需信息呈现繁多的情况下，在 PC 网页端可以更清晰地浏览。
- 在需要对人员和设备进行管理时，管理员通过 PC 端进行操作更方便。
- 通常一个管理系统涵盖多个子系统，在功能复杂的情况下，PC 端对于管理员来说是更合适的选择。

此外，传统 App 需要用户进行下载、注册、登录等一系列烦琐操作，容易降低用户的使用热情。鉴于现在微信的普及和小程序的广泛应用，用户以小程序的方式进入系统更加便捷。

因此，系统多采用 PC 端和小程序来实现多端呈现。具体说来，管理员可以在 PC 端掌握实验室整体安全情况并对实验室人员和设备进行管理。而小程序则面向的是普通用户，方便其及时了解实验室的环境参数，所用插座的各项数据，以及利用权限进行在线打开门锁等操作。

（1）PC 后台

PC 端主要面向的是实验室的管理员，可以是老师，或者是由老师所指派的实验室助手。管理员可以通过浏览器对其所在实验室的环境数据进行查看，对实验室人员及设备进行管理。后台主要分为以下 4 个子模块。

- 首页：主要呈现实验室近期的安全状况和主要的设备统计信息。
- 设备管理：这一模块主要分为插座管理和门锁管理。管理员可以通过插座管理页面查看实验室插座的使用信息，以及进行开关、添加和删除插座等操作；在门锁管理页面可以查看目前实验室所使用的智能门锁的相关信息，对其进行开关控制。
- 数据分析：主要分析用户插座的使用情况，呈现插座当前的数据信息，并将插座温度、湿度、光照、电压和功率等历史数据进行可视化，结合算法分析和预测未来趋势，实现危险预警功能。
- 人员管理：管理员通过此模块可以对其所在实验室的老师、学生进行管理。这一部分主要包括管理员对人员的添加和删除，对用户进行设备权限管理。

（2）小程序设计

小程序主要面向实验室普通用户。通过小程序，用户可以对自己所拥有的插座进行管理，针对其拥有权限的门锁可以在进出该房间时进行开锁操作。同时小程序将更加智能地为用户呈现实验室环境数据和设备信息，便于用户及时掌握和在需要时做出针对性操作。

小程序主要分为以下 4 个子模块。

- 首页：呈现用户拥有门锁权限的房间号以及该房间内的插座总数，相当于该用户名下可控制设备的总览。用户在选择某一个房间后可进行具体的操作。
- 房间详情：该模块就是用户对应的某一个房间内所有信息的详细展示，包括房间内的传感器数据，如温度、湿度、PM 2.5 值、电参数、光照等传感器数据；该房间内插座的整体信息，如插座编号和插座的使用状态。另外，在该模块中，用户还可以对该房间的门锁进行远程开关操作。
- 插座详情：该模块对应房间内相应编号的插座信息的数据展示，包括插座的当前板载温度、持续工作时间、当前功率、当前电压和当前电流等。用户同样可以在该模块对插座进行远程开关控制。

● 个人中心：在该模块中，用户可以申请添加某个房间的门锁权限和插座权限，查看所有申请的详细信息和处理结果。

7.6 恩易通边缘计算方案

7.6.1 应用背景

边缘计算是一种分散式运算的架构。在这种架构下，应用程序、数据资料与服务的运算，由网络中心节点移往网络逻辑上的边缘节点来处理。或者说，边缘计算将原本完全由中心节点处理大型服务加以分解，切割成更小与更容易管理的部分，分散到边缘节点去处理。边缘节点更接近于用户终端装置，可以加快资料的处理与传送速度，减少延迟。近些年，在工业网络中，边缘计算的理念火热起来。尤其在网络协同制造和智能工厂中，随着工厂规模越来越大，需要采集并控制的设备（如 PLC、控制器和触摸屏等）数量在大量增加，采集、上传的数据大量地汇聚到云服务器，使云计算服务器压力增大。使用边缘计算可以给服务器节省空间和资源，将一部分有实时性需求的采集及运算放在采集模块或设备附近，就近计算分析并控制，再将计算结果上传给云服务器。

7.6.2 系统设计

1. 框架设计

本项目针对网络协同制造和智能工厂环境状态采集、分析、控制系统需求，对工厂智能仪表（电表、气表、温度传感器等）进行数据采集，在区域节点部署边缘计算设备，对采集上来的数据进行计算分析、图像化处理，得到温度、压力、液位、流量和其他开关量等结果数据，将计算结果上传到工厂云服务器进行存储。PC 端或者移动客户端可从云服务器调取信息。

网络协同制造和智能工厂内网状态采集、分析、控制系统由数据采集网络、边缘计算设备数据、数据传输网络、云服务器、PC 客户端或移动客户端构成。

从网络的角度解析，数据采集是基础，数据的远程传输是手段，数据的智能应用是目的。按数据类型区分，数据可分为总线设备数据（如 485、CAN 等）和以太网装备数据。数据的采集是为后端的智能应用做支撑。传统的数据采集偏重于数据本身，忽略了数据之间的关联性，即数据的时间属性，导致数据采集到后端之后，应用软件无法还原数据的关联性，不能为边缘计算建立完美的数据模型。本案例从网络的角度出发，阐述了一种在完成数据采集的同时对数据添加时间标签的解决方案。此方案能够实现：第一，使边缘计算设备获得数据产生的时间；第二，让边缘计算设备在区域内实现同时采集、同时控制的效果。此方案中，所有采集设备保持高精度时钟同步，同步误差不大于 $1\mu s$。

2. 系统框架图

本项目方案的系统框架如图 7-14 所示。

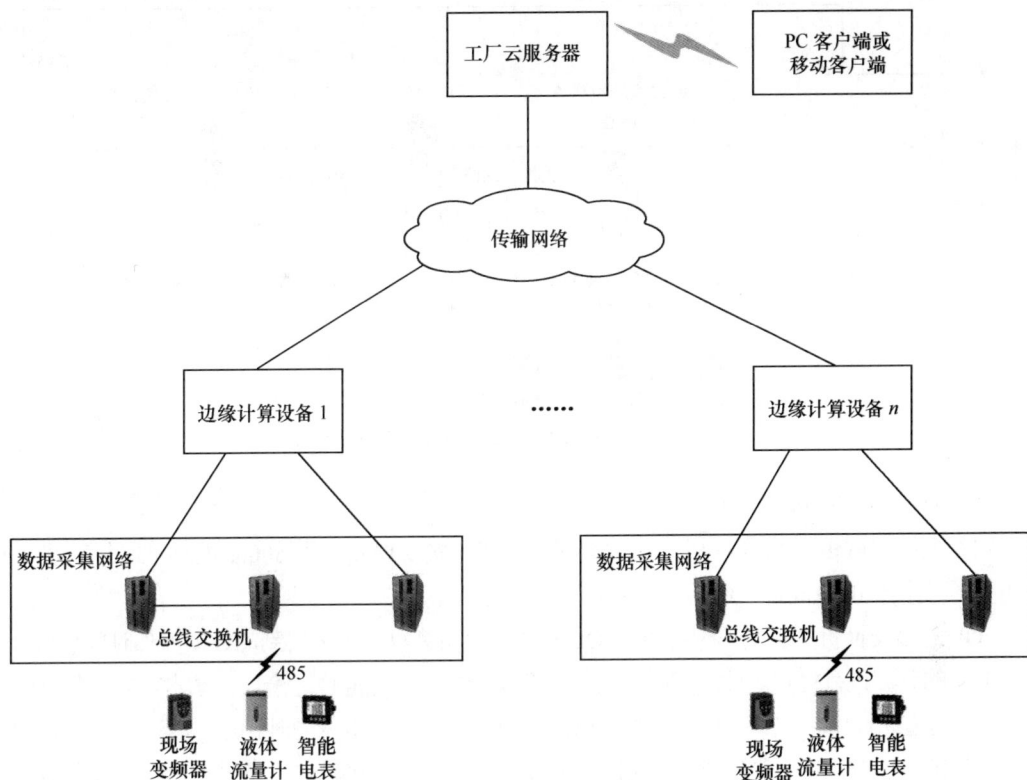

图 7-14 系统框架图

7.6.3 系统实现方法

1. 数据采集网络连接

边缘计算设备通过北京恩易通公司的 EOE 总线交换机对智能仪表进行数据采集。智能仪表采用 485 总线接口、Modbus 协议。区别于传统总线采集设备（比如串口服务器），总线交换机相互之间可以使用光纤或者网线（以太网格式）串联，并在尾端环回到边缘计算设备，组成环形采集网络，增加了系统可靠性。总线交换机将 485 总线数据转换成以太网格式数据，发送给边缘计算设备。边缘计算设备与总线交换机同样采用以太网连接。

EOE 总线交换机采用 485 接口与智能仪表连接，每台总线交换机具备 6 个 485 接口，即可接入 6 条总线，每条总线实际可挂载约 20 台智能仪表。一个区域最多可使用 256 台总线交换机。也就是说一台边缘计算设备通过总线交换机，可采集 1 536（256×6）条总线数据。

EOE 总线交换机可实现"虚拟总线"。通过对总线交换机端口的配置，可将不同总线交换机下的总线虚拟成一条总线。图 7-15 中 EOE 总线交换机 A 的 4000 端口、总线交换机 B 的 4000 端口，以及其他总线交换机的 4000 端口，属于一条虚拟总线。所有 4000 端口与边缘计算设备的虚拟 4000 端口构成了一条虚拟总线，与传统的用铜缆连接起来的总线实现相同的通信效果。

这种 EOE 总线交换机数据采集网络可节省大量的铜缆铺设，为整个系统降低物料成本及施工难度。其灵活的部署方式，使总线采集能够真正与以太网设备无缝融合起来，增加边缘计算设备的采集面积和效率，提升边缘计算设备采集点的容量。

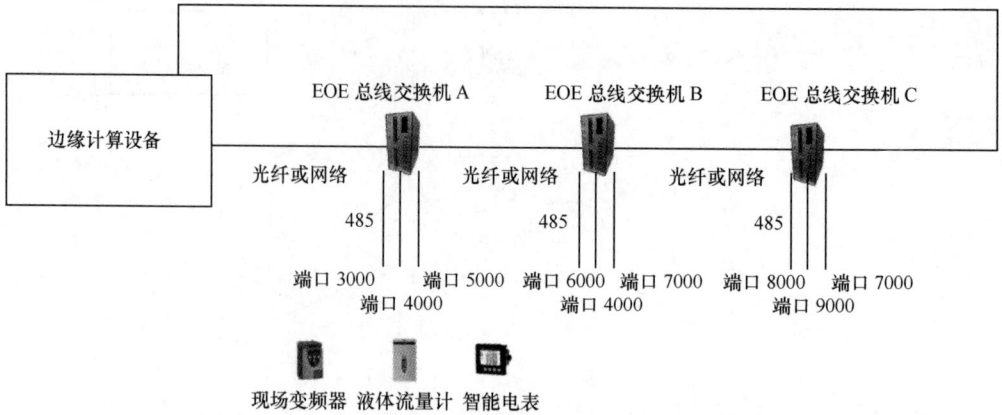

图 7-15　边缘计算设备与总线交换机的连接示意图

2. 具备时间属性的数据采集

一个区域内的 EOE 总线交换机具备时钟同步功能，实现误差小于 500ns 的精准时钟同步。将所有 EOE 总线交换机的时间进行统一。

在 EOE 总线交换机具备统一时钟后，EOE 总线交换机为每一个采集到的数据增加时间标签。时间标签以 1μs 的刻度进行标识。此时间标签在距离数据产生端最近的位置产生，基本等同于数据的产生时间。以往的边缘计算中，实时数据库对数据是以边缘计算设备本身的时钟进行时间标识的，但这个时间不是数据产生的时间，数据经过采集网络和设备的时延是不确定的，所以用边缘计算获取数据的时间不能反映数据产生的时间。用 EOE 总线交换机为数据增加时间标签就可以很好地改善这个问题，使边缘计算设备能够更精准地分析整个区域的数据动态。总线数据的时间标识如图 7-16 所示。

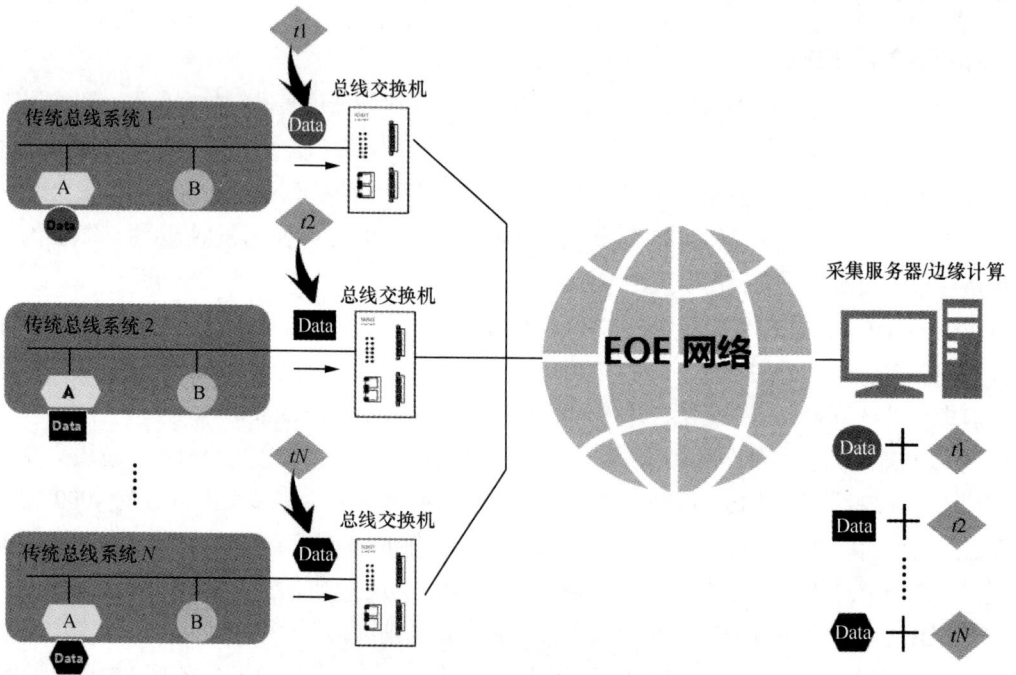

图 7-16　总线数据的时间标识

3. "拍照"式数据采集

EOE 总线交换机增加了时间标签,能了解到数据产生的时间属性。但对于边缘计算来说,如果其一次采集动作所获取的数据是同一时刻的状态数据,就可以让边缘计算设备对整个系统内在这一时刻的状态进行更直观的分析,类似"拍照"的效果。一张照片上的所有影像是这些物体在同一时刻的状态。边缘计算设备以"拍照"的采集方式对设备进行同步采集,对其计算效率、数据建模、判断精准度都有跨时代的积极意义。

要实现"拍照"式的数据采集效果,采集指令就必须同时到达各个被采集设备,从而实现"同时采"。在边缘计算分析完状态数据后,执行相应的控制指令,调整整个工厂系统的生产状态。此时,很多设备需要协同工作,这可以理解为"同时控",即基于 EOE 总线交换机的时钟同步和对数据时间标签的处理能力,来实现"同时采""同时控"。

"拍照"式采集实现方法如图 7-17 所示。实现思路如下。

- 所有 EOE 总线交换机完成精准时钟同步。
- 边缘计算设备通过软协议,获取 EOE 总线交换机的时钟信息。
- 边缘计算设备在发送采集命令时,增加目标时间字段。
- EOE 总线交换机严格根据目标时间下发采集命令。

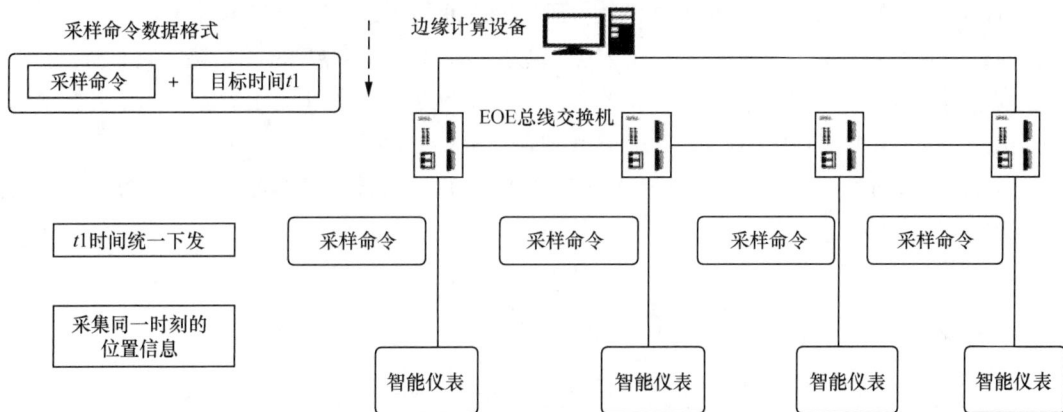

图 7-17　"拍照"式采集实现方法

假设设置所有采集指令按照 500ms 周期进行拍照式采集,总线交换机会严格按照 500ms 间隔向智能仪表的输出端口发送采集命令。实际效果如图 7-18 所示。

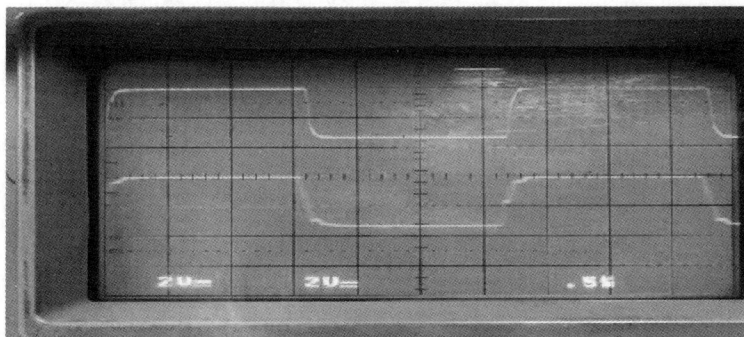

图 7-18　拍照式采集实际效果

"同时控"的实现方法与"同时采"一致，核心就是边缘计算设备给控制指令增加目标时间，EOE总线交换机按照目标时间下发数据。

7.6.4　案例总结

此案例旨在更好地发挥边缘计算设备的实时性和灵活性。通过将边缘计算设备与新型的总线通信技术相结合，降低了网络协同制造以及智能工厂环境状态采集、分析、控制系统部署难度和部署成本。从系统性能角度，采集网络对数据的时间标识，扩展边缘计算设备的功能，在提升边缘计算设备的负载能力的同时，使其对工厂环境状态建立更精细的状态模型。"拍照"式的数据采集也为边缘计算设备拓展了更多的应用价值。相信在不久的将来，边缘计算系统一定能为网络协同制造和智能工厂的生产提供更广泛的应用及更高的经济价值。

7.7　KubeEdge 的介绍与实践

7.7.1　Kubernetes 简介

Kubernetes 简称 K8s，这是用 8 代替 8 个字符 "ubernete" 而成的缩写。Kubernetes 是一个开源的，用于管理云平台中多个主机上的容器化的应用，也是开源的管理容器集群的系统。它支持自动化部署、大规模可伸缩、应用容器化管理。Kubernetes 的目标是让部署容器化的应用简单并且高效。Kubernetes 提供了维护、扩展、部署的一种应用机制。另外，它提供了一套 Docker（应用容器引擎）分布式系统的解决方案，以集群的方式运行、管理并解决 Docker 跨机器容器的通信问题。Kubernetes 的总体架构如图 7-19 所示。

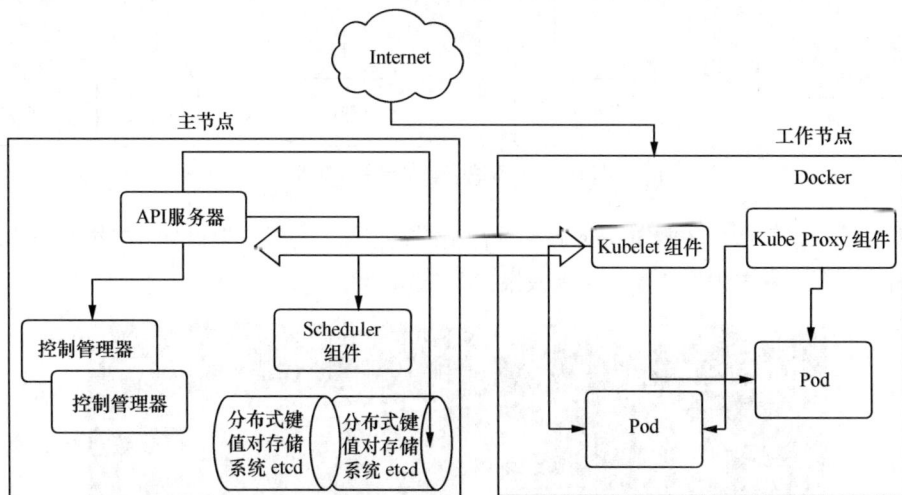

图 7-19　Kubernetes 的总体架构

Kubernetes 的控制平面可以处理数百至数万个运行的容器，并且适应自主边缘计算层管理数百万台设备。同时，Kubernetes 可以创建多个容器，每个容器可以运行一个应用实例，然后通过内置的负载均衡策略，实现对这一组应用实例的管理、发现、访问。而这些细节都不需要运维人员去进行复杂的手工配置和处理。Kubernetes 有几个重要的概念：Pod、Service 和 Replication Controller。

Pod 是创建和管理 Kubernetes 的最小部署单元，它由一个或者多个容器组成（如 Docker 容器），这些容器共享容器存储、网络和容器运行配置项。Pod 的容器总是被同时调度，有共同的运行环境，不仅可以访问共享 IP 地址和端口号，还可以访问共享 Volume 的权限。可以把单个 Pod 想象成是运行独立应用的"逻辑主机"——其中运行着一个或者多个紧密耦合的应用容器。与独立的应用容器一样，Pod 是一个临时的实体，它有着自己的生命周期。在 Pod 被创建时，会被指派一个唯一的 ID，并被调度到节点中，直到 Pod 被终止或删除。一个 Pod 相当于一个运行的进程，而 Pod 可以同时协同多个进程工作，在有限的时间内会自动分配到同一个节点上。进程之间可以相互通信。对于不同的容器，Pod 有不同的 IP 地址。Pod 有时并不稳定，如由 ReplicaSet、Deployment 等副本控制器创建的 Pod，其副本数量、名称、所运行的节点、IP 地址等，都会随着集群规模、节点状态、用户缩放等因素动态变化。

Service 是 Kubernetes 的核心以及基本操作单元。Service 可以看作是一种服务平台，是应用服务以及一组逻辑 Pod 的一种抽象概念。每一个 Service 都需要很多对应的容器来支持，通过 Proxy 的端口号和服务 selector 把服务请求传递给后端提供服务的容器，对外表现为一个单一访问接口，外部不需要了解后端如何运行，这给扩展或后端维护带来了很大的好处。另外，Kubernetes 为一组 Pod 提供统一入口，用户只需与服务沟通交流即可。它提供域名解析名称，负责追踪 Pod 动态变化并更新转发表，通过负载均衡算法最终将流量转发到后端的 Pod。

Replication Controller 的任务是保证 Pod 的预计数量。任何时候 Kubernetes 集群中都有指定数量的 Pod 副本（replica）在运行。如果副本少于指定的数量 Pod，Replication Controller 会启动新的容器，不然会"杀死"多余数量的副本 Pod 以保证数量不变。对于新创建的 Pod，Replication Controller 会根据标签选择器来关联，想要删除 Pod，需要通过修改 Pod 的标签进行。

7.7.2　Kubernetes 的主要组件

Pod Registry 管理跟踪 Pod 与 Minion 的映射关系及 Kubernetes 容器集群中 Pod 的运行数。开发者可以通过使用 API 将信息（如 Pod Registry 和 Cloud Provider 的信息）进行封装，并且对 Pod 增删改查的生命周期进行管理，还能将 Pod 信息存储到 etcd（一个分布式键值对存储系统）中。

Controller Manager（控制管理器）是内部管理控制中心，实现检测集群故障问题及恢复一些自动化的工作，主要是管理各种控制器，包括定期关联 Pod 和 Replication Controller 及定期关联服务和 Pod，并保持映射最新的 Endpoint Controller。

API Server（API 服务器）属于资源操作入口，提供了资源对象的唯一操作入口，其他所有组件都必须通过 API 来操作资源数据。若其他模块要通过 API Server 访问集群状态，就必须让 API Server 与存储通信。

Kubelet 属于节点上的 Pod 管家。每个节点都会启动 Kubelet，用来处理 Master 节点相关的任务，负责节点上 Pod 的创建、监查、删除等生命周期管理，并可以在 API 服务器上注册节点信息和将定位的节点状态信息传递给 API 服务器，查看资源的使用情况及监控节点和容器。另外，Kubelet 可以同步 Pod 的状态，设置容器的环境变量、绑定 Volume 及 Port，指定 Pod 的单个容器，在容器中运行命令、"杀死"或者删除 Pod 的容器。

Proxy 后端使用负载均衡和随机路由转发，可以解决同一主机相同的 service post 冲突问题。它提供 TCP/UDP Socket 的 Proxy，旨在使得外部网可以访问跨容器集群的应用程序。当节点创建服务时，Proxy 通常从 etcd 获取到服务，然后根据配置信息在节点上执行一个进程，然后监听 service post。每发起一次外部请求，Proxy 会根据负载均衡分发到相应后端正确的容器处理。

7.7.3　KubeEdge 简介

首先介绍一下 KubeEdge 的项目背景。当前，越来越多的计算正在从云端往边缘侧转移。我们身边随处可见边缘计算的场景。例如：智慧园区，可以在边缘侧完成提取视频、图片的摘要，图像识别放在云端；工业机器人，需要在边缘侧进行消息预处理与模式匹配；车联网，需要在边缘侧进行 ML 模型预测；等等。

五大现实场景下的"客观因素"推动计算从云端走向边缘。

① 低时延要求。AR/VR 的时延要求是 ms 级，工业控制的时延更是在 μs 级。

② 高可靠性。具体表现为：高于 99.999%的可用性、响应时间可预测、响应结果可重复等。

③ 本地自治。要求边缘侧可适应偶尔断网，或者直接本地自治。

④ 海量数据和有限带宽的矛盾。设备侧将产生海量数据，而以目前的带宽还无法承载这个数据量。另外一个事实就是，很多数据没有全局价值，没有必要浪费带宽上传到云端。

⑤ 信息安全。考虑到商业秘密和个人隐私，很多机构和个人并不愿意把数据传输到云端。

中心云无法很好地解决以上问题，而引入边缘计算可以解决这些问题。那么如何在边缘侧部署应用呢？我们很自然地就想到了 Kubernetes。虽然 Kubernetes 已经成为事实上容器编排的标准，但是当涉及在边缘侧部署时，仍然存在不少挑战，如图 7-20 所示。

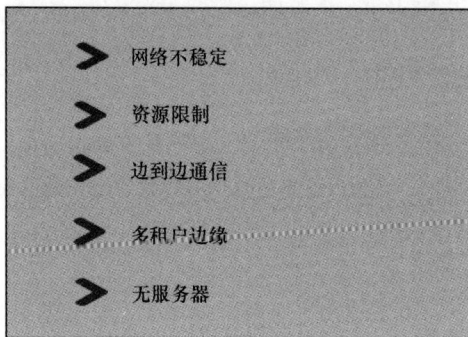

> 网络不稳定
>
> 资源限制
>
> 边到边通信
>
> 多租户边缘
>
> 无服务器

图 7-20　K8s 部署到边缘的挑战

例如：边缘侧可能没有足够的资源运行一个完整的 Kubelet；当边缘节点和云端的网络不稳定甚至完全不通时，能否实现本地自治；边缘侧节点之间如何通信；如何在云端管理多租户的边缘资源，包括设备；边缘侧没有 serverless 的支持，比如函数。

为了解决 Kubernetes 在 IoT Edge 场景下的问题，Kubernetes 社区成立了一个新的工作组 IoT Edge WG。

该工作组由华为、Red Hat 和 VMWare 等公司共同领导。该工作组的目标如下。

- 定义边缘计算的常用术语。
- 梳理和解释常见用例的架构。
- 在当前这些常见用例中梳理出可使用 Kubernetes 进行部署的用例及其面临的挑战。
- 提供一个能够适应多种 IoT Edge 场景的参考架构。

Kubernetes Native 的边缘计算管理框架的设计初衷就是：让云边协同、计算下沉，让云端更加容易地管理边缘节点和设备。

2018 年发布的 KubeEdge 为云原生计算带来好消息。它提供了一个完整的基于 Kubernetes 的边缘计算解决方案，具有独立的云和边缘核心模块。KubeEdge 是华为公司捐献给 CNCF（云原生计算基金会）的第一个开源项目，也是全球首个基于 Kubernetes 扩展的、提供云边协同能力的开放式边缘计算平台。KubeEdge 的 v0.1 版本提供了基本的边缘计算功能，在支持边缘集群、容器编排和调度能力的基础上，也提供了海量设备的接入能力。在 v0.1 版本发布两个月之后，KubeEdge v0.2 版本也发布了，该版本提供了云核心模块，并且云核心模块独立于云供应商，也就是说云核心模块可以部署在任意计算节点中。在该版本中，KubeEdge 提供了元数据存储，开发者可以通过 EdgeMetadataService 促进云与边缘的稳定连接，以便元数据同步。

目前，KubeEdge 的云和边缘模块都已开源。通过开放边缘和云模块的源代码，KubeEdge 带来了一个完整的与云供应商无关的轻量级异构边缘计算平台。现在，它已经准备好充分利用现有的云原生项目或软件模块为边缘计算构建一个完整的 Kubernetes 生态系统。这便于在边缘实现微云，支持高要求的用例，比如数据分析、视频分析、机器学习等。

与现有的某些轻量级 Kubernetes 平台不同，KubeEdge 旨在扩展云计算、构建边缘计算解决方案。控制平面仍驻留在云中，可以伸缩和扩展。同时，边缘可以在离线模式下工作。此外，它是轻量级的和容器化的，可以支持边缘的异构硬件。随着边缘资源的优化利用，KubeEdge 可以为边缘解决方案节省大量的配置和运营成本。这使它成为目前世界上最引人注目的基于 Kubernetes 的边缘计算平台之一。

KubeEdge 作为云的扩展，构建了一个基本的边缘基础设施。它假设边缘节点需要通过云进行通信。事实上，边缘节点之间可能是直接连接的，而边缘节点也可以作为集群工作，即使与云中心断开连接也是如此。KubeEdge 计划使用以下特性来增强启用边缘集群的功能。

- 利用边缘网络。KubeBus 为边缘节点和云中的容器网络创造了一个 VPN 环境。两个边缘节点之间可能存在直接连接。例如，边缘节点可能具有公共 IP 地址，以便另一个边缘节点可以直接创建到它的 TCP 连接；两个边缘节点也可以建立基于 TCP 洞穿技术的直接连接；或者两个边缘节点之间可能存在专用连接。通过直接连接，边缘网络拓扑结构将是一个非集中式网格网络。KubeBus 需要支持边缘网络的创建，如支持 TCP 穿孔和高效的包路由等。

- 采用去中心化的边缘元数据服务。为了实现边缘节点之间的元数据交换，需要对边缘节点网络进行去中心化的操作。这是因为在一个去中心化的边缘网格中，即使边缘节点与云的连接不可用，边缘节点之间的连接可能仍然有效，它们还是可以高效运作。例如，边缘节点可以通过连接到另一个边缘节点来连接网络。在边缘元数据服务的支持下，云脱机时，到新边缘节点的路由应该传播到其他边缘节点。

● 采用去中心化边缘集群。中心云作为一个集群脱机时，边缘节点需要自主工作。考虑到网络拓扑、资源限制和预先配置的任务优先级，可以把一个边缘节点上运行的服务调度到其他节点上，从而实现负载均衡的目标。

7.7.4　KubeEdge 的主要特点

1. 伸缩可扩展

KubeEdge 是一个扩展性良好、为云和边缘提供同构的运行环境、便于模块化和优化的边缘计算平台。KubeEdge 具有以独立的云边缘为核心的模块。它提供了一套完整的边缘计算解决方案并且支持边缘的异构硬件。KubeEdge 具有一个 Kubernetes 扩展；边缘服务可以像云一样部署到边缘；可兼容 K8s 的原生 API；另外可以将功能扩展为边缘环境。

2. 支持多种协议

KubeEdge 支持多种协议、不同结构的边缘硬件，可适用于多种应用场景。由于边缘节点硬件异构，边缘节点往往具有不同的硬件体系结构和不同的硬件配置。KubeEdge 使用标准的基于 MQTT 的通信，可在边缘侧部署应用，为 K8s 生态提供平滑无缝的接入，并且它在使用新的设备节点时，有利于扩展边缘集群。

3. 轻量级

KubeEdge 是一种轻量级的容器边缘计算平台。一方面，其内存运行小，而大型系统的高配置、高容量会导致高的运营成本，轻量级的 KubeEdge 正好可以节省很多的资源，如计算、存储等资源；另一方面，对资源受限的设备来说，相比于 Kubernetes 这样的重量级的边缘计算平台，KubeEdge 这样的轻量级的计算平台更便于部署。

7.7.5　KubeEdge 的架构介绍

KubeEdge 提供管理数据平台集群，也就是多租户集群（边缘区域附近的运行的边缘节点和 Kubernetes 集群，主机和虚拟机属于 Kubernetes 集群）。相比于 KubeEdge 原有 v0.1 的版本，目前的 KubeEdge v0.2 版本开放了云核心模块。KubeEdge 架构由云端和边缘端两部分组成，并且在异构硬件环境中，仍然可以部署 KubeEdge 边缘核心模块。云端负责配置，边缘端负责管埋接入设备和运行边缘应用。同时 KubeEdge v0.2 版新增了 Cloud Hub 及 Edge Controlller 组件，具体架构如图 7-21 所示。

● Edge Hub：属于边缘通信模块和 Web Socket 客户端，保证"云-边"信息同步，可以实现边缘设备和云中心的交互，进而解决信息传输上的问题，便于存储元数据及服务轻量级的数据库。

● Edge Controller：属于扩展性的 Kubernetes 控制器，用于控制 K8s 的 API Server 与边缘节点，管理边缘节点和 Pod 元数据、云端和边缘侧设备，控制应用和配置状态的同步，使得数据能够面向特定的边缘节点。

● EventBus：是一个 MQTT 客户机。便于 MQTT 服务器交互以及提供其他组件发布和订阅服务功能，负责处理内部边缘通信。

● DeviceTwin：负责处理设备软件元数据的镜像。通常可以连接到轻量级数据库。有助于处理设备状态并将其同步到云端上。

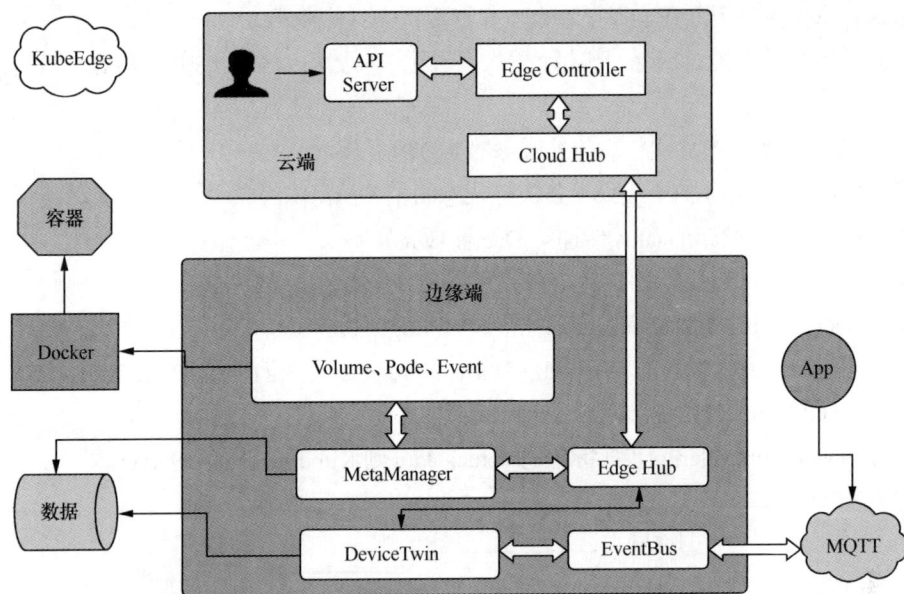

图 7-21 KubeEdge 的架构图

● Cloud Hub：属于 Web Socket 服务器和云端的通信接口模块。负责监视云端的更改、缓存以及向 Edge Hub 发送消息。

● MetaManager：负责处理 Edge Hub 的消息传递，存储检索边缘节点的元数据，使本地数据持久化。

通常每个边缘节点都有一个对应的 KubeEdge 代理，并且在 KubeEdge 环境中一个服务既可以调度到云的虚拟机中，又可以调度到边缘节点上，而 KubeEdge 代理包括提供边缘网络接入的 KubeBus、提供边缘连接元数据存储和同步服务的 EdgeMetadataService，以及管理边缘应用程序生命周期的 AppEngine。AppEngine 是运行在边缘的轻量级 Kubelet。

边缘节点的服务使用与云环境相同的远程过程调用（Remote Procedunt Call，RPC）与其他服务通信。KubeBus 是为了解决边缘服务与云服务之间的通信问题而设计的。边缘服务运行在边缘节点上，而云服务运行在云环境中的容器网络上。

7.7.6 KubeEdge 的架构实践

利用边缘计算可实现在云端通过 IoT 设备管理控制所指定的地点。例如点亮或熄灭指定地点位置的灯。云端处理管理边缘设备采用孪生设备（DeciveTwin）。DeciveTwin 和物理设备具有相同的特征，让 KubeEdge 设备可以与应用进行更好的通信。DeciveTwin 是 IoT 管理的重要组成部分，也是一种在应用平台上的 IoT 设备对应的映射。像物理设备一样，DeciveTwin 可以发送控制命令，包括维护远端的命令数据和物理设备更新的数据，并保持两者的状态保持一致。它们之间的关系可以描述如下：物联网设备会实时反馈真实存在的状态，物联网设备根据自身期望的值发送期望状态，物联网收到期望值后更新状态。

KubeEdge 是第一个 Kubernetes 支持容器部署的开源边缘计算平台、也是第一个具有云和边缘协同能力的边缘计算平台。下面我们通过一个点亮灯案例来具体说明。

点亮灯的过程如图 7-22 所示。上层为云端，下层为边缘端。灯的状态的实际值传到云端的过程如下。

第 1 步，Mapper 实时把真实状态传给服务器 MQTT。

第 2 步，EventBus 从 MQTT 收到设备实际状态的相关消息内容。

第 3 步，EventBus 把实际 status 传递给 DeciveTwin。

第 4 步，DeciveTwin 将更新的实际状态传到边缘节点的轻量级数据库。

第 5 步，DeciveTwin 同步 actual status 给客户端 Edge Hub。

第 6 步，边缘节点发送消息给 Web Edge Hub，Edge Hub 发送消息给 Cloud Hub。

第 7 步，Cloud Hub 回馈消息给 Device Controller。

第 8 步，Device Controller 同步实际状态 actual state 到 Kubernetes API Server。

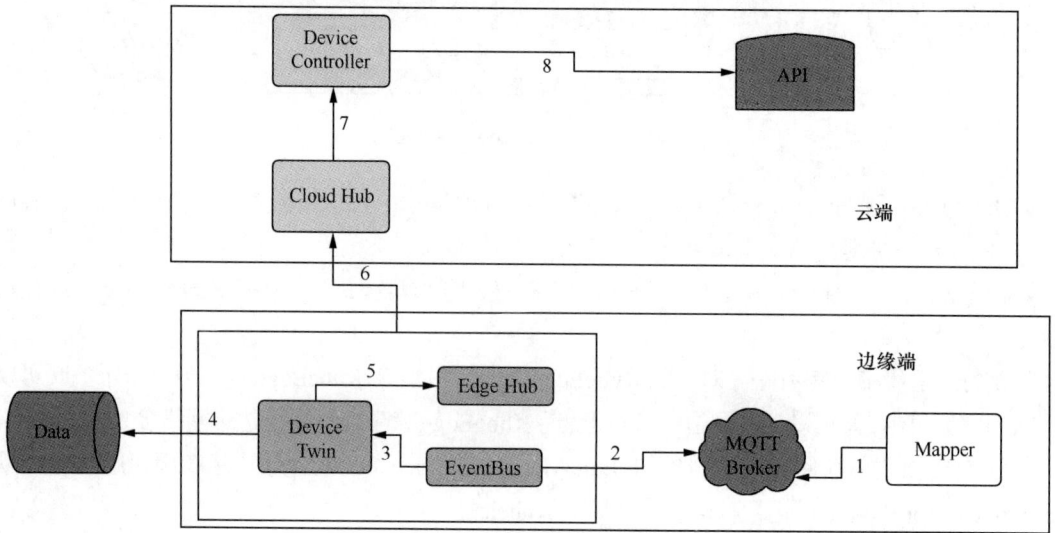

图 7-22　KubeEdge 点亮灯的架构实践

经过前面 8 步，用户在云端就可以查询 power 状态的实际值，获取边缘侧 Device 指定位置的灯开关的实际状态了。

7.8　K3s 的介绍与实践

7.8.1　K3s 边缘计算开源平台介绍

K3s 是 K8s（Kubernetes）的简化版。目前来看，Kubernetes 有向边缘部署发展的趋势，同时企业运维管理的 Kubernetes 集群数量正在迅速增加。在许多边缘计算实例中，很多行业开发者通过使用 Kubernetes 系统将成千上万个节点切分成多个只有 1 个、2 个或者 3 个节点的 Kubernetes 集群，但带来的问题就是运维人员需要负责管理如此大规模的基础架构。为了解决这个问题，Rancher 公司在 Kubernetes 的基础之上提出了 K3s 开源平台。K3s 旨在最大限度地简化用户的安装和操作体验。

1. Kubernetes 容器集群管理系统简介

在未提出 K3s 之前,很多开发人员使用 Kubernetes 作为组织集群架构。由 7.7.1 节已知,Kubernetes（K8s）是一个开源的,并且用于管理云平台中多个主机上的容器编排系统。此外,Kubernetes 还是一个开源的容器编排引擎,它不仅支持自动化部署,还可大规模扩展和应用程序的友好性,应用容器化管理。

Kubernetes 容器服务集群系统可以帮助开发人员轻松构建持续集成与交付平台,自动完成从代码提交到应用部署的 DevOps 完整流程,确保只有通过自动测试的代码才能交付和部署,支持高效的应用发布与回滚流程,从而极大地提高了软件开发部署运维的效率。图 7-23 所示为 Kubernetes 容器服务机制图。

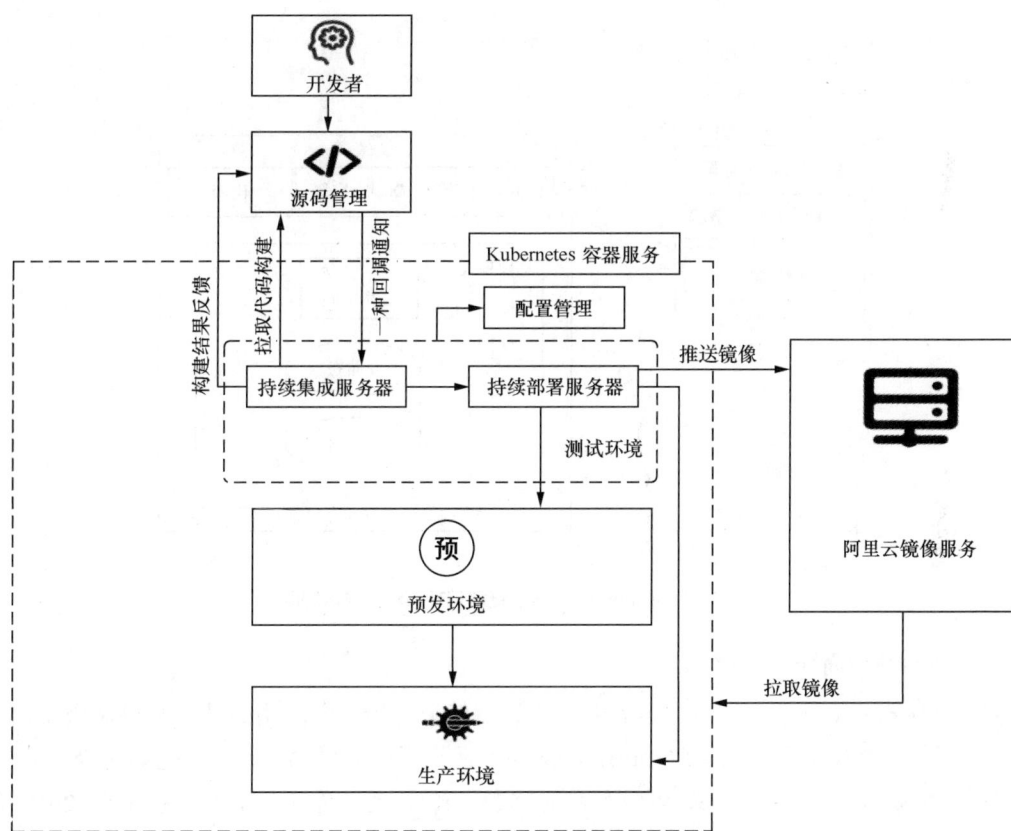

图 7-23　Kubernetes 容器服务机制图

（1）Kubernetes 容器集群管理系统的特点

Kubernetes 具有以下特点。

● 可移植性:Kubernetes 支持包括公有云、私有云、混合云及行业云的云计算部署模式。

● 可扩展性:Kubernetes 可以将许多模块进行模块化,同时还具备插件化及可挂载、可组合的功能。

● 自动化:Kubernetes 具备自动部署、自动重启、自动复制、自动伸缩和扩展的功能。

（2）Kubernetes 容器集群管理系统工作原理

Kubernetes 系统在进行开发集群时具有诸多优势，因此当今主流行业中很多都使用 Kubernetes 系统进行管理。Kubernetes 集群管理系统主要由用户工作站、Kubernetes Master 组件、节点组件和存储器 4 部分构成。它的工作机制为用户通过工作站中的 kubectl 组件向 Kubernetes Master 发出指令。而 Kubernetes Master 组件主要由 API Server、Scheduler、Controller 组成，接收到 kubectl 的命令之后就会从节点获取节点的资源信息，并发出调度任务。节点组件主要提供 Kubelet、Kube Proxy 组件，同时每个节点都安装了 Docker，是实际的执行者。由于 Kubernetes 系统不负责网络，因此一般是用 Flannel 或者 Weave 实现网络通信。etcd 负责服务发现和节点信息存储。图 7-24 为 Kubernetes 容器集群管理系统的工作原理图。

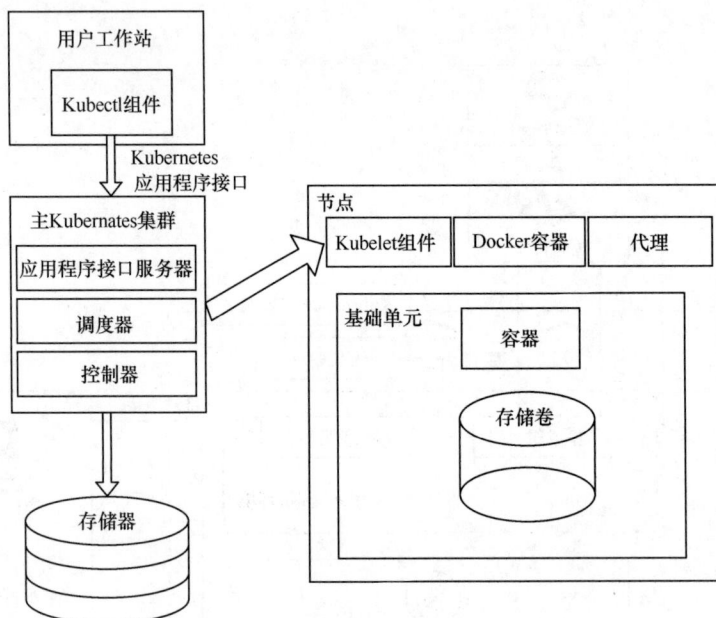

图 7-24　Kubernetes 容器集群管理系统工作原理图

2. K3s 开源平台简介

尽管 Kubernetes 是一个优秀的容器编排引擎，但很可惜，它占用的计算和存储资源对于资源受限的设备来说难以承受，因此 Kubernetes 并不适用于资源受限的场景，比如边缘计算。K3s 的出现很好地解决了 Kubernetes 当中存在的问题。K3s 是一种开源平台，它是在 2019 年由 Rancher 公司正式发布的一款轻量的开源 Kubernetes 发行版本。其开发目的一是让 Kubernetes 变得更小，只消耗少量的内存；二是让用户操作变得更加简单。K3s 可以使用 APIVersion v1 组件，同时 K3s 包需要依赖于 Flannel、Containerd、CoreDNS 和 Traefik，并以 40MB 二进制文件部署完整集群。

在 K3s 被提出时，它的名称含义中的一句话为 "5 Less Than K8s"，意味着 K3s 平台是轻量级的 Kubernetes 集群。它具有如下特点：极简、轻便、易于使用、易于安装，并且所有的二进制文件都小于 40MB，只需要 512MB 的内存就能运行起来，却包含运行 Kubernetes 所需的一切元素包括容器运行时和任何重要的主机实用程序，如 iptables、socat 和 du 等。在开发配置时只需要输入一条命令，就可以配置或者升级单节点的 K3s 集群，还可以向集群当中增添相关节点。K3s

开源平台还支持 x86_64、ARM64 和 ARMv7 架构，可以更加灵活地跨任何边缘基础架构进行工作和使用。

当开发人员使用 K3s 开源平台时，K3s 会运行完整的 Kubernetes 集群，这意味着 K3s 并不是一个去中心化的部署模型，每个边缘都需要额外部署 Kubernetes 管理面。图 7-25 为 K3s 的部署模型图。

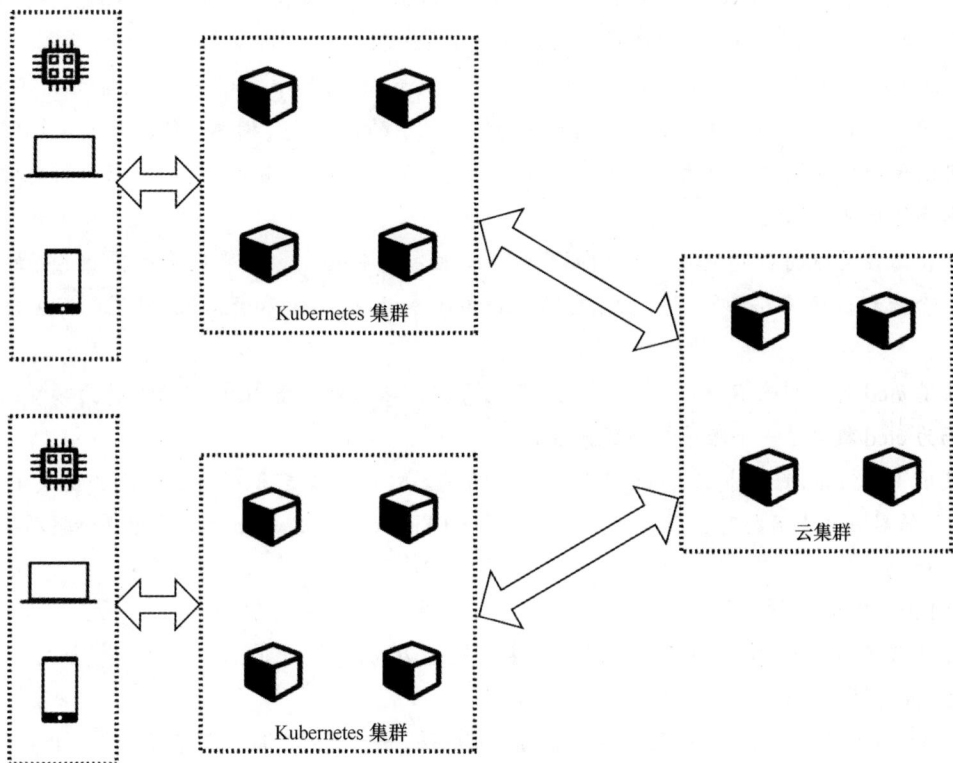

图 7-25　K3s 的部署模型图

（1）K3s 的功能特点

K3s 的出现给开发人员提供了很大的便利以及无限的开发可能，使得 K3s 一时之间成为被广泛讨论的话题，它的许多功能特点被开发人员使用在行业之中。其功能特点如下。

● 针对 ARM 进行了优化：由于 ARM64 和 ARMv7 都支持二进制文件和多树图像，因此 K3s 可以像树莓派一样小或者像 AWS a1.4xlarge 32GB 服务器一样大。

● 简化操作：对于 K3s 来说，它被包装在一个简单的包中，从而减少了其运行生产时 Kubernetes 集群所需的依赖关系和步骤。并且 K3s 打包形成了一个单独的二进制文件，不需要像 KuberSpray、KubeADM 或者 RKE 这样的外部安装程序，使安装和升级与复制文件一样简单。在集群启动时，在 Kubernetes 主服务器和节点之间建立 TLS 所需的所有证书都会被自动创建，以确保默认情况下所有通信都是安全的。K3s 还会自动创建服务账号的加密密钥。

● 适用于边缘：K3s 是经过认证的 Kubernetes 发行版，专为无人值守、资源受限、远程位置或物联网设备内的生产工作负载而设计。

- 一个没有主机依赖的二进制文件：在任何设备上安装 Kubernetes 所需的一切都包含在这个 40MB 的二进制文件当中，只需要一个命令，用户就可以配置或者升级单节点 K3s 集群。

- 简单地向集群添加节点：若想向集群添加其他节点，管理员只需在新节点上运行一条命令，指向原始服务器，通过安全 token 传递即可。

（2）K3s 相对于 Kubernetes 的改动

K3s 旨在成为 Kubernetes 的完全兼容发行版，让 Kubernetes 变得更小，并且只消耗少量的内存，同时让用户操作变得更加简单。因此 K3s 具有以下 4 项更改。

- 删除旧的、非必须的代码：因为在大多数的 Kubernetes 集群中，有许多的功能都是不可用的，因此 K3s 删除了旧版中的非默认功能和 Alpha 功能。之前的版本使用树内插件，而 K3s 已经删除了大多数可以使用树外插件替换的树内插件，包括云提供商以及存储插件，它们可以用树内插件（云提供商和存储插件）替换。

- 整合正在运行的打包进程。为了节省 RAM，K3s 将 Kubernetes 管理服务器上运行的多流程合并为单个流程，还将在工作节点上运行的 Kubelet、Kube Proxy 和 Flannel 代理进程组合成一个进程。

- 除了 etcd 外，引入 SQLite 作为可选的数据存储。在 K3s 中 SQLite 被添加作为额外的数据存储，从而为 etcd 提供了一个轻量级的替代方案。

- 使用 Containerd 代替 Docker 作为运行时的容器引擎。通过将 Containerd 替换成 Docker，Rancher 能够显著减少运行时占用空间，同时删除了 Libnetwork、Swarm、Docker 存储驱动程序和其他插件等功能。

（3）K3s 的应用场景

K3s 在很多新兴应用场景中都很适用。主要应用在边缘计算、物联网、嵌入式设备及 Corporate Identity System 环境这 4 个领域中。

K3s 开源平台为边缘计算环境而设计，同时其具有极低的资源消耗，操作简单，易于上手，符合删繁就简的理念，最重要的是创造性地满足边缘计算的场景需求。因此在无人值守、资源受限、远程位置或者物联网设备在工作负载的情况下，K3s 开源平台的使用起到了关键的作用和效果。

在制造、零售、金融、电信、公共事业等行业，或是任何认可 Kubernetes 是管理边缘基础设施的理想平台、但难以在边缘设备中投入大量资源来运行一个成熟的 Kubernetes 平台的用户而言，K3s 都是具有巨大进步意义的创造性新产品。因此 K3s 刚一推出就受到了全球范围内企业客户、开源用户、业界专业人士、相关媒体、技术社区等群体的关注及肯定。

在嵌入式设备中应用 K3s，不仅可以让开发者的开发技术得到提高，还会使设备的管理变得更加方便。

7.8.2　K3s 边缘计算开源平台实践

1. K3s 系统安装要求

K3s 的具体安装要求如下。

- 计算机系统的 Linux 版本要在 3.10 以上。
- 每台服务器主机上至少需要有 512MB 的内存空间来满足操作框架所带来的存储数据量。

- 创建的集群中每个节点上必须要有 75MB 的内存空间。
- 主机的硬盘当中可用的存储空间必须大于 200MB。
- K3s 支持 x86_64、ARM64 及 ARMv7 平台。

2. K3s 的安装方法

有很多方法可以安装 K3s，下面介绍几种简单的安装方法，方便开发人员操作和运行使用 K3s 开源平台。

（1）安装脚本

首先 k3s install.sh 脚本提供了一种方便的方法来安装到 systemd 或 openrc。安装 K3s 作为服务运行，具体命令为：

```
curl -sfL https://get.k3s.io | sh -
```

之后通过写入 kubeconfig 文件/etc/rancher/k3s/k3s.yaml，服务自动启动或重新启动。安装脚本将安装 K3s 和额外的工具，例如 kubectl、crictl、k3s-killall.sh 和 k3s-uninstall.sh，命令为：

```
sudo kubectl get nodes
```

K3S_TOKEN 是在/var/lib/rancher/k3s/server/node-token 开发人员服务器上所创建的。在本文的示例中，将使用 Debian 10 上的 3 个 server 上，每个 server 有 1GB 的 RAM 和一个 vCPU。其中一个 server 作为 master，其他两个作为 worker 节点。在 worker 节点上安装 K3s 时，开发人员需将 K3S_URL 和 K3S_TOKEN 环境变量一起传递，通过以下命令进行操作：

```
curl -sfL https://get.k3s.io | K3S_URL=https://myserver:6443 K3S_TOKEN=XXX sh -
```

（2）手动安装

用户可以手动下载安装最新版本的 K3s。在硬件平台方面，K3s 还支持 x86_64、ARM64 和 ARMv7，这方便了开发人员的使用。

通过运行服务器命令可达到手动安装的目的，具体操作命令为：

```
sudo k3s server &
# Kubeconfig is written to /etc/rancher/k3s/k3s.yaml
sudo k3s kubectl get nodes
# On a different node run the below. NODE_TOKEN comes from
# /var/lib/rancher/k3s/server/node-token on your server
sudo k3s agent --server https://myserver:6443 --token ${NODE_TOKEN}
```

3. K3s 配置信息

K3s 开源平台配置信息主要包括以下几方面。

（1）自动部署清单

通过目录/var/lib/rancher/k3s/server 找到文件 manifests，该文件会自动部署到 Kubernetes kubectl apply。同时该文件也具有部署 Helm 图表的功能。

（2）从外部访问集群

开发人员复制/etc/rancher/k3s/k3s.yaml 到集群外部的计算机~/.kube/config 上，并将 "localhost" 替换为 K3s 服务器的 IP 或名称。kubectl 可以管理开发人员的 K3s 集群。

（3）打开端口和网络安全

服务器需要端口 6443 才能被节点访问，同时节点需要通过 UDP 端口 8472 到达其他节点，需要用 Flannel VXLAN。如果开发人员不使用 Flannel 并提供自己定制的 CNI，则 K3s 不需要 8472。K3s

使用反向隧道，以便节点与服务器建立出站连接，并且所有 Kubelet 流量都通过该隧道。还有很重要的一点就是节点上的 VXLAN 端口不应暴露给全世界，它会打开使用人员的集群网络以供任何人访问。应在阻止访问端口 8472 的防火墙、安全组后面运行使用者的节点。

（4）节点注册

代理将使用节点集群密钥向服务器注册，并为该节点随机生成密码，存储在/var/lib/rancher/k3s/agent/node-password.txt 中。服务器将存储各个节点的密码/var/lib/ rancher/k3s/server/cred/node-passwd，并且任何后续尝试都必须使用相同的密码。如果删除了代理的数据目录，则应为代理重新创建密码文件，或者从服务器中删除该条目。

（5）服务负载均衡器

K3s 包括一个使用可用主机端口的基本服务负载均衡器。例如，如果使用者尝试创建侦听端口 80 的负载均衡器，负载服务器将尝试在群集中为端口 80 找到一个空闲主机。如果没有可用的端口，则负载均衡器将保持挂起状态。

要禁用嵌入式负载平衡器，需要使用--no-deploy servicelb 选项运行服务器。

4. K3s 运行实例

本实例将通过使用 K3s 开源平台来进行边缘计算的部署。由于 K3s 具有非常轻量的特点，并且仅仅需要 40MB 的硬盘空间和 512MB 的内存空间即可进行节点部署，因此本实例接下来将通过一系列的部署来体验超轻量的集群控制技术。目前本实例仅使用两个节点来部署该系统，一个是集群，一个是 agent。这两个节点都是 Docker 容器，规格均为 4G、4CPU。通过以下命令下载 K3s 并进行操作相应软件：

```
$ wget https://github.com/rancher/k3s/releases/download/v0.3.0/k3s
Connecting to github.com (192.30.253.112:443)
Connecting to github-production-release-asset-2e65be.s3.amazonaws.com (52.216.
112.11:443)
 k3s 100% |****| 38.7M   ETA
```

上述操作显示，这套系统文件量仅有 38.7MB。修改操作属性，以获得执行权限，然后在后台运行。使用以下命令运行后台服务器：

```
$ sudo chmod +x k3s
sudo ./k3s server &
```

打开本实例的操作日志进行分析，具体日志如下所示：

```
INFO[0000] Preparing data dir /var/lib/rancher/k3s/data/56c346dbd23e9399b9ccb
062cc8d71110f96eed4cd8d138a7c097e4c651d12a6
 [node1] (local) root@192.168.0.23 ~
 $ INFO[2019-04-13T08:14:05.448051228Z] Starting k3s v0.3.0 (9a1a1ec)
 INFO[2019-04-13T08:14:06.398250769Z]  Running  kube-apiserver  --watch-cache=
false --cert-dir /var/lib/rancher/k3s/server/tls/temporary-certs --allow-privileged=
true --authorization-mode Node,RBAC --service-account-signing-key-file /var/lib/
rancher/k3s/server/tls/service.key --service-cluster-ip-range 10.43.0.0/16 --advertise-
port 6445 --advertise-address 127.0.0.1 --insecure-port 0 --secure-port 6444 --bind-
address 127.0.0.1 --tls-cert-file /var/lib/rancher/k3s/server/tls/localhost.crt
--tls-private-key-file /var/lib/rancher/k3s/server/tls/localhost.key  --service-
account-key-file /var/lib/rancher/k3s/server/tls/service.key --service-account-
```

```
issuer k3s --api-audiences unknown --basic-auth-file /var/lib/rancher/k3s/server/
cred/passwd --kubelet-client-certificate /var/lib/ rancher/k3s/server/tls/token-
node.crt--kubelet-client-key /var/lib/rancher/k3s/ server/tls/token-node.key
    INFO[2019-04-13T08:14:08.761712689Z] Listening on: 6443
    INFO[2019-04-13T08:14:09.608524354Z] Node token is available at /var/lib/
rancher/k3s/server/node-token
    INFO[2019-04-13T08:14:09.608562854Z] To join node to cluster: k3s agent -s
https://172.18.0.6:6443 -t ${NODE_TOKEN}
    INFO[2019-04-13T08:14:10.774070472Z] Connecting to proxy url="wss://localhost:
6443/v1-k3s/connect"
    INFO[2019-04-13T08:14:09.718944649Z] Run: k3s kubectl
    INFO[2019-04-13T08:14:09.719024250Z] k3s is up and running
    INFO[2019-04-13T08:14:09.769336884Z]Logging containerd to /var/lib/rancher/
k3s/agent/containerd/containerd.log
    INFO[2019-04-13T08:14:10.779764787Z] Handling backend connection request [node1]
```

从日志中，可以发现一些有价值的相关信息。

● Node token is available at /var/lib/rancher/k3s/server/node-token 表示开发人员将去寻找 token 的路径。

● To join node to cluster: k3s agent -s https://172.18.0.6:6443 -t ${NODE_TOKEN} 表示这条信息将作为 agent 加入的指令。这个命名空间使镜像之间的网络隔离。

● Listening on: 6443 提示已经开启 6443 端口作为监听端口。

● Run:k3s kubectl 指可以运行 kubectl 命令行。

根据上面的操作日志，可以看到在上述操作实例中，镜像的加入使得操作变得简单和方便，借助 Docker 技术，开发人员可以快速对镜像进行管理。

在未来，越来越多的场景会将 K3s 融于边缘化应用中。不难发现，通过将 K3s 框架融入边缘化，信息技术给工业参与者和公众带来了无限的革新和价值。例如，终端用户可以获得更好和更个性化的应用经验，不论是连接网络还是获取内容，都能获得更优和更为高效的应用体验。在未来，边缘计算将成为云计算服务提供商和运营商的联合体，而在那里，K3s 平台的使用将为无数跨界创造 "一鸣惊人" 的爆炸力。

7.9　基于边缘计算的实验室实时数据采集方案

上一节介绍了 K3s 边缘计算开源平台。这一节将介绍一个边缘计算典型案例：基于边缘计算的实验室实时数据采集方案。

7.9.1　背景

实验室安全是工作人员从事科研的最基本保障，通过实验室安全数据指标对实验室的安全做监控和预警，能够有效地防止安全事故的发生。恩易通公司开发的总线交换机可以将总线信号转化到以太网中，能够实时采集传感器现场数据，本项目将在此基础上设计一个能够实时处理数据的上层安全平台，而这个上层平台的关键就是实时存储的性能。

7.9.2 目标

设计一套实时存储架构，支持将采集到的数据平稳地展示到数据大盘上。对于实时存储架构的要求如下。

- 系统可用性高，有冗余备份。
- 实时性好，消息延迟在 1s 以内（延迟需要测试优化）。
- 能够支持采集传感器收集到的各种数据。

7.9.3 方案调研

1. 方案一：高吞吐消息队列+Redis 缓存+基于 NoSQL 的实时数据库

NoSQL 泛指非关系型数据库，通常面向简单的读写请求，具有以下能力：水平可扩展能力、数据分区备份能力、数据集可以动态添加的能力和分布式存储能力。常见的 NoSQL 有 HBase、MongoDB、Cassandra、Redis 和 LevelDB 等。MongoDB 可以取代传统的非关系型数据库，查询效率非常高，但是其存储机制会让许多热点数据落在内存上，占用资源严重。相比之下 HBase 底层依靠 Hadoop 提供的 HDFS，使用列存储，面对海量数据的时候其压缩机制能够提供更大的存储容量。而 Cassandra 是 Apache 公司提供的一套开源分布式 NoSQL 数据库系统，直接对标 HBase。Cassandra 是去中心化的自适应分布式结构，能够带来比 HBase 更好的容灾备份效果，但两者具体的性能差异还有待调研。Redis 和 LevelDB 是 key/value 类数据库，分布式读写性能极佳，适合存储全局分布式索引，不适合直接用作后端数据库。

NoSQL 分布式集群系统主要面向读多写少的互联网系统，适用于实验室安全的采集系统。物联网系统具有和互联网系统不同的特点，主要体现在以下几点。

① 数据是时序的，一定带有时间戳。
② 数据是结构化的。
③ 数据极少有更新或删除操作。
④ 相对互联网应用，写多读少。
⑤ 用户关注的是一段时间的趋势，而不是某一特点时间点的值。
⑥ 数据是有保留期限的（数据具有时效性）。
⑦ 数据的查询分析一定是基于时间段的。
⑧ 除存储查询外，往往还需要各种统计和实时计算操作。
⑨ 流量平稳，可以预测。
⑩ 数据量巨大。

从以上特点出发，将得出以下 4 个设计目标。

- 减少写文件时索引的创建。传统的 NoSQL 在写入数据的时候为了提高查询的速度会创建索引，这会降低写入的速度。应在不影响查询速度的前提下减少索引的创建。
- 封装统计和实时计算成事务模型，降低并发控制复杂性。
- 数据有时效性。针对这一特点对过时的数据通过算法做有效回收。
- 数据常常是结构化的，所以完全可以预先设置好数据格式，不需要动态调整。

高吞吐消息队列是一个面向物联网的高吞吐量低时延消息队列，消息队列有点对点和发布订阅两种模式，如图 7-26 所示。

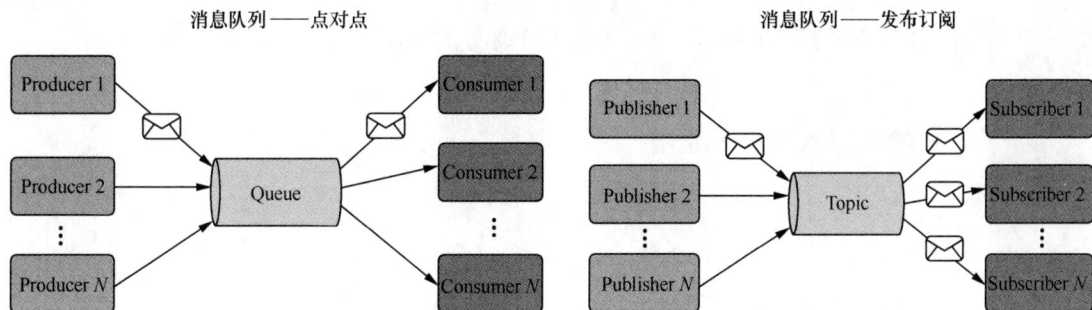

消息队列——点对点　　　　　　　　　　消息队列——发布订阅

图 7-26　消息队列的两种模式

点对点（见图 7-26 左图）：一个生产者（Producer）发布的消息只有一个 Queue 中的消费者（Consumer）能够接收到。

发布订阅（见图 7-26 右图）：一个发布者（Publisher）发布的消息，只要订阅了 Topic 的订阅者（Subscriber）都会收到。

数据库的写入时间会随着流量的攀升而出现下降甚至有被完全击穿的可能。消息队列的作用是缓解数据库的压力。虽然在本案例的场景下不太会出现流量高峰，但是数据库的写入频率很高，使用消息队列可以将场景异步化，实现设备和数据平台的解耦。

目前使用比较广泛的消息中间件有 Kafka 和 RocketMQ。Kafka 是目前吞吐量最高的消息中间件。在 Kafka 中，Broker、Producer、Consumer 都是可扩展的。Kafka 以追加的方式写入文件，这种顺序写的方式比随机写的方式效率要高。Kafka 将每个 Topic 划分为多个分区，每个分区单独存储到一个文件，这样的存储方式在一定的 Topic 数量以内吞吐量极高，超过后由于同一个 Topic 下有多条消息存储在不同的文件，造成随机读严重，IO 性能极低。RocketMQ 将所有的 Topic 合并存储到一个文件上，在操作系统层面做了优化，支持亿级的消息堆积。虽然 RocketMQ 采用了和 Kafka 完全不同的存储设计，但是 RocketMQ 的单机吞吐量最高只有十万级，这在 5G 时代是不能满足需求的。

2. 方案二：高吞吐消息队列+TDengine

TDengine 满足了我们对一个工业实时数据库的所有"幻想"。它具有以下特点。

● 功能完全面向物联网场景，具有插入、查询、聚合、分析、缓存、订阅、流式计算等操作。

● 列存储加数据压缩，存储空间不到普通数据库的 1/10。

● 数据结构化，基于设备粒度的时间序列建表，可使数据写入时能够以直接插入的方式写入，从而大幅提高了数据写入速度。

● 使用超级表来更灵活高效地聚合多个时间线的数据。

● 通过定时连续查询支持基于滑动窗口的流式计算。

● 支持缓存，每个时间线或设备的最新数据都从内存里快速获取。

● 历史数据与实时数据处理完全透明，不用区别对待。

● 成套的配置和工具，可以连接第三方数据分析接口。

7.9.4 整体设计

图 7-27 展示了本系统整体的设计，下面是对每个部分的简要介绍。

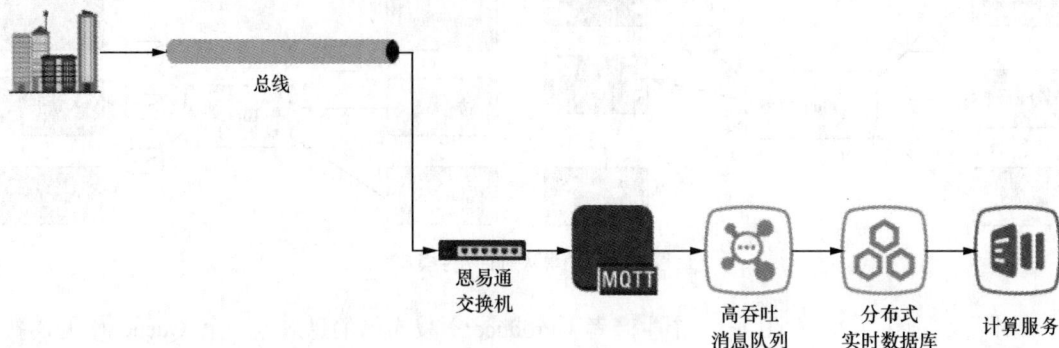

图 7-27 系统整体设计

- 总线："以太总线"使用单播通信来模拟传统的现场总线，实现多个目标同时通信。子系统或单元可以在网络中加入到一条虚拟总线。数据采集系统可以像传统现场总线的工作方式一样在网络中工作。

- 高吞吐消息队列：Kafka 是高吞吐量的分布式发布订阅消息的队列系统中的典型代表。Kafka 发源于 LinkedIn，于 2011 年成为 Apache 公司的孵化项目，随后于 2012 年成为 Apache 公司的主要项目之一。Kafka 使用 Scala 和 Java 进行编写，是一个快速、可扩展、高吞吐、可容错的分布式订阅消息发布系统，具有吞吐量高、内置分区、支持数据副本和容错的特性，适合在大规模消息处理场景中使用。

- 分布式实时数据库：使用上文已经介绍过的 TDengine。

- 计算服务：使用 TDengine 自带的 shell，或者使用 Python、R、Matlab 等工具直接进行各种 Ad Hoc 的查询或分析。

7.9.5 详细设计

1. 业务流程

实验室安全传感器设备数据采集表如表 7-18 所示。

表 7-18 实验室安全传感器设备数据采集表

设备名称	数据描述	数据粒度	数据单位	数据监测优先级
电表	电数据收集设备	用电量/秒	W	高
烟雾浓度	烟雾收集传感器	烟雾浓度/秒	ml/s	中
温度	温度传感器	—	摄氏度	高

实验室安全需要预防用电过载、异常火源和异常烟雾浓度引发的报警等突发情况，关注的是一段时间内的数值变化。以电表收集的电力数据为例，该数据将经过如下的流程被收集到数据大盘上。

- 电表收集的数据被传输到总线。
- 恩易通以太网总线组织的 EOE 网络将总线中的电信号传输到以太网总线，通过交换机输入到 MQTT 消息队列。如果恩易通不能直接支持 MQTT 就使用 TCP/UDP 通信。
- Kafka 将对 MQTT 传来的数据做一层数据转换，然后存储在分布式 Broker 中。
- 订阅该设备消息的服务拉取此电力数据，并存储到 TDengine 中。
- 使用 TDengine 自带的 shell，或者 Python、R、Matlab 等工具直接进行各种 Ad Hoc 的查询或分析。
- 使用 ElasticSearch+D3.JS 完成分析结果数据的可视化。

2. 数据库定义

数据表定义及实例如表 7-19 所示。

表 7-19　　　　　　　　　　　　　　　　　　**数据表定义及实例**

DeviceID	Time Stamp	Value	Tag
D1001	1538548685000	10.3	electric power

为充分利用其数据的时序性和其他数据特点，TDengine 要求对每个数据采集点单独建表。比如有一千万个智能电表，就需创建一千万张表，用来存储这个采集点所采集的时序数据。这种设计能保证一个采集点的数据在存储介质上是连续的，从而大幅减少随机读取操作，呈指数级地提升读取和查询速度。而且由于不同数据采集设备产生数据的过程完全独立，每个设备只产生属于自己的数据，一张表也就只有一个写入者，这样每张表就可以采用无锁方式来写，写入速度就能大幅提升。同时，对于一个数据采集点而言，其产生的数据是时序的，因此写的操作可用追加的方式实现，进一步提高数据写入速度。

7.9.6　案例小结

本节展示了一个实验室安全平台方案的设计案例。平台利用边缘设备的计算能力对来自传感器的数据做早期处理，然后经过消息队列的削峰解耦传到后端应用，后端应用利用开源时序数据库 TDengine 的特性，对采集数据做进一步的展示和分析。这一案例能够很好地解释边缘设备的作用。

本章小结

本章主要介绍了 Kubernetes 的架构、组件，以及 KubeEdge 的架构和实践。熟练掌握 KubeEdge 的前提是先了解 Kubernetes 的基础内容。本章以点亮灯为例详细介绍了 KubeEdge 的架构，并详细介绍了该实例的实践过程。

本章首先介绍了华为 AR502 系列网关的内容，通过对其硬件基础环境、软件基础架构、开放性接口等内容的描述，以及 AR502 开发案例，让读者更加深入地了解华为 AR502 系列网关。同时通过对 Kubernetes 和 K3s 的介绍与实践，让读者了解更多关于边缘计算网关的设计实例。

思考题

1. 请简述 Kubernetes 和 KubeEdge 之间的关系。
2. 请详细叙述 K3s 与 K8s 的区别。
3. K3s 主要有哪些应用场景？

08 第8章　华为自主研发案例

本章将以华为公司研发产品为例，介绍 3 种应用边缘计算的案例。通过本章的学习，读者将对几个不同领域的边缘计算解决方案有所认识。

本章学习目标：

- 了解现有的成熟边缘计算解决方案。
- 熟悉现有解决方案的组织架构。
- 了解边缘计算在现有解决方案中的优势。

8.1 华为 EC-IoT 边缘计算解决方案

1. 趋势与挑战

近几年，全球行业数字化转型的浪潮孕育兴起，掀起了新一轮产业变革浪潮。这一波浪潮的显著特点是将"物"纳入智能互连，触发产业服务及商业模式创新，并对价值链、供应链和行业生态产生深远影响。然而，物联网是一个庞大而复杂的系统，不同行业、不同应用场景各异。据第三方分析师机构统计，截至 2020 年，已有超过 500 亿的终端与设备联网，未来超过 50%的数据需要在网络边缘侧进行分析、处理与储存。如何解决海量终端的连接和管理，以及海量数据的实时分析和处理问题，成为保障行业数字化转型的现实难题。具体如下。

- 不同行业业务需求、部署环境、接口、协议和标准千差万别，单一网络技术难以适应多样化的应用场景。

- 对涉及生产控制或能源安全的领域，延迟非常致命，因此在网络中断后，快速灵活的本地决策和响应成为关键。如果所有的处理和控制逻辑都要到云端处理，显然无法满足需求。

- 包括智能传感器、计量设备、控制器等各种各样的智能终端和网关设备，甚至海量的应用和数据，均需要统一的管理组件支持。且海量终端分布广、数量不断激增、维护难度大、维护成本高。

- 同时，由于缺乏端到端的网络安全，连接不可靠，安全攻击频发，也难以创造数据价值。

2. 华为 EC-IoT 解决方案

针对上述现实难题，华为推出了 EC-IoT 解决方案（见图 8-1）。EC-IoT 方案由终端通信模块、边缘计算网关（AR500 系列产品）和敏捷控制器（Agile Controller）共同构成。终端通信模块支撑物联终端传感网络智能互连；边缘计算网关就近提供智能服务；敏捷控制器通过开放的 API/eSDK 与不同合作伙伴的行业应用系统开放对接，同时应用云管理的架构实现不同行业海量无人值守终端的智能连接和高效管理。EC-IoT 解决方案具备广泛的行业适应性，为行业客户提供了全流程的产业服务及商业模式创新，为研发和生产效率提升、预测性维护、增值业务运营等创新运营和服务提供了基础支撑，从而提升了产品的质量及可靠性，降低了维护和服务成本，推动了行业数字化转型。

（1）终端通信模块

终端通信模块包括华为 PLC-IoT 宽带电力线载波通信模块、RF IPv6 MESH 无线网络、LTE/3G/GPRS 模块等，支持内嵌入（HUAWEI Inside）如计量设备、路灯控制器等智能终端设备，也可采用外置通信模块灵活组网，匹配不同的行业应用场景。

（2）边缘计算网关

EC-IoT 解决方案创新性地将边缘计算架构引入了物联网领域。在靠近设备或数据源头的网络边缘侧，部署融合网络、计算、存储、应用核心能力的边缘计算网关，为边缘计算提供包括设备域、网络域、数据域和应用域的平台支撑。设备域通过终端通信模块支撑现场设备的实时智能互连；网络域为系统互连、数据聚合与承载提供实时连接及管理服务；数据域提供边缘数据聚合及优化服务，并保障数据的安全与隐私性；应用域则基于开放接口，实现边缘行业应用部署，支撑边缘业务运营。这样，边缘计算网关连接各类智能设备和传感器，就近提供智能连接和数据处理业务，让不同类型的应用和数据在网络边缘处理，实现了实时业务、智能业务、数据聚合与互操作、安全与隐私保护等关键智能服务，有效提升了业务的智能决策效率。

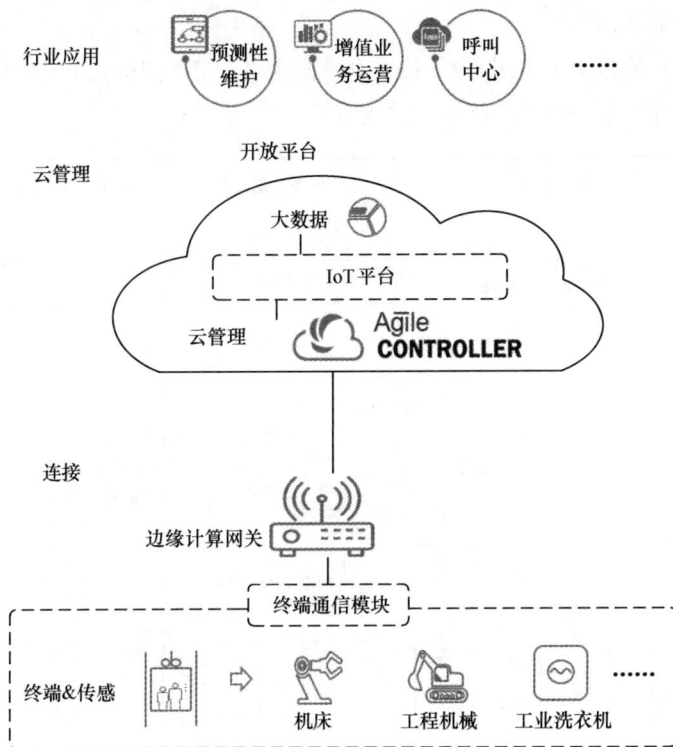

图 8-1 华为 EC-IoT 解决方案

（3）敏捷控制器

敏捷控制器可实现物联网关以及海量物联终端的云端管理。一方面，云管理可对物联网实行从规划、部署到运维的全生命周期管理，结合可视化管理组件，实现全网状态实时监控、海量设备即插即用、业务自动化部署、大幅缩短业务上线时间及降低运营成本。另一方面，借助云管理的开放平台，也可为行业客户提供基于云服务的全新商业模式，提供远程预测性维护、增值业务运营等服务，扩展行业价值链，加速行业智能化、服务化转型。

（4）行业应用系统

EC-IoT 具备广泛的行业适应性，结合大数据技术，可为不同行业，如梯联网、电力物联网、城市及照明物联网、智慧能源、智能制造、工程机械、车联网等的应用系统提供数据支撑。

8.2 华为梯联网边缘计算方案

电梯是我们在日常生活中必不可少的"交通"工具，其运行状态关乎乘客的生命安全。电梯里的紧急呼叫系统是发生电梯故障时乘客的重要求助通道。为了让电梯不出现故障或者减少故障几率，就需要对电梯进行维护与保养，提前发现问题并解决问题。

目前电梯的维护，常常需要运维人员亲临现场，人力成本很高，效率较低。

针对这个痛点，部分电梯厂家采用部署电梯网关的方式，实现了电梯数据的采集与语音呼叫功能。但是目前电梯网关大多使用低速的 2G 技术，并且功能无法扩展。随着 2G/3G 技术逐渐退网及客户的业务诉求愈发灵活多变，电梯厂家迫切需要在电梯网关上灵活部署业务应用，提升电梯的运维效率及扩展电梯的业务。

华为梯联网边缘计算方案（见图 8-2）基于边缘计算和云管理架构，可以实现百万级电梯统一管理及故障预知，从而减少业务中断时间和运维成本。

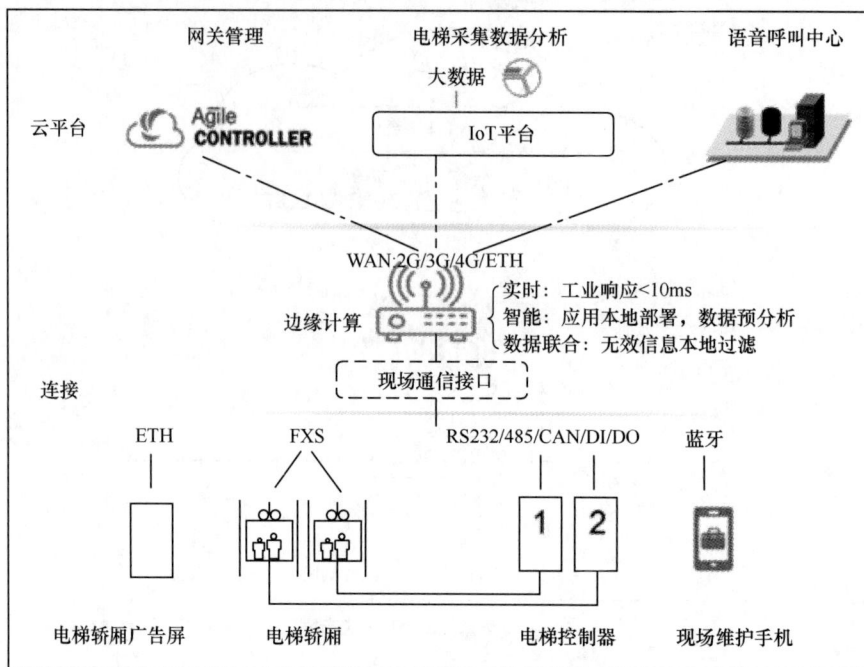

图 8-2　华为梯联网边缘计算方案架构

华为梯联网边缘计算方案摘要如表 8-1 所示。

表 8-1　　　　　　　　　　　　　　华为梯联网边缘计算方案摘要

架构		说明
云平台	敏捷控制器（Agile Controller）	实现网络配置下发、固件升级、状态监控、容器管理
	电梯采集数据分析系统	电梯应用系统。结合大数据分析，实现电梯的预测性维护
	语音呼叫中心	电梯告警应急呼叫中心
工业级边缘计算网关		• VoIP 语音呼叫，实现轿厢紧急呼叫； • RS232/RS485/DI/DO 工业通信接口，连接电梯控制器； • 边缘计算能力，通过容器将设备资源开放给第三方进行开发
	电梯控制器	负责电梯的控制。电梯数据采集的对象
	电梯轿厢	被电梯控制器控制，提供应急呼叫功能

在梯联网解决方案中，华为提供 Agile Controller 与边缘计算网关供用户进行集成。用户开发梯联网应用并将部署在边缘计算网关中，网关将电梯控制器的数据传到云端的电梯应用中进行分析，实现电梯的预测性维护。

8.3　华为智能配变终端边缘计算方案

目前我国低压配电网的一般输电流程示意图如图 8-3 所示。

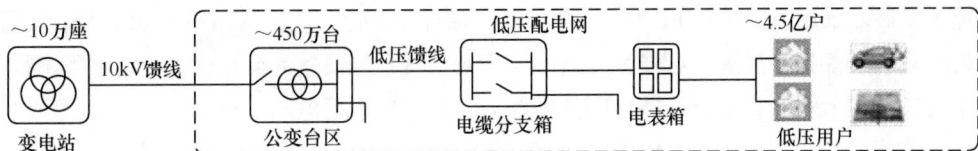

图 8-3　低压配电网一般输电流程示意图

未来的电网，从技术特征上看，将向新一代电力系统演进；从功能形态上看，将向能源互联网演进。建设以"坚强智能电网"为核心的新一代电力系统，进而构建融合多能转换技术、智能控制技术和现代信息技术的广域泛在及开放共享的能源互联网，是我国电网发展的必然趋势。

其中，配电网是能源互联网的重要基础，是影响供电服务水平的关键环节。配电网向能源互联网发展，对低压配电网的安全性、经济性、适应性提出了更高要求。低压配电网作为供电服务的"最后一公里"，直接面对客户，面临着管理需求变化快、管理设备规模大、服务要求高三大挑战。

面对这些挑战，低压配电网亟需以低成本的方式快速实现功能改造与业务调整的解决方案，以适应能源互联网的快速发展需求。

华为智能配变终端边缘计算方案利用物联网思维，实现低压配电网精益化管理。借鉴智能手机应用理念，制定"云端协同"顶层架构设计，构建以智能配变终端为核心的低压配电物联网，应用自动化、智能化、现代信息通信等先进技术，满足各类供用电主体灵活接入、设备即插即用的需要，增强了配电网的运行灵活性、自愈性和互动性。在全面采集运行信息的基础上，进一步实现低压配电网就地综合管理，助推低压配电网由被动管理向主动管理的模式变革，提升以客户为中心的服务水平。

如图 8-4 所示，本方案在配电自动化主站中引入基于 SDN 云化架构的敏捷控制器 Agile Controller-IoT（AC-IoT），主要提供配变终端设备管理、容器管理、应用管理和运维管理等功能，实现对智能配变终端的云化、弹性管理，支持百万级设备接入与智能运维管理，同时通过标准北向接口向应用系统开放，与传统 SCADA 工控系统进行信息共享，实现配电自动化和信息化的两化融合。

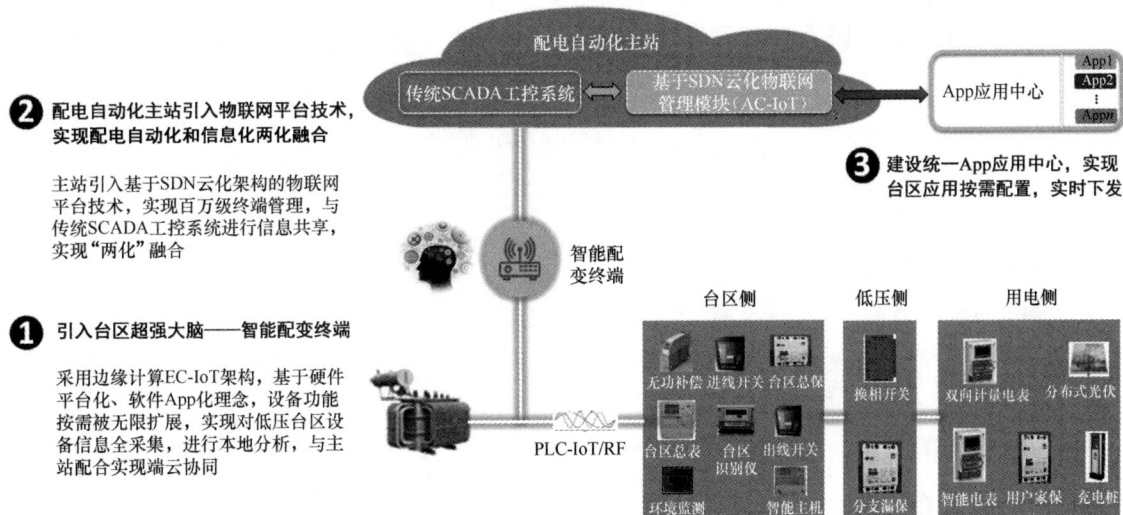

图 8-4　华为智能配变终端边缘计算架构

智能配变终端采用边缘计算 EC-IoT 架构，基于硬件平台化、软件 App 化理念。App 按需配置，实时下发；设备功能按需扩展。智能配变终端实现对低压台区设备的信息全采集，进行本地分析，与主站配合实现端云协同，提升站端协同处理能力，从而实现配电网可控可视，提高了配电网运行的透明度，增强了配电网动态感知能力，提高了故障定位的准确性和及时性，提升了配电网的自愈能力。

本方案统一建设智能配变终端 App 应用中心，承担 App 应用检测、发布、运维、升级等全生命周期管理；具备 App Store 功能，各电力单位可根据每个配电台区实际应用需求，通过远程"零接触"点对点方式实现 App 应用灵活定制化部署，提高运维效率，从而有效地支撑了低压配电网管理需求的不断扩展，降低了设备改造成本，提高了运维效率。

各类采集、传感终端通过 PLC-IoT/RF/RS485/RS232/PT100 等方式接入智能配变终端，实现台区数据全采集、资产全管理，提升了台区精益化管理水平。

图 8-4 中列出的传统 SCADA 工控系统正在升级成物联网 IoT 平台。在此过程中，华为 EC-IoT 方案无缝支撑"物联网+配电网"融合，实现了配电网数字化转型。

本章小结

本章主要介绍了边缘计算中的应用设计案例，即华为自主研发的边缘计算方案。

本章首先介绍了华为 EC-IoT 边缘计算解决方案的整体的架构。然后，针对电梯人工维护难的问题，介绍了华为设计的梯联网边缘计算方案。最后，重点介绍了华为智能配变终端边缘计算方案。该方案利用物联网思维，实现了配电网精益化管理，以适应能源互联网快速发展的需求。

思考题

1. 简述华为 EC-IoT 边缘计算方案的三层架构。
2. 思考一个需要边缘计算的应用场景，根据华为提出的三层架构方案，详细阐述您的解决方案。